RECUEIL

DES

PRÉSIDENTS, CONSEILLERS ET AUTRES OFFICIERS

DE

L'ÉCHIQUIER ET DU PARLEMENT DE NORMANDIE

Par BIGOT de MONVILLE

1499 à 1550

Publié par M. G. A. PREVOST

ROUEN		PARIS
A. LESTRINGANT		A. PICARD et Fils
Libraire de la Société de l'Histoire de Normandie,		Libraires de la Société de l'École des Chartes,
11, RUE JEANNE-DARC, 11		82, RUE BONAPARTE, 82

1905

RECUEIL

DES

PRÉSIDENTS, CONSEILLERS ET AUTRES OFFICIERS

DE

L'ÉCHIQUIER ET DU PARLEMENT DE NORMANDIE

1499 à 1550

369

8 L f 25

266

RECUEIL

DES

PRÉSIDENTS, CONSEILLERS ET AUTRES OFFICIERS

DE

L'ÉCHIQUIER ET DU PARLEMENT DE NORMANDIE

PAR BIGOT DE MONVILLE

1499 à 1550

Publié par M. G. A. PREVOST

ROUEN	PARIS
A. LESTRINGANT	A. PICARD et Fils
Libraire de la Société de l'Histoire de Normandie,	Libraires de la Société de l'Ecole des Chartes,
11, RUE JEANNE-DARC, 11	82, RUE BONAPARTE, 82

1905

EXTRAIT DU RÈGLEMENT

ART. 16. — Aucun volume ou fascicule ne peut être livré à l'impression qu'en vertu d'une délibération du Conseil, prise au vu de la déclaration du Commissaire délégué, et, lorsqu'il y aura lieu, de l'avis du Comité intéressé, portant que le travail *est digne d'être publié*. Cette déclaration est imprimée au verso de la feuille du titre du premier volume de chaque ouvrage.

Le Conseil, vu la déclaration de M. H. Wallon, *commissaire délégué, portant que le* Recueil des présidents, conseillers et autres officiers de l'Échiquier et du Parlement de Normandie, 1499 à 1550, *préparé par* M. G. A. Prevost, *lui a paru digne d'être publié par la* Société de l'Histoire de Normandie, *après en avoir délibéré, décide que cet ouvrage sera livré à l'impression.*

Fait à Rouen, le 16 janvier 1905.

Le Secrétaire de la Société,

P. LE VERDIER.

INTRODUCTION

L'histoire du Parlement de Normandie, — cette grande Compagnie aux attributions multiples et aux pouvoirs si étendus, — amène naturellement à se demander qui étaient, individuellement, ceux qui le composaient.

Qu'y avait-il de « notable concernant leurs personnes et familles », que peut-on savoir sur « leurs diverses charges et emplois, leurs déceds, sépulture, alliance et postérité » ?

C'est ce que rechercha curieusement, au xvii⁰ siècle, l'un d'entr'eux, dans le manuscrit (1) dont la Société de l'Histoire de Normandie entreprend la publication.

Son auteur, le Président Alexandre Bigot, baron de Mon-

(1) Ce manuscrit est conservé à la Bibliothèque municipale de Rouen, fonds Martainville, Y. 24. Ce manuscrit est ainsi décrit au *Catalogue des manuscrits des Bibliothèques publiques de France*. (Rouen, t. II, p. 27) : « Recueil des présidens, conseillers et autres officiers de l'Eschiquier et Parlement de Rouen, depuis l'Establissement de l'Eschiquier, faict en l'an 1499, jusques à présent » [1712].

1. « Livre Ier. Des présidens de l'Eschiquier et Parlement de Rouen. » — 141 feuillets.

2-3 (1re et 2e partie). « Livre 2e. Des conseillers de l'Eschiquier et Parlement... » — 411 et 420 feuillets.

4. « Livre 3e. Des advocats et procureurs généraux, gardes des sceaux de la chancellerie, greffiers, notaires et autres moindres officiers de l'Eschiquier et Parlement. » — 210 feuillets.

5. « Livre 4e, contenant les officiers créés en 1641 et 1645 et les conseillers de la dite création. » — 79 feuillets.

xviie siècle. Papier. 360 sur 230 millim. Rel. parchemin. (Provient de Jean Bigot.)

ville, a été l'objet d'une savante étude de M. le vicomte Robert d'Estaintot, à l'occasion de l'édition d'un autre ouvrage de cet érudit et distingué magistrat (1). Résumons-en les dates principales.

Fils de Charles Bigot, conseiller au Parlement de Normandie, il naît à Rouen le 19 novembre 1607. — Il est reçu conseiller à vingt ans (1627), et Président à trente ans (1637). En 1632, il avait épousé Geneviève Le Roux de Tilly, fille d'un autre conseiller, dont il a eu plusieurs enfants. Devenu veuf, il contracta, d'après M. le vicomte d'Estaintot, un second mariage avec Charlotte de Nouveau. Il mourut en 1675 et fut inhumé dans l'église Saint-Laurent de Rouen.

Tout jeune écolier, il avait dédié sa thèse de philosophie à son père, dans le style ampoulé et solennel de l'époque (2). Il demeurait à Rouen, rue de l'Ecureuil, dans une maison qui, en 1876, portait le n° 14, et de laquelle on pouvait communiquer avec la rue de l'Ecole (3).

En 1640, lors de l'interdiction du Parlement, il passait une partie de son temps au Petit-Quevilly. On s'y réunit parfois chez lui pour délibérer sur les affaires de la Compagnie (4).

Parfois aussi, il résidait à Arques (5).

C'était, évidemment, un homme d'une réelle valeur, car, plusieurs fois, il fit partie de députations envoyées à Paris pour défendre les intérêts du Parlement. Il parla avec fermeté au Chancelier ; il résista énergiquement aux collègues

---

(1) *Mémoires du Président Bigot de Monville sur la sédition des Nu-Pieds et l'interdiction du Parlement de Normandie en* 1639, publiés avec une introduction et des notes par le vicomte d'Estaintot. Rouen, Ch. Métérie, 1876, 1 vol. in-8°. (Introduction, *passim*.)

(2) Bibliothèque nationale, ms. français n° 26831, f° 77.

(3) *Mém..... du Président Bigot de Monville*, p. 71 et 49.

(4) *Id.*, p. 347, 359.

(5) *Id.*, p. 347.

timorés qui oubliaient trop la dignité du Parlement (1). Cependant, il ne tombe pas dans le travers « d'aucuns du Parlement qui n'ont rien d'agréable quand il est faict sans eux (2). »

Le 17 avril 1645, il passait avec les curé et trésoriers de la paroisse Saint-Laurent de Rouen, un contrat par lequel il lui était permis de faire construire une chapelle pour la séance et sépulture de lui et de ses successeurs et de faire mettre une épitaphe dans le chœur de ladite église près de la tombe en laquelle ses père, mère et autres prédécesseurs mentionnés audit contrat ont été inhumés, en laquelle il se réserve le droit de sépulture, à condition qu'il fera bâtir ladite chapelle à lui concédée, et autres charges mentionnées audit contrat. La construction, confiée à un sieur Abraham Hardouin, fut aussitôt commencée (3).

Cette fondation pieuse devait lui causer de longs et cruels soucis.

En effet, dame Marie Cavelier, veuve de défunt Messire Claude Le Roux, en son vivant chevalier, sieur de Saint-Aubin, Président au Parlement de Normandie, et Messire Jean Le Roux, seigneur de Bourgtheroude, conseiller aux requêtes du Palais, lui intentèrent un procès pour l'empêcher, — nous ignorons pourquoi, — de continuer cette construction.

De plus, ce qui lui dut être plus pénible encore, suivant l'usage invariable d'alors, ses adversaires contestaient sa généalogie, ainsi que les qualifications nobiliaires données à plusieurs de ses ascendants dans une longue suite d'actes complaisamment énumérés au contrat de fondation. Le Président Bigot eut, il est vrai, gain de cause par arrêt du Parlement de Bretagne du 5 décembre 1651, ordonnant, notamment,

---

(1) *Mém.....* du *Président Bigot de Monville,* p. 232-233, 242-245, 325-341 et *passim.*

(2) *Id.,* p. 141.

(3) Bibliothèque Nationale, fonds français, n° 30926 (dossier 1118); et n° 29641 (dossier 2302).

restitution ou cancellation des actes cont.siant la généalogie
du défendeur et les qualités de ses prédécesseurs (1).

Seulement, il avait dû passer par de cruelles angoisses; car,
d'après une note consignée, à deux reprises, dans les papiers
de d'Hozier, il paraît certain qu'Etienne Bigot, son grand-père,
« dérogea par le trafic de marchandises qu'il fit (2) ». Il est
vrai que deux de ses enfants, notamment Charles Bigot, conseiller au Parlement, père du Président, et deux autres petits-
enfants, furent réhabilités en leur noblesse « par lettres du
roy du 19 mars 1622 ». Il n'y, en avait pas moins là un fait
dont, alors, on rougissait autant que d'une mauvaise action.

Cette dérogeance n'est-elle pas cependant toute naturelle
et même légitime, puisqu'Etienne Bigot aurait eu « douze
fils et six filles? » Toutefois, six fils seulement lui auraient
survécu (3). Elle semble, d'ailleurs, établie de la façon la plus
certaine par ce fait qu'en 1771, un conseiller au Parlement,
Bigot de Sainte-Croix, qui avouait pour aïeul « Etienne Bigot,
reçu en 1530, sur chef d'œuvre, maître dans la communauté
des orfèvres de Rouen, et soutenait que Marie Puchot, sa
veuve, avait été reçue dans la même communauté comme
femme de maître, que ses fils André, Jean et Charles furent
baptisés à Saint-Herbland comme fils d'orfèvres », fut, par
arrêt du Parlement de Rouen, et malgré les protestations du
Président Bigot de Sassetot, reconnu être de même souche
que les Bigot de Monville et de Sassetot (4).

(1) Mêmes sources.
(2) Ms. 29641, fos 23 et 27.
(3) Ms. 29641 (dossier 2302).
(4) Mém..... de Bigot de Monville, Introd., p. IX, X.
Comme beaucoup d'autres, la famille Bigot avait des prétentions d'ancienneté nobiliaire qu'elle n'aurait pu justifier. Dans une fondation en
faveur des Cordeliers (1642), elle disait « ..... qu'il appert, en outre,
par les histoires d'Angleterre, duché de Normandie et autres voisins, que
ceux du dit nom étoient en grande considération et possédoient dans le

II

Dans une sorte de préface que l'on va lire, le Président Bigot explique l'ordre et la suite de ses divers travaux sur le Parlement de Normandie et sur les personnages qui en ont fait partie. Il y dit, avec sincérité et simplicité, l'étendue de son labeur personnel, spécialement en ce qui concerne le *Receuil des Présidens et Conseillers*..... Non moins sincèrement, il y déclare la large part prise par lui dans les ouvrages manuscrits de ses devanciers. Ils sont au nombre de trois :

Un poème latin du conseiller Baptiste Le Chandelier ;

Trois volumes d'arrêts et notes du conseiller Jean Le Febvre ;

Des Mémoires de M. de Galentine.

Le premier de ces ouvrages a été imprimé, cette année même, par les soins de la Société des Bibliophiles Normands.

Le premier volume de Jean Le Febvre est actuellement à la Bibliothèque nationale (Manuscrits français n° 5344). Le second, qui faisait partie de la bibliothèque C. Lormier, a

---

dit royaume et duché les titres les plus éclatants et les premières seigneuries, même dès l'an 1019... » (*Mémoires et notes de M. Auguste Le Prevost pour servir à l'histoire du département de l'Eure...*, recueillis par MM. Léopold Delisle et Louis Passy. — Evreux, in-8°, t. II, p. 202).

D'autre part, cependant, la malechance la suivait partout, car, au XVIIIe siècle encore, des journaliers du Plessis-Grohan, du nom de Bigot, se prétendaient parents et héritiers des Bigot de Graveron. (*Inventaire des Archives départementales de l'Eure*, par M. G. Bourbon, archiviste ; série E. 693).

été acquis par l'éditeur du *Recueil* (1). On ignore où est le troisième.

On ignore pareillement le sort des Mémoires de M. de Galentine. Mais, dans ses *Mémoires*, Bigot a tracé de M. de Galentine un court et sympathique portrait, qui, chose rare sous sa plume, rappelle la touche du duc de Saint-Simon (2).

Voici, en général, comment le Président Bigot a disposé ses notes sur chaque membre du Parlement :

D'abord, une notice personnelle sur le personnage, avec ses armoiries, et, aussi, ce qu'il a recueilli sur des homonymes, parents, peut-être même non parents ;

Ensuite, presque toujours la généalogie de la famille ;

Enfin, souvent, des notes ou observations sur diverses personnes mentionnées à la généalogie.

Le tout est invariablement étayé de références indiquées avec la plus soigneuse précision.

La présente publication ne comprend que la première de ces trois parties.

Quelques mots sont nécessaires pour expliquer et, on l'espère, pour justifier cette détermination que le Conseil de la Société de l'Histoire de Normandie n'a prise qu'après mûr et sérieux examen de la question.

Composées d'après les registres du Parlement ou du Tabellionage, — communiquées par les familles, mais alors discutées par le Président Bigot, — quelquefois envoyées par d'Hozier ou les frères de Sainte-Marthe, ces généalogies contiennent, certes, de très précieuses indications.

Malheureusement beaucoup sont demeurées à l'état d'ébauche.

---

(1) Vente à la salle Sylvestre, du 23 au 30 juin 1905, n° 3883 du catalogue.

(2) *Mém.....* de *Bigot de Monville*, p. 291.

— Ebauche comme travail intellectuel :

Celle-ci « a besoin d'être plus exactement examinée » (p. 90), cette autre est « à revoir et corriger » (p. 253). Parfois le personnage à l'occasion duquel elle est dressée n'y figure même pas (p. 83, 197, 203).

— Ebauche comme travail graphique :

Les traits manquent souvent pour relier les personnages ; ce n'est que très conjecturalement qu'on peut dire, lorsqu'il y a plusieurs frères, duquel sont les enfants inscrits au degré inférieur.

Il suffit d'ouvrir un recueil généalogique, le P. Anselme ou La Chesnaye-Desbois, pour voir combien de place exige l'impression d'une généalogie même certaine. Que serait-ce lorsqu'il faudrait signaler les parties conjecturales, discuter les filiations que l'on aurait cru devoir adopter d'après l'aspect du tableau manuscrit ?

On s'est donc borné, lorsqu'il y avait une généalogie, à l'indiquer et à donner les noms des parents du membre du Parlement, ceux de sa femme et le nombre de leurs enfants. Ces mentions sont suivies de la lettre (B.).

Les observations qui précèdent s'appliquent, *a fortiori*, aux notes qui suivent parfois les généalogies et concernent, souvent, des familles alliées et très éloignées du membre du Parlement. Toutefois, très rarement, on a donné quelques-unes de ces notes lorsqu'elles offraient un réel intérêt.

Un autre point a encore appelé l'attention du Conseil.

Le *Recueil* du Président Bigot est divisé en dix parties qui comprennent, successivement, par ordre chronologique, — les Premiers Présidents, — les Présidents au mortier, — les Conseillers, — les Procureurs généraux, — puis toute la série des officiers du Parlement, jusqu'aux receveurs des amendes et payeurs des gages.

L'impression de l'ouvrage entier dépasserait peut-être quatre volumes.

Si l'on eût suivi l'ordre littéral du manuscrit, le premier volume n'eût compris, sans doute, que la série des Premiers Présidents et une partie seulement des Présidents.

Pour ne pas engager l'avenir, il a paru plus rationnel de prendre, dans chacune des dix parties, tout ce qui avait trait à la période la plus ancienne, 1499-1550.

On a ainsi sous les yeux une galerie complète des portraits des Parlementaires normands pendant la première moitié du xvi⁰ siècle. Puisse-t-elle être parcourue avec intérêt.

L'éditeur tient à demander l'indulgence pour les erreurs de lecture qui ont dû lui échapper. « Au premier abord, a dit un juge très compétent, l'écriture du manuscrit semble indéchiffrable ; elle devient plus embarrassante encore quand, sous des caractères à peine formés, il faut reconnaître des noms d'homme et de lieu. » De plus, la transcription a dû être faite dans des conditions défavorables. A la Bibliothèque municipale de Rouen, les manuscrits ne sont communiqués que pendant cinq jours de la semaine, et encore pas dans la soirée. Il n'y a qu'une salle, entièrement publique, et les travailleurs doivent subir le trouble d'une rumeur et d'un va-et-vient continuels (1).

L'éditeur a cru rendre service en joignant aux Notices du Président Bigot des renvois à quelques ouvrages sur le Parlement de Normandie ou sur la ville de Rouen. Il a, surtout, mis à contribution les huit volumes d'Inventaires des archives

---

(1) Nous remercions sincèrement notre dévoué secrétaire, M. P. Le Verdier, d'avoir bien voulu nous prêter un intéressant manuscrit sur tous les membres des diverses Compagnies judiciaires de Rouen, dans lequel nous avons trouvé quelques armoiries inconnues à Bigot, ou quelques variantes à celles qu'il donnait.

départementales et municipales dus au labeur infatigable de M. Ch. de Beaurepaire.

Mais les plus précieuses de ces notes sont celles que M. Ch. de Beaurepaire avait recueillies pour lui et qu'il a daigné nous communiquer. L'annotation de ce livre lui doit donc presque tout ce qu'elle peut valoir, et, au xvie siècle, elle lui eût dit :

Quod spiro et placeo, si placeo, tuum est.

(Hor., Carm. ; l. IV, Od. 3).

RECEUIL

DES

PRÉSIDENS, CONSEILLERS ET AUTRES OFFICIERS

DE L'ESCHIQUIER

ET PARLEMENT DE ROUEN

Ayant faict diverses remarques par escript des choses qui m'ont semblé plus notables touchant ma profession, il m'a semblé à propos, affin qu'il me fût plus facile de m'en servir, de les mettre en ordre et les diviser en plusieurs volumes, selon la diversité des matières.

J'ay traité, au premier volume, de l'establissement de l'Eschiquier et Parlement de Normendie, des privilèges et prérogatives du dit Parlement et officiers d'iceluy, des changemens qui y sont arrivez par les diverses créations et suppressions des officiers, de la division et compétence des chambres, des règlemens entre divers officiers, de la forme observée par le Parlement aux actions publiques et autres choses concernant l'honneur, dignité et intérieur de la Compagnie. Au second, j'ay mis en ordre plusieurs arrests notables, tant pour l'application de la coustume de Normendie que sur plusieurs autres questions difficiles ; j'y ay aussy inséré plusieurs règlemens de police et autres qui ne concernoient point les matières traictées au précédent volume. En ce troisiesme volume, j'espères avec l'aide de Dieu expliquer la suite des officiers qui ont composé le Parlement, selon l'ordre de leurs

1

réceptions, ensemble remarquer ce qui me semblera notable concernant leurs personnes et familles. Au quatriesme, seront traitées les généalogies de plusieurs autres familles de cette province, hors laquelle je ne prétends point estendre mon dessein.

Au reste, ce volume sera divisé en trois livres : au premier, sera parlé des Présidents du Parlement ; au second, des conseillers ; au troisiesme, des gens du Roy et autres officiers.

Ce que j'ay receuilly en ce traité est tiré en partie des registres du Parlement, en partie de plusieurs autres registres, titres et contracts qui sont tombés en mes mains et aussy de la conférence de ceux que j'ay creu plus intelligens en cette matière.

Mons' M° Baptiste Chandelier, conseiller en ce Parlement, ayant esté reçeu en l'an 1519, composa en 1543 un traicté de tous les officiers de ladite Compagnie, depuis l'an 1499 jusques audict an 1543. Il a faict 24 vers sur chaque Président et 12 sur chaque conseiller. Le traicté divisé en IV livres, lesquels j'ay faict transcrire sur une copie qui m'en a esté baillée par Mons' de Tilly mon beau-père, laquelle copie il avoit eue de Mons' Le Brun, conseiller audict Parlement, duquel l'ayeulle estoit fille du dict sieur Chandelier, et dont l'original est entre les mains de Mons' Roque, sieur du Genetay, conseiller au dict Parlement, héritier à cause de sa mère dudict sieur Chandelier.

Cet ouvrage quoyque grossier est néantmoins estimable pour son antiquité. Les vers sont rudes et peu polis, et un autheur moderne a pris subject, par le rapport des noms, de conférer les poésies de Baptiste Mantuan et Baptiste Le Chandelier.

Ledict sieur Chandelier s'est souvent mespris, tant en

l'ordre des réceptions qu'en faisant mention du païs natal des officiers dudict Parlement, principalement de ceux qui ne sont de Normendie. Ce qui sera remarqué cy aprez en particulier.

Mais son travail, tel qu'il est, m'a donné le premier dessein de compiler ce receuil, auquel ensuite j'ay tiré beaucoup d'aide des livres et lieux communs de Monsieur Mᵉ Jean Le Febvre, lequel fut receu conseiller en ce Parlement en juin 1544, et a receuilly en plusieurs volumes, confusément et sans ordre, plusieurs choses notables advenues de son temps, mais principalement depuis le jour de sa réception et a continué son receuil jusqu'à la réception d'Adrian Toustain, conseiller reçeu en 1571, et mis en teste de chaque volume, les noms des officiers qui lors estoient au Parlement.

Monsʳ de Galentine, conseiller au dit Parlement, décédé en mars 1640, me presta trois des volumes dudict sieur Le Febvre, escripts de la main de l'autheur, lesquels ayant leus à mon loisir, j'en ay faict diverses remarques, dont je feray mention cy aprez en ce volume et en ay parlé aux deux précédens.

Au reste, le livre rouge de la Tournelle faict mention que le..... de....., la Court, les chambres assemblées, estant en difficulté de ce qui avoit esté jugé sur la question, si il passoit non seulement *in mitiorem pœnam*, mais aussy *in mitiorem sententiam* en faveur des accusez, décida la dite question aprez que Monsʳ Mᵉ Charles Le Febvre, sieur de la Gaillarde, conseiller au dict Parlement, eût representé l'un des dits registres de son dict père, contenant un arrest donné dans un cas semblable.

Depuis l'an 1571 jusques en l'an 1627, je me suis servy des Memoires du feu sieur de Galentine, lesquels néantmoins estoient fort sommaires et ausquels il avoit peu travaillé, à cause du peu de loisir qu'il avoit ; et a esté besoin que je les ayes corrigés et augmentez pour la pluspart par la lecture des registres du Parlement.

Quant à l'ordre et réception des officiers du dit Parlement, depuis l'an 1627, j'en avois faict mémoire, lors de la réception de chacun d'iceux depuis que j'estois entré au Parlement.

Pour ce qui est des généalogies, j'ay tiré beaucoup de secours des Mémoires lesquels m'ont esté fournis par Monsieur Mⁱ Jean Bigot, seigneur de Sommesnil, doyen de la Court des Aides de Normendie, lequel m'a presté plusieurs volumes de son travail et divers manuscripts qu'il a curieusement recherchez.

Ce que j'ay cité des anciens Eschiquiers est tiré du receuil que mon père en a faict, lequel je garde escript de sa main et en ay aussy tiré diverses choses de la lecture que j'ay faicte de plusieurs des registres des dicts Eschiquiers.

Au reste, j'ay employé les officiers depuis l'an 1499 jusques en 1543, selon l'ordre de Mⁱ Chandelier ; sinon lorsque j'ay congnu par nos registres qu'il s'estoit mespris. Depuis l'an 1543 jusques en 1571, j'ay suivy l'ordre de M. Le Febvre que je n'ay point trouvé s'y estre mespris, mais ay suppleé souvent le date des réceptions et autres choses par luy obmises. Ils sont aucunes fois cités à sçavoir le dict sieur Chandelier par un C, et le dict sieur Le Febvre par une F. Comme aussy j'ay cité souvent le manuscript A, qui est un ancien receuil de plusieurs choses touchant la Normendie, lequel est ainsy cité entre les livres de la bibliothèque de M. de Sommesnil.

J'ay creu debvoir faire mention des officiers qui ont esté pourveus des charges de ladite Compagnie, quoy qu'ils n'y ayent pas esté receus, afin de rendre mon receuil plus complet.

(D'une autre encre). A la fin de ce receuil sont insérées plusieurs listes tirées des registres du Parlement, pour preuve de l'ordre et temps des réceptions des officiers et y ay subjoinct une liste tirée des œuvres de M. Le Chandelier, une générale suivant l'ordre de ce receuil et une alphabétique.

J'ay cité pour plus grande brièveté les parties, livres et chapitres de ce receuil en cette manière :

La lettre A signifie la première partie.

La lettre B la seconde partie.

La lettre C la troisiesme.

Les livres de chaque partie sont cités par un grand chiffre I, II, III, IV, V, VI etc., et les chapitres de chaque officier par petits chiffres 1, 2, 3, 4, 5, etc. Ainsy, A, II, 15, signifient première partie, livre second, nombre ou chapitre 15. ·

LIVRE I

DES PRÉSIDENS DE L'ESCHIQUIER ET PARLEMENT DE ROUEN

Ce livre sera divisé en deux parties. La première traictera des Premiers Présidens, la seconde des autres Présidens au mortier. Pour les Présidents des requestes attendu qu'ils ne sont Présidents que par commission et sont conseillers au Parlement, et marchent avec les conseillers suivant l'ordre de réception, je les ay employés en leur ordre avec les autres conseillers du Parlement.

Quant aux Présidents des enquestes, il n'y en a eu en ce Parlement, sinon Mons᷑ Petremol qui a présidé quelques années à la chambre des enquestes, mais seulement par commission, comme je crois, et a depuis esté Président au mortier et est cy aprez parlé de luy en son ordre.

PREMIÈRE PARTIE DU LIVRE I

CONTENANT LES PREMIERS PRÉSIDENS DE L'ESCHIQUIER ET PARLEMENT DE ROUEN

Monsieur de Galentine en ses Memoires a mis Mons᷑ le légat d'Amboise en teste des Premiers Présidens de l'Eschiquier à cause que par l'establissement d'iceluy il avoit droict d'y présider. Touttes fois attendu que ce droict estoit un honneur déféré à sa personne pour des considérations qui luy estoient particulières et non pas un

office duquel il fût pourveu, il m'a semblé qu'il ne deb-
voit point estre en ce lieu employé avec les officiers de la
dicte Compagnie. Il sera néantmoins parlé de luy cy
aprez, entre les garde des seaux de la chancellerie de
Rouen, comme ayant esté le premier pourveu du dict
office.

1499. Geoffroy Hébert, evesque de Coustances, deschargé dudict office en 1507,   I

1507. Jean de Selve, auparavant Président en
l'Eschiquier, depuis Premiér Président au Parle-
ment de Paris,   II
1515. Jean Brinon,   III
1528. François de Marsillac, sʳ de Courseulles,   IV
1543. Pierre Remon,   V

. . . .

. . . .

I

GEOFFROY HÉBERT, évesque de Coustances.

*D'azur au sautoir d'or cantonné de 4 molettes
de mesme.* Du Chesne, en la généalogie
de Montmorency, au lieu de molettes met
des estoilles.

Il fut pourveu de l'office de Premier Président clerc en
l'Eschiquier de Normendie par la charte de l'érection
dudict Eschiquier, du mois d'avril 1499. Le 1 d'octobre
1499 il fit le serment dudict office avec plusieurs autres
officiers dudict Eschiquier pourveus par ladicte charte
ès mains d'Emery d'Amboise, grand prieur de France,
lequel avoit pour cet effect commission du Roy. Il exercea

cette charge avec grande assiduité, ce que j'ay veu par un registre secret du Parlement des années 1503 et 1504, lequel registre a esté remis au greffe par Monsr du Héron, conseiller au Parlement, auquel la présence dudict s^r Hébert est presque tousiours employée soubs le nom de Monsr de Coustances.

Néanmoins, par les lettres patentes du Roy du 17 de mars 1507, ledict office a esté supprimé, tant à cause du peu de commodité dudict évesque de l'exercer, estant obligé de résider en son évesché que parceque l'Eschiquier n'estant lors composé que de deux chambres, le nombre de quatre Présidens fut trouvé excessif.

Monsr Me Jean Le Febvre, conseiller au Parlement, au receuil qu'il a faict de plusieurs arrests et autres choses notables, remarque un arrest du 11 d'avril 1510 donné au profit des exécuteurs du testament dudict s^r Hébert, décédé peu auparavant.

Pierre Hébert pour luy et ses frères appelans du bailly de Costentin (arrest d'audience du 19 de décembre 1543).

Aucuns disent que ledict Geoffroy Hébert estoit de la maison d'Ossonvillier, dont l'héritière, nommée Claude Hébert, dicte d'Ossonvilliers, fut mariée à François de Montmorency, seigneur de Hallot, et en a laissé enfans. De laquelle maison estoient François d'Ossonvillier, s^r de Pléville, et Louis d'Ossonvillier, s^r de Courcy, mentionnés en un arrest d'audience du 18 de décembre 1551 ; et portoient les dicts d'Ossonvilliers : d'*azur au sautoir d'or, accompagné de 4 estoilles de mesme.* Claude Robert, au livre intitulé : *Gallia Christiana*, dict qu'il estoit Parisien. En un arrest d'audience du 4 de febvrier 1556, est parlé de Louis d'Ossonvillier, chevalier, s^r et baron de Courcy, héritier de Me Ambrois d'Ossonvillier, abbé de S. Jean près Falaise.

Au ms. A, page 7, est cité un arrest de l'an 1480 par
lequel il fut dict que les meubles de l'évesque de Coustances seroient saisis en la main du Roy et faict deffences
à M‘ Jean Hesbert, son père (1), de plus rien enlever
dudict évesché. Touttes fois, S. M. [Sainte-Marthe] au
Gallia Christiana, t. II, p. 546 ᵛ, dict qu'il donna plusieurs ornemens et fit diverses fondations en l'église de
Coustances, qu'il répara le chasteau de la Mote dépen-
dant de son évesché, donna le fief du Bois de Préaux au
collége de Harcourt, de Paris, par réservation de 14
bourses.

Le mesme ms. A, p. 147, au catalogue des évesques
de Coustances, 1486, employe Geoffroy Hébert, sʳ du
Verger. Il fut évesque de Mandes, puis, en 1480, évesque
de Coustances.

Jean Hébert, évesque d'Evreux, 1473-1477. (S. M.)

(Suit une généalogie.)

Geoffroy Hébert était fils de Jean Hébert, thrésorier de France,
et de Jeanne Guérin. (S. M. au *Gallia Christiana*, t. II, p. 10.)

(B.)

V. *Histoire ecclésiastique du diocèse de Coutances*, par René Toustain de Billy, publiée par François Dolbet, pour la *Société de l'Histoire de Normandie*, Rouen, in-8°, 1880, t. II, p. 313-396.

V. sur son discours au roi, pour le remercier de l'organisation
de l'Echiquier, en 1499, à Orléans, A. Floquet, *Histoire du Parlement de Normandie*, Rouen, 1840-1842, 7 vol. in-8°, t. I, p. 364.

(1) Il paraît bien y avoir père; mais l'*Histoire du diocèse de Coutances*, citée plus bas, dit que Jean Hébert était le procureur de
l'évêque.

II

JEAN DE SELVE, Limousin.

De..... à 2 fasces ondées de.....

Par les lettres du Roy du 17 de mars 1507, contenant la suppression de l'office de Président de Geoffroy Hébert, évesque de Coustances, Jean de Selve, qui estoit pour lors le plus ancien des Présidens lais de l'Eschiquier, fut maintenu en la qualité de Premier Président, lequel office il a exercé jusques en 1514 que le Roy le pourveut de la charge de Premier Président au Parlement de Bordeaux, ainsy que l'on voit par les lettres de provision de M. Brinon, de l'an 1515 ; et, en 1521, il fut fait Premier Président de Paris au lieu de Me Jacques Olivier.

En 1515 il suivit le Roy François Ier en Italie, et fut Premier Président et Vice-Chancelier de Milan, selon du Bellay.

En 1525, il fut l'un des députés qui conférèrent à Madrid pour la liberté du Roy François Ier et, du consentement de l'archevesque d'Ambrun, premier desdits députés, ledict de Selve porta la parole.

Il assista aux Estats-Généraux de l'an 1527 où fut traité de la délivrance des enfans de France, et estant décédé en aoust 1529, fut inhumé à S. Nicolas du Chardonneret [*sic*], où est son épitaphe inséré au livre des Premiers Présidents du Parlement de Paris, dont est tiré partie de ce que dessus, ensemble la généalogie employée en l'autre page.

Monsr Chandelier, conseiller au Parlement de Rouen, au livre qu'il a faict des Présidens et conseillers dudict Parlement, dict que ledict de Selve estoit Limousin, et que Jean Serre, conseiller audict Parlement, estoit son parent, et que Monsr le Premier Président de Marsillac estoit son gendre et que le Roy, considérant les mérites dudict de Selve, le tira du Parlement pour de plus grands emplois. Il composa un traicté *de Beneficiis*, selon Claude Robert, parlant de Georges, son fils, évesque.

(Suit la généalogie.)

Il était fils de Fabien de Selve, lieutenant de la compagnie des gens d'armes du comte de La Marc, gouverneur d'Auvergne, et de Lucrèce de Canillac.

Il était seigneur de Cromières, Villiers-le-Chastel et Duyson. Il épousa Cécile de Buxis, fille de Jean, seigneur de Montrade en Languedoc, et de Béatrix de Monestiers. Il eut de nombreux enfants, dont deux fils ambassadeurs en Suisse et à Rome; deux autres, évêques l'un à Saint-Flour et l'autre à Lavaur.   (B.)

Voir, notamment, sur Jean de Selve, « un des hommes les plus éminents du commencement du XVIe siècle », A. Floquet, *Histoire du Parlement de Normandie*, Rouen, 1840-1842, 7 vol. in-8º, t. I, p. 387 à 391, 408, 423, 425 et *passim*.

10 décembre 1506. — Quand il est question d'insérer au cahier des Etats un article sur l'augmentation des gages des Présidents à l'Echiquier, qui étaient de 500 livres, on fait remarquer : ... « que à paine se sçauroit ung Président entretenir en ceste ville en son estat pour telle somme, notamment Monsr de Saleva, qui est homme notable, comme chacun sçait et connoit ». (Ch. de Beaurepaire, *Inventaire des Archives communales. — Ville de Rouen*, t. I. Rouen, 1887, in-4º, p. 97.)

III

JEAN BRINON, de Paris, s^r de VILAINES
et d'AUTEUIL

D'azur au chevron d'or; au chef danché
de mesme.

Il estoit célèbre advocat au Parlement de Paris lors

qu'en 1511 il fut un des trois nommés par la Court pour succéder à l'office de conseiller clerc de Me Christophle de Nocey. (Monsr Le Febvre.)

Le 6 de juillet 1515 il fut receu Premier Président au lieu de Jean de Selve, suivant ses lettres de provision du 21 avril 1515, insérées au registre d'audience du dict jour 6 de juillet 1515, par lesquelles le Roy dict pourvoir ledict Brinon, qui y est qualifié conseiller du Roy, comme ayant esté longtemps et estant encor serviteur officier et chancelier des Duc et Duchesse d'Alençon ses frère et sœur, la quelle charge de chancelier Sa Majesté luy permet de retenir, par lettres de dispense du jour et date des dictes provisions insérées au dict registre (M. Le Febvre, t. I, p. 228).

Il a présidé à plusieurs mercuriales tenues depuis le mois de juin 1517 jusques au mois de novembre 1527, contenues au premier tome des mercuriales où sont insérées plusieurs de ses harangues.

Il est inhumé avec sa femme à Paris en la parroisse de S. Severin en la chapelle de sa famille où on voit leurs effigies à costé de l'autel. Il a laissé des enfans. Il décéda le 2 avril 1527. Deux de ses cousins ont esté conseillers en ce Parlement.

Le dict s^r Brinon Premier Président donna quelques héritages pour la bière des pauvres prisonniers de la conciergerie du Parlement. Le registre secret du 22 de décembre 1576 porte que M. de Bauquemare, conseiller, fut commis pour les faire subhaster et bailler à ferme ; ils estoient lors estimés 30 l. t. par an et à présent sont de beaucoup plus grand revenu.

Il fut commis avec les deux autres Présidents et le Procureur général du Parlement et autres commissaires pour vendre des rentes sur le domaine et gabelles de Normendie par lettres du 1 de juin 1519.

Les quatre premiers degrés de la généalogie employée en l'autre page sont tirés des Mémoires envoyés par M^{rs} de Ste Marthe à Monsr de Sommesnil.

Au registre d'audience du 19 may 1520 est l'omologation qu'il requist estre faicte d'un contract de fondation d'une messe à S. Lo de Rouen pour estre célébrée tous les vendredis en mémoire des douleurs de la Vierge lors de la Passion ; le dict contract passé devant les tabellions de Rouen le 10 mars 1520, au quel sont nommés plusieurs advocats et autres notables thrésoriers de la dite parroisse.

(Suit la généalogie.)

Il était fils de Guillaume, sieur de Vilaines et de Giencourt, avocat au Parlement de Paris, et de Jeanne Hennequin. Il avait épousé Perrette Le Perdriel et eut un fils, Jean, conseiller au Parlement de Paris. Il est inhumé avec sa femme dans la chapelle de Saint-Pierre de Saint-Severin. Ce fils fut « mauvais mesnager », ce qui donna lieu à cet anagramme : *Janus brino == Ruina Bonis.*

(B.)

V., sur lui, Floquet, I, 463 et *passim*.

Sur la rente pour la bière des prisonniers, assise sur des biens à Rougemontier, V. *Inv. des Arch. de la S.-Inf.*, G. 6864.

IV

FRANÇOIS DE MARSILLAC,
s^r de COURSEULLES

D'azur à 3 marcs d'or.

Il fut receu au dict office de Premier Président le 14 de juillet 1528. Ses lettres de provision, insérées au registre d'audience du dict jour, portent qu'il estoit Président en la Cour des Aides de Paris et ambassadeur pour le Roy à Gênes.

La généalogie insérée en l'autre page est tirée du livre des Premiers Présidens du Parlement de Paris composé par le sr Blanchard, et est visible qu'elle a esté composée à plaisir par quelcun affectionné à cette famille. Cette famille l'ayant fait insérer par affectation au dict ouvrage et y ayant employé plusieurs choses dont y a lieu de doubter, entrautres en ce que l'on y a dict que Foucaud son bisayeul estoit issu des anciens seigneurs de Marsillac, que son père et ayeul estoient seigneurs de Courseulles, etc...

La dite terre de Courseulles est située près Caen ; le dict sr Premier Président l'avoit acquise en 1540 du sr de Montalais, gendre du sr de Rosvinan, du quel la femme estoit issue de Raoul de Meullenc ; et dict-on que le Roy S. Louis l'avoit baillée en eschange à l'un des prédécesseurs du dict de Meullenc au lieu du droict qu'il prétendoit au comté de Beaumont-le-Roger et sieurie de Briosne. Ce qui est employé en la dicte généalogie des mariages et descendans du dict sr Premier Président est véritable ; et, touttes fois, sera remarqué que la qualité qu'ils continuent de prendre de baron de Courseulles est imaginaire, veu qu'Antoine, son 2e fils, la bailla en eschange au sr d'O, le quel, outre les terres qu'il luy bailla en contreschange, l'acquita de plusieurs debtes.

Au registre de la Cour des Aides de Rouen, du 13 de septembre 1530, sont ces mots : « Noble et circonspecte personne Me François de Marsillac, Premier Président au Parlement, et Robert de la Masure, conseiller au dict Parlement, se sont présentés et ont fait exécuter l'arrest de la tour carrée donné au profit des officiers et faire

réparation à Laurens du Ruel, s^r de Fontenil. » En 1540,
pendant l'interdiction du Parlement, le dict s^r Premier
Président présida avec les autres commissaires du Parlement aux grands jours tenus à Bayeux.

Il décéda le 13 de septembre 1543 et fut inhumé à
Rouen au prieuré de S. Lo. Le corps fut porté de nuict
sans convoy ny pompe funèbre, suivant son testament,
comme l'a remarqué M. Le Febvre, t. II, p. 81.

M. d'O, surintendant des finances, bailla aux enfans
du Premier Président de Marsillac les terres d'Incarville
et Bellengrevillette près Envermeul (?) en eschange de
celle de Courseulles.

(Suit la généalogie.)

Il était fils de Jean de Marsillac, secrétaire d'Estat sous Louis XII,
et de Marie Pastourelle. Il épousa, en premières noces, Marthe de
Selve, fille aînée de Jean de Selve, Premier Président au Parlement
de Rouen, et, en secondes noces, Magdeleine Payen. Il eut, de la
première, quatre enfants, Jean, ambassadeur à Venise, Antoine et
deux filles.   (B.)

V., sur lui, Floquet, I, 464 et *passim*.

18 novembre 1542. — Permission donnée par la Ville « au Premier Président » de construire un moulin à vent dans sa seigneurie
de Sotteville. (Ch. de Beaurepaire, *Inventaire des Archives communales. — Ville de Rouen*. Rouen, 1887, in-4°, t. I, p. 411.)

V. son épitaphe dans Farin, *Histoire de la ville de Rouen, divisée
en six parties, par un Solitaire, et revue par plusieurs personnes de
mérite*. Rouen, du Souillet, 1731, 6 vol. in-12, t. VI, p. 47.

13 mars 1543 (v. s.) (tab. Rouen, meubles). — Mention de
Magdeleine Payen, veuve de François de Marcillac..... baron de
Courseulle, seigneur et châtelain des Combes, Saint-Supplice,
Incarville et Sotteville-lès-Rouen. (Renseignement communiqué par
M. Ch. de Beaurepaire.)

V

PIERRE REMON

D'azur au lion d'or, l'escu semé d'estoilles d'or.

Ces armes font croire qu'il n'estoit pas de la famille des officiers du Parlement de Bourgongne qui portoient *d'azur au chef d'argent chargé de 3 merlettes de sable.* (Palliot, p. 283).

Blanchart dict que Pierre Remon estoit Parisien et qu'après avoir longtemps plaidé au barreau du Parlement de Paris, il fut receu sans examen à la charge d'advocat-général, de la quelle il avoit esté pourveu par lettres du 5 janvier 1534, au lieu de Guillaume Poyet qui fut faict Président et depuis chancelier de France.

En la conpilation des œuvres du sr Loisel, advocat au mesme Parlement, est la liste des advocats de l'an 1524 où ce Pierre Remon est employé, p. 575; et au dialogue des advocats, il dict qu'il fut advocat du Roy et qu'il estoit oncle des enfans du dict sr Loisel, p. 456 et 498. Blanchart, en la liste des conseillers du dict Parlement, met Pierre Remon receu conseiller en 1536.

Il fut pourveu de la charge de Premier Président au Parlement de Rouen par lettres du 8 décembre 1543, insérées au registre d'audience du 20 du dict mois, jour de sa réception. Les dictes lettres portent qu'il estoit auparavant du Conseil privé du Roy et son advocat au dict Parlement de Paris.

M. Le Febvre remarque qu'il fut faict quart Président au Parlement de Paris et Jean-Jacques de Mesmes Premier Président, ce que le dict sr Remon n'accepta pas et demeura Premier Président de Rouen.

Blanchart, p. 343, dict qu'il fut député par le Roy

pour conférer sur le faict de la paix à Gravelines avec le
Roy d'Angleterre en 1543 et en novembre 1545 et en
avril 1546 où, enfin, la paix fut conclue, et pour récom-
pense le Roy le pourveut de la dicte charge de quart
Président au lieu de François Olivier, chancelier de
France, à la charge qu'il tiendroit le rang du dict Olivier;
à quoy s'opposèrent les autres Présidens receus depuis
M. Olivier; sur quoy furent faites remontrances [?] au
Roy et M. Remon demeura Premier Président de Rouen.

Sleidan remarque qu'il porta en la Diète d'Allemagne
le démenty à l'Empereur Charles V de la part du Roy
François Ier.

Il mourut le 24 may 1553 (1).

(*Suit la généalogie.*)

Il épousa Marie Roger, fille de Guillaume Roger, Procureur
général au Parlement de Paris, et eut plusieurs enfants, dont François, conseiller au Parlement de Paris, et Geoffroy, s^r de Cussy.

(B.)

1573. — Philippe Rémon, demeurant à Cagny, gentilhomme
ordinaire de la maison du duc de Bouillon, fils du feu Premier
Président, en son nom et comme tuteur de sa sœur Madeleine,
donne une procuration devant les tabellions de Vernon. (G. Bourbon, *Inv. des Arch. de l'Eure*, E. 1329.)

---

(1) Cette rédaction se trouve au f° 12. Au f° 15 v°, après la
généalogie, se trouve répétée une rédaction identique.

SECONDE PARTIE DU LIVRE I

I .

CHRISTOPHLE DE CARMONNE,
seigneur de MAREUIL-LE-GUYON

*D'azur à 3 coquilles d'or ; à la bor-
dure engreslée de gueulles.*

Mons' Chandelier dict qu'il estoit Parisien. Les Mémoires du Mercier portent qu'il estoit de Normendie.
Blanchart dict qu'il estoit originaire du Bourbonnois.

Il fut Président criminel aux Eschiquiers tenus en
1484 et 1485. Par la charte de l'érection de l'Eschiquier
du mois d'avril 1499, il fut pourveu de l'office de Président lay et en fit le serment le 1er d'octobre audict an
comme les autres officiers. Il eut pour successeur au dict
office Jean Malingre, en 1504, ayant le 22 juin 1503
presté le serment de Président au Parlement de Paris.

En la généalogie de Mathieu de Nanterre, Premier
Président au Parlement de Paris, il est parlé de Rade-
gonde de Nanterre, sa petite-niepce, mariée à Christophle
de Carmonne, Président au Parlement de Paris. Blanchart, p. 133, a exactement remarqué les diverses charges
et emplois, le déceds, sépulture, alliances et postérité du
dict sr de Carmonne. En la p. 128, il remarque que
après le déceds de Mathieu de Nanterre, Président au
Parlement de Paris, Christophle de Carmonne, lieute-
nant-civil de Paris, fut un des trois nommés au Roy pour
cette charge le 22 juin 1587 [*sic, lis. :* 1487].

Palliot, p. 47 des officiers au Parlement de Bourgongne,
dict qu'il n'exercea pas la charge de Premier Président
audict Parlement, et s'en démit le 20 may 1598 [*sic*]. Il
adjouste qu'il mourut le 10 febvrier 1507, et fut inhumé
à S. Gervais à Paris en la chapelle par luy construicte ;

il réfère son épitaphe qui fait mention de noble dame Helene de Saveuse sa vefve.

Aubert de Carmonne, conseiller clerc au Parlement de Dijon, par lettres du 5 avril 1497, receu le 16 juillet au dict an, puis conseiller lay par lettres du 26 juillet 1499, receu le 11 aoust au dict an, mourut le 25 octobre 1527, gist à S.-Michel de Dijon où est son épitaphe et armes, comme dessus, sans bordure (Palliot, p. 260).

Aux Mémoires de Loisel, p. 498, il est nommé entre les célèbres advocats.

Sur son mérite et ses services aux anciens Echiquiers, V. Floquet, I, 266, 360.

II

ANTOINE BOHIER, abbé de Saint-Ouen, Auvergnac.

D'or au lyon d'azur, au chef
de gueulles.

Il estoit fils du baron de Saint-Cierge et de la sœur du cardinal du Prat (*Gallia christiana*). Il estoit frère de Thomas et Jean Bohier, dont le premier fut général des finances depuis l'an 1484 jusques en l'an 1519 et le second fut général sur le faict de la justice des aides en Normendie en 1495 et protonotaire du Saint-Siège.

Le dict Antoine Bohier fut, environ l'an 1481, abbé régulier de S. Ouen de Rouen et fut aussy abbé de S. Georges de Boscherville, fit bastir le manoir de Fontaines-le-Bourg et le logis abbatial et nef de l'église de S. Ouen (ms. A., p. 252, 253). Il fut pourveu de l'office de tiers Président clerc en l'Eschiquier par la charte de l'érection du dict Eschiquier et en fit le serment le 1er d'octobre 1499 comme les autres officiers.

Il exercea ledict office avec assiduité et est souvent nommé au registre secret cy dessus mentionné remis au greffe par Monsr du Héron au quel registre il est nommé Monsr de Saint-Ouen. Il résigna le dict office à Robert de Bapaulmes, ainsi qu'il se void par un édict du 17 de mars 1507 contenant la suppression de l'office de Geoffroy Hébert auquel édict le dict Bohier est nommé abbé de Fescamp.

Par édict du mois de mars 1507, le Roy, en considération des mérites dudict s^r Bohier, déclara les abbés de S. Ouen conseillers nés au Parlement (M. Le Febvre, t. II, p. 172 ^v).

Il fut depuis cardinal et archevesque de Bourges et estant décédé le 27 de novembre 1519, il fut inhumé à Bourges en son église cathédrale (*Gallia christiana*). — Le ms. A. dict, p. 252, qu'il mourut le jour de S. Ambroise 1518.

Par lettres registrées au Parlement, le 21 d'avril après Pasques 1544, Antoine Bohier, chevalier, s^r de Saint-Cirgue, conseiller du Roy en son privé et secret conseil, et gouverneur de Touraine, Jean Feu, Président au dict Parlement, Antoine Bohier, s^r de Chesnaye et Louis Preudhomme, généraux des finances, sont commis pour faire l'emprunct de cent mil escus en Normendie.

François Bohier, évesque de S. Malo, abbé de Bernay (arrest d'audience du 6 de juillet 1563). (Al. Bosier, Cl. Robert, 1562).

Thomas Bohier, conseiller lay en l'Eschiquier 1497.

Antoine Bohier, thrésorier de France à Bourges, espouse Anne Hennequin, fille de Nicolas, s^r de Perray (1), mourut sans enfans (B. III, 15). Blanchart, p. 262.

(1) Prey, arrondissement d'Evreux (Eure).

... Boyer, conseiller au Parlement de Paris, en 1383.
Jean Bohier, conseiller au Parlement de Paris, en
1496, evesque de Nevers en 1508.

(*Suit la généalogie*).

V. notamment sur lui, *Histoire de l'abbaye royale de Saint-Ouen
de Rouen*....., par un religieux bénédictin de la congrégation de
Saint-Maur. Rouen, 1662, in-f°, p. 328-330, et *passim*.

III

ROBERT DESTIN ou DESTAIN

De sable à 2 bandes d'or.

La charte de l'érection de l'Eschiquier est diversement
insérée au livre rouge de la Tournelle et au livre noir des
privilèges du Parlement. Au premier est employé Robert
Destain, chevalier, pourveu de la charge de quart Président lay au dict Eschiquier, de laquelle touttes fois il ne
fit point le serment, mais en son lieu y fut receu Jacques
Calenge, duquel est parlé en la page suivante ; et au
livre noir est employé, comme conseiller lay, Robert Destain, chevalier, et le dict Calenge comme pourveu par la
dite charte du mois d'avril 1499, et n'est parlé du dict
Destain entre les Présidens, soit qu'il y aye erreur en l'un
des dits volumes ou que, par le refus du dict Destain
d'accepter le dict office, le dict Calenge en aye esté pourveu
avant le serment presté par les autres officiers pourveus
par la dicte charte.

Il estoit de famille noble du Vexin-Normand de la
quelle il sera parlé plus amplement en faisant mention de
Robert Destain, conseiller lay en 1499. Au reste, le surnom Destain, Destin et Desten sont une mesme chose.

IV

JACQUES CALENGE

De gueulles à 3 soleils d'or.

Soit qu'il aye esté pourveu de l'office de quart Président lay par la charte d'érection de l'Eschiquier ou par lettres séparées, peu après la dite charte, il en fit le serment le 1 d'octobre 1499 avec les autres officiers pourveus par icelle.

Jean Le Nepveu succéda au dict office et l'exerçoit dès l'an 1502.

Le dict Calenge et sa femme sont inhumés à Louviers en la chapelle de leur famille en l'église de Nostre-Dame où on voit leurs effigies.

Monsr Chandelier dict qu'il estoit issu d'honneste famille et d'ailleurs le loue pour ses propres mérites.

(Suit la généalogie).

(Son ascendance n'est pas nettement indiquée). Il épousa Marguerite Langlois, fille du sieur de Criquebeuf et de Landemare, et eut trois fils. (Guillaume, plus tard conseiller clerc au Parlement de Rouen, — Jean, sieur du Mesnil-Anseaume, bailli de Louviers, — et Jacques, vicomte du Pont-de-l'Arche), et trois filles.   (B.)

Jean de Challenge, bailli de Louviers et sénéchal du domaine de Longueville, ayant été nommé conseiller en l'Eschiquier, le Chapitre de Rouen qui l'avait pour avocat aux sièges de Pont-de-l'Arche et Louviers, le remplace par G. Collette (*Reg. cap.*, 3 mars 1502 (v. s.), M. de Beaurepaire).

V

JEAN LE NEPVEU, Président lay.

Monsr Chandelier dict qu'il estoit Normand.

Puisque Jean Malingre a succédé à Christople Car-

monne, il faut que le dict Nepveu aye succédé à l'office de
Jaques Calenge. Il exerçoit ledict office dès le 7 de janvier 1502, ainsi qu'il se voit par un registre secret commençant le dict jour qui a esté ès mains de M. du Héron ;
de sorte que M. Chandelier s'est mespris de l'avoir employé
après Robert Bapaulmes. Cet erreur et plusieurs autres qui
seront remarqués cy-après font voir qu'il estoit peu
curieux d'employer les officiers selon l'ordre de leur
réception.

Jean et Robert dicts Le Nepveu, de la viconté de Rouen,
sergeanterie de La Londe, anoblis par les francs-fiefs 1470,
comme aussy Guillaume Le Nepveu, de la sergeanterie de
Montfort en la dicte viconté.

Michel Le Nepveu, seneschal de l'abbaye de Préaux
(arrest d'audience du 14 de may 1568).

Michel Le Nepveu, escuier, advocat, pourveu par le
cardinal de Lorraine, abbé de Fescamp de l'office de
séneschal d'Esié, par lettres du 14 de juin 1557, receu le
20 aoust 1557.

Charles Le Nepveu, escuier, s^r de Tourville (arrest
d'audience du 17 de novembre 1570).

Demoiselle Françoise du Boscregnoult, vefve de Michel
Le Nepveu, s^r de Brestot et du Quesnay (arrest d'audience du 9 de juillet 1583).

M. Nicolas Le Nepveu, receu advocat au Parlement,
le 17 de novembre 1587.

Jean Nepveu, viconte de Longueville et receveur pour
Mr de Laval (p. 105, Eschiquier, 1390).

Jean Le Nepveu, habitant de Tostes (Eschiquier 1397,
p. 181).

VI

JEAN MALINGRE, Président lay.

D'azur à trois ruches d'abeilles d'or.

Il est obmis par Monsr Chandelier.

Le registre secret qui a esté ès mains de M. du Héron, contient que le vendredy 7 de juin 1504 Monsr Me Jean Malingre présenta lettres de commission de Président en la Court au lieu de Me Christophle de Carmonne à présent Président en l'Eschiquier et a faict le serment; après a esté mis au quart lieu, et luy a esté parlé de son office de conseiller en la Court de Parlement qu'il ne pouvoit tenir avec le dict office de Président; à quoy il a dict qu'il n'estoit délibéré de tenir les deux offices, mais que le Roy luy a donné temps de pourvoir à son dict office de conseiller au Parlement, ce qu'il feroit le plus viste qu'il pourroit; mais cependant n'avoit intention d'exercer le dict office de conseiller au Parlement.

Il décéda avant le mois d'octobre 1504, auquel temps Camille de Scortiatis succéda audict office de Président.

Au registre de la Court des Aides de Rouen, du mois de novembre 1526, il est faict mention de François Malingre, de la parroisse de S. Saturnin, deschargé de la taille comme archer des ordonnances, depuis anobly (1).

En la recepte des droicts payés par les anoblis par la charte des francs-fiefs, bailliage de Caux, sergeanterie du Neufchastel il est faict mention de 10 l. t. receus de Jean Roussel pour Me Martin Malingre, demeurant à Dijon.

François Malingre, huissier au grand-conseil (arrest d'audience du 17 de febvrier 1588).

(1) Le ms. portait d'abord : on dit qu'il fut depuis anobly.

François Malingre, demeurant à Morvillier, viconté d'Arques, anobly 1554, en novembre.

Catherine Malingre, femme de Louis Le Blanc, conseiller et secrétaire du Roy en a eu une fille mariée en 1497 à Nicole Seguier s^r de l'Estang-la-Ville. Blanchart faict mention de Jean Malingre receu conseiller au Parlement de Paris, le 14 de novembre 1475 et luy donne pour armes celles que j'ay icy employées. J'estimes que c'est le mesme qui a esté Président en ce Parlement.

VII

ROBERT DE BAPAULMES, de Rouen,
Président clerc.

Il estoit de Rouen, chanoine en l'église cathédrale selon Monsr Chandelier. Il fut aussy chanoine et chantre en l'église d'Avranches et en fut esleu doyen le 3 septembre 1509. (S. M. en *Gallia christiana*, t. II, p. 14, col. 2).

Par la charte de l'érection de l'Eschiquier il fut pourveu d'un office de conseiller clerc, lequel il exercea jusques à ce qu'il fût receu Président. Il fut pourveu du dict office de Président par la résignation d'Antoine Bohier, ainsi qu'il est porté par les lettres patentes du 17 de mars 1507, cy dessus mentionnées ; ce qui faict voir qu'il fut receu depuis Jean Le Nepveu, qui est employé comme Président au registre secret cy dessus allégué dès le 7 de janvier 1502, depuis lequel temps Monsr Bohier exercea encor son office de Président selon ledict registre. Au surplus, le mesme registre porte que le 1er d'octobre 1504, lorsque Camille de Scortiatis fit le serment de Président,

Me Robert de Bapaulmes porta les paroles, c'est-à-dire (comme je crois) proféra les termes du serment que faisoit le dict de Scortiatis, qui est la fonction de celuy qui préside à la réception ; ce qui faict congnoistre que le dict de Bapaulmes avoit esté receu Président avant le dict de Scortiatis ; car, encor qu'il fût conseiller avant que d'estre Président, si es ce qu'il y en avoit plusieurs qui le précédoient, ainsi qu'il sera justifié en parlant des conseillers.

Il n'est point venu à ma congnoissance le quel fut le premier receu ou le dict Bapaulmes ou Me Jean Malingre.

Ledict s^r Chandelier dict qu'encore que la vie du dict de Bapaulmes fût sans reproche, touttesfois il encourut l'indignation du Roy qui le relégua à Avranches et le priva de sa charge, ce qui advint en 1512, au quel temps Me Pierre Bourbenon succéda audict office ; lequel estant retourné à Lyon, lieu de sa naissance, ledict de Bapaulmes rentra en l'exercice de sa charge selon le dict s^r Chandelier.

Monsr Le Febvre dict que Robert de Villy succéda en 1522 au dict de Bapaulmes, ce qui arriva en novembre audict an, par le déceds dudict de Bapaulmes (Registre d'audience). Le dict de Bapaulmes avoit un frère du quel la fille fut mariée à Henry Jubert, Président en la Court des Aides et luy porta la sieurie de Quevilly près Rouen.

Il est l'un des commissaires députés par lettres du 1er de juin 1519 pour vendre des rentes sur le domaine et gabelles de Normendie.

De ce nom de Bapaulmes y a eu un prieur du Mont-aux-Malades-lès-Rouen, lequel portoit *de gueulles à la fasse d'argent, accompagnée de 3 paulmes d'or* (Ms. A., p. 145).

30 septembre 1506. — Il achète d'Adrien de la Heuse, le fief de Grand-Quevilly (M. de Beaurepaire).

28 décembre 1508, il est qualifié sieur du Grand et du Petit-Quevilly (Id.).

En 1516, il est commis par le Roy, pour la cotisation de la décime (Id.).

Comptes du Chapitre, 1519-1520. — De M. le Président en la Cour de Parlement, Me Robert de Bapaumes, pour la maison canoniale où il demeure, 100 s. (*Inv. des Arch. de la S.-Inf.*, G. 3047).

1521. — Testament du chanoine Robert de Bapaulmes (Ibid., G. 3424).

1521. — Sa tombe était dans la chapelle de la Vierge dans la Cathédrale près celle d'Antoine, évêque d'Angoulême; il avait offert, pour y être placées, trois statues en albâtre qu'il avait fait faire. (A. Deville, *Tombeaux de la Cathédrale de Rouen;* Rouen, 1837, in-8o, p. 259).

Il avait été un des délégués pour demander à Louis XII de donner sa fille Claude à François duc d'Angoulême. — Il s'excuse d'aller complimenter François Ier lors de son avènement à la couronne. — Il intervient dans diverses questions municipales, sur l'usage du charbon de terre, sur les honneurs à rendre au duc d'Alençon en 1515 (*Inv. des Arch. municipales de Rouen,* t. I, p. 94, 100, 108, 109).

VIII

CAMILLE DESCORTIATIS, Néapolitain,
Président lay.

Le registre secret cy-dessus allégué contient ces mots : Le lundy 1er d'octobre 1504, Messire Camille Descortiatis, docteur en chacun droict a présenté ses lettres patentes du don de l'office de Président au lieu de Me Jean de Malingre à présent deffunct, et a esté receu et sans serment (il faut lire et ce au serment) qu'ont accoustumé de faire les Présidens et a porté les paroles Me Robert de Bapaulmes. Ce faict, Messrs sont allés à la Messe du Saint-Esprit.

Monsr Chandelier dict qu'il estoit Néapolitain, et loue sa sévérité contre les criminels.

Jacques Bordel succéda au dict office avant l'an 1507.

Il est faict mention de luy au registre de la Court des Aides du mois de juin 1539 où il est nommé Monsr Camille.

Julles Des Corciatis receu conseiller au Parlement de Paris le 12 aoust 1504 (Blanchart).

Il est appelé d'Escorciatis dans un acte du 20 avril 1513 (M. de Beaurepaire).

IX

JEAN DE SELVE, Président lay.

En la charte cy-dessus alléguée du 17 de mars 1507, il est nommé après Descortiatis et avant Jacques Bordel. Aussy il n'est point faict mention de luy au registre secret souvent cité cy-dessus.

Puisque par la dicte charte l'office de Geoffroy Hébert fut supprimé et que le dit Jacques Bordel a succédé à Descortiatis, et Robert Bapaulmes à Antoine Bohier, il s'ensuit que de Selve succéda à la charge de Jean Le Nepveu, ce que je crois estre arrivé à la fin de 1504 ou au commencement de 1505.

Par la dite charte de 1507, il fut faict Premier Président et ceux qui ont esté pourveus en sa place ont tenu rang de Premiers Présidens.

Nous avons plus particulièrement parlé de luy en faisant mention des Premiers Présidents.

(Voir plus haut, p. 11).

X

JACQUES BORDEL, Président lay

Au 1 et 4 de gueulles à la teste de licorne d'argent; au 2 et 3 d'azur à la sirène d'argent.

Il fut pourveu du dict office au lieu de Camille de Scortiatis selon la dite charte du 17 de mars 1507; et, depuis, M. de Bapaulmes, second Président, ayant esté destitué de sa charge, le dict s^r Bordel, pour lors Président fut promeu à la place de second Président, et Pierre Bourbenon pourveu de l'office de tiers Président par lettres du 6 de septembre 1512, comme il sera dict cy-après; ce qui faict voir que M. Chandelier s'est mespris l'ayant employé après Pierre Bourbenon, et en ce qu'il dict qu'il fut receu en may 1515; peut-estre qu'au lieu de 1515 il faut lire 1505.

Par les lettres patentes du 10 de may 1513, le Roy déclare qu'il entend que le dict Me Jaques Bordel soit entretenu en l'office de second Président et le dict Bourbenon en l'office de quart Président, ce qui [fut] faict. De plus, on voit qu'il avoit esté receu avant le dict Bourbenon, les dites lettres référées par M. Le Febvre, t. II, p. 227 ^v. Aus dites lettres patentes de 1507 et de 1513 et aux Mémoires de M. Le Febvre, il est tousiours nommé Jacques, comme aussy en la commission pour vendre des rentes sur le domaine et gabelles, du 1 de juin 1519; ce

qui me semble plus croiable que M. Chandelier qui le
nomme Jean et ne faict aucune mention qu'il eût esté auparavant conseiller, ce qui me faict estimer que Me Jean
Bordel, docteur-ès-droicts, receu conseiller en 1504, est
autre que le dict Jacques Bordel, Président.

Le dict sr Chandelier dict qu'il estoit Limousin, issu
d'honneste famille ; qu'il estoit âagé lors qu'il fut receu
Président.

Un ancien ms. appartenant à M. de Sommesnil, doyen
de la Court des Aides de Normendie, contient qu'il estoit
Piémontois ; les Mémoires du Mercier portent qu'il estoit
Limousin. Le mesme ms., qui le nomme Bourdelis, faict
mention de son déceds arrivé en 1532 et qu'il fut inhumé
à Rouen, à S. Patrice, où il dict estre son épitaphe et luy
donne pour armes celles cy-dessus employées.

En aoust 1525, il eut pour successeur au dict office
Jean Feu, ainsi qu'il sera remarqué cy-après ; de sorte
qu'il seroit probable que son grand âage l'auroit obligé
à quiter sa charge et peut-estre l'auroit empesché de retourner en son païs natal, puisque Monsr Chandelier remarque qu'il estoit âagé lors qu'il entra au dict office.

Me Jean Bordel, clerc, estudiant en l'Université de
Paris, prétendant droict au prieuré de Couldres (arrests
d'audience des 10 janvier 1520, 28 may et 20 juin 1521).

Il préside une assemblée du Conseil de Ville (dernier août 1511),
où il est question des mesures à prendre à l'occasion de la peste,
s'y plaint du mauvais régime des Hôtels-Dieu et annonce qu'un
rapport sera présenté à la Cour qui avisera pour le mieux. —
21 mai 1521, il intervient à nouveau et dit « que l'Hostel-Dieu est
le plus mal gouverné que Hostel-Dieu qui soit en France ». —
28 mars 1515, il intervient dans des contestations relatives aux
boucheries et aux mesures à prendre contre la peste. (Ch. de Beau-

repaire, *Inv. des Arch. communales, ville de Rouen*, t. I. Rouen, 1887, in-4°, p. 104, 123, 109).

En 1512, quand après l'évacuation de l'Italie, on fit un appel à tous pour lever une nouvelle armée, le Président Bordet (*sic*) fournit un homme d'armes et quatre hommes armés de brigandines » (Floquet, I, 425).

Il avait épousé N... Compoing. — Il est qualifié sieur de Bouart et de Graveron dans une donation qu'il fait, le 12 juin 1518, à son fils aîné Jean, sieur d'Ormes, quand il épouse Nicole Hanequin, fille d'un bourgeois de Paris (M. de Beaurepaire).

17 décembre 1512, mention de sa maison, sise paroisse Saint-Patrice (*Inv. des Arch. de la S.-Inf.*, G. 4339).

V. son épitaphe dans Farin, IV, 507.

XI

PIERRE BOURBENON, Lyonnois.

Il estoit Lyonnois, et fut receu Président le 12 de novembre 1512, par la destitution de Robert de Bapaulmes; et, depuis, il retourna à Lyon, et le dict Bapaulmes rentra en sa charge comme on voit par les vers de M. Le Chandelier.

En la charte de confirmation du Parlement du 7 de janvier 1514, en laquelle sont nommés tous les officiers qui lors exerçoient, le dict Bapaulmes est employé comme second Président et n'est parlé du dict Bourbenon, ce qui faict voir qu'il exerça peu de temps le dict office (1).

Par ses lettres de provision du 6 de septembre 1512, il est dict que le Roy luy donne cet office pour les bons ser-

(1) Le Président Bigot avait inséré ici les indications suivantes qu'il a interrompues et rayées : « Au registre d'audience de l'an 1512, sont ses lettres patentes de provision du dict office du 6 de septembre au dict an, adressantes à la dicte Court, qui contiennent

vices qu'il luy a rendus ayant esté sénateur à Milan depuis
la derniere réduction du dict duché et résidé à Crémone
et pais circonvoisin pour le faict de la justice et police.

Sur les scrupules du Parlement au sujet de l'ignorance de Bourbenon, des lois de France et de Normandie, V. Floquet, I, 453, et
sur ses compétitions et contestations avec Robert de Bapaulmes, Id.,
ibid., 446-447.

xii

FRANÇOIS DE BORDEAUX,
baron de COULONCES.

De gueulles à 3 merlettes d'argent.

Il fut premièrement conseiller clerc, puis conseiller lay
au Parlement de Rouen, comme il sera remarqué en son
lieu.

Il fut pourveu (comme je crois), de l'office de Président
nouvellement créé lors de l'érection de la Tournelle faicte
en may 1519 et fut receu audict office le .. de juillet
1519. Mons' Chandelier dict qu'il estoit Normand, et que
le Roy l'employa comme ambassadeur pour traicter la
paix avec le Roy de Dannemark. Il estoit de la vicontéde
Vire et prenoit la qualité de chevalier, baron de Cou-

ces termes : Comme puis nagueres en ça par arrest de nous et de
nostre grand-conseil, prononcé par nostre chancelier à la personne
de Mᵉ Robert de Bapaulmes lors second Président en nostre Eschiquier de Normendie, par lequel entre autres choses, le dict de
Bapaulmes auroit esté débouté et déclaré incapable de plus exercer
le dict estat de Président, nous avons pourveu en sa place Mᵉ Pierre
de Bourbenon, docteur ès-droits, et sénateur à Milan et ayant lon-
guement résidé à ..... »

lonces. Ses armes pleines sont sur la porte et autres lieux de la maison de feu Mr Salet, Procureur général au dict Parlement, près S. Lô, laquelle on nommoit cy-devant la maison de Bordeaux, et fut vendue à M^rs les Thrésoriers de France par Louis de Bordeaux, s^r d'Estouvy, fils de Guillaume, conseiller, pour le prix de 4 mil escus (arrests d'audience du 28 avril 1583 et 7 de may). Il décéda le 14 de janvier 1527, et gist à Rouen dans le cœur de la parroisse de S. Lô où est son épitaphe. Pierre Monfault succéda à son office.

De la mesme famille estoit Guillaume de Bordeaux, conseiller au Parlement de Rouen, gendre du dict François de Bordeaux, Président. Sa généalogie est en la page suivante, tirée d'un ancien manuscript appartenant à Monsr Bigot s^r de Sommesnil, doyen de la Court des Aides de Normendie et cy devant à Monsr de Lisores, Procureur général au Parlement, page 575.

Une fille, héritière de cette maison ou d'une branche d'icelle, a esté, depuis peu d'années, mariée à   de Vinières, baron des Biars, fils aisné de Monsr de Blainville, lieutenant pour le Roy au bailliage de Caen.

Nota qu'en la recherche des nobles faicte en 1463 par Monfaut, entre les roturiers de l'élection de Vire sont employés Gilles de Bordeaux et Jean son fils et Laurens de Bordeaux, tous trois de la parroisse de Coulonces; mais souvent ledict s^r Monfaut s'est mespris en telles choses, ne s'estant fondé que sur le bruit commun et rapports à luy faicts; et plusieurs de ceux par luy imposés en ont depuis obtenu la descharge, comme il se voit par le livre mesme de ses recherches.

Le registre de la Court des Aides du ..... 1481 faict mention de Jean et Girest ou Gilles de Bordeaux, de la dite parroisse de Coulonces, condamnés par provision à payer la taille ; mais depuis ils furent, la mesme année, déclarés nobles d'ancienneté par arrest du 10 de juin 1482. Par la recherche des nobles de 1624, furent deschargés Jean et Michel de Bordeaux, qui avoient pour père Jean de Bordeaux, Philippes pour ayeul, Richard pour bisayeul (Election de Vire).

Antoine de Bordeaux, baron de Coulonces, plaide contre Mᵉ Guillaume de Bordeaux, conseiller, pour la teneure de ses fiefs (arrest d'audience du 11 de janvier 1554). Par un arrest d'audience du 8 de may 1557, qui est la suite du dict procès, on voit que Richard de Bordeaux, père du dict Guillaume, conseiller, rendit aveu en 1515 et 1520 au dict de Bordeaux, Président, baron de Coulonces, des fiefs de Villiers et la Poussinière, tenus de ladite baronnie.

Jean de Bordeaux, sʳ de Gourgusson, et demoiselle Catherine de Bordeaux, femme en 1 nopces de Nicolas Le Boucher, sʳ de Crennes (dont elle eut enfans qui furent à la tutelle du dict sʳ de Gourgusson) ; en 2 nopces elle espousa Guillaume Thoury sʳ de Roullours (arrest d'audience du 13 de may 1578).

Claude de Bordeaux, receu viconte de Vire par la résignation de Louis de Bordeaux en avril 1582.

Mᵉ Michel de Bordeaux, sʳ de Maisoncelles, lieutenant général au siège des eaux et forests de la table de marbre du Palais à Rouen, intimé en appel du juge de Mortaing (arrest d'audience du 3 d'avril 1607).

Dame Anne d'Espinay, vefve de Messire Louis de Bordeaux, baron de Coulonces (Arrest d'audience du 27 de juin 1607).

Louise de Bordeaux, demoiselle, héritière aux meubles et acquests du dict Louis, baron de Coulonces, et Adrian de Guillebert sʳ de la Valée, fils de la dicte de Bordeaux, et Philippes de Guillebert s^r de Soqueville son petit-fils. En un arrest du 4 de juillet 1607, le dict Philippes est nommé baron de Coulonces et y est aussy nommé Jacob de Guillebert s^r de la Rivière? dernier fils de la dicte de Bordeaux.

..... de Bourdeaux receu conseiller au Parlement de Paris, 1585.

(Suit la généalogie.)

François de Bordeaux était fils de Jean de Bordeaux, homme d'armes dans la compagnie d'Alain Gouion, bailli de Caen, qui obtint lettres d'exemption de logements de sa maison de Vire, et de Jeanne de Vaux.

Il épousa Florimonde de la Barre, fille de Messire Jean de la Barre, comte d'Estampes, baron de Vérets, gouverneur et prévost de Paris, premier gentilhomme de la chambre du Roi.

Il eut un fils, Antoine, baron de Coulonces, et deux filles.

(B.)

2 février 1523. — Il intervient auprès des conseillers de la Ville de Rouen dans l'affaire d'évocation concernant le seigneur d'Etelan. — 20 mars 1524. — Il demande à la Ville, de la part du Roi, de prêter à S. M. 50,000 livres (*Inv. des Arch. municipales*, p. 128).

V. son épitaphe dans Farin, VI, 44.

XIII

ROBERT DE VILLY

D'argent à l'aigle de sable. (Ms. de M^r de la Ch. [*sic*], p. 96 ^v.)

Il fut receu Président au lieu et par le décéds de Robert de Bapaulmes, le 12 de novembre 1522. (Registre d'audience où sont ses lettres du 17 juin audict an.) Le 3 d'octobre 1496, il avoit esté receu conseiller en la Court des Aides au lieu de Mᵉ Philippes de Rynel (ou Raynel), et est employé entre les conseillers en la dicte Court en la charte de confirmation d'icelle, registrée en juin 1498.

Au registre de la dicte Court des Aides du mois de may 1511, il est parlé du dict de Villy naguères conseiller en icelle.

Il estoit Procureur général au Parlement en janvier 1514 (ainsi qu'il sera remarqué cy après), et exercea le dict office jusques à ce qu'il fût reçeu Président.

Il décéda le 5 de may 1540, et gist à Rouen en la parroisse de S. Amand. Jean Vialard fut receu Président au lieu du dict de Villy.

M. Chandelier dict qu'il estoit Normand et le loue d'avoir recherché de décider sommairement les procès et d'avoir assemblé des biens médiocres.

Je crois qu'il estoit de la viconté de Falaise.

Par un arrest du Parlement du 20 de may 1516, on voit que ledict de Villy, qui lors estoit Procureur général, au droict de Jeanne fille de Philippes de Raynel sʳ des Mares et des Poictevines, prétendoit les dicts fiefs. [Ils] luy furent contestés par Jaqueline fille de Robert de Croismare, sʳ de S. Jean, qui prétendoit que la dicte Jeanne de Raynel ne fût pas légitime. (Il faut revoir l'arrest pour savoir si elle estoit mère ou femme dudict de Villy.) Par la généalogie de Croismare cy après, il se void que le dict Robert de Croismare estoit fils de Jeanne de Rainel. Il y a apparence que le dict Philippes de Rainel fut le mesme par la résignation du quel le dict de Villy avoit esté receu en la jurisdiction des Aides.

Il donne le nom à Robert Le Roux, conseiller au Parlement cy après (1).

(1) Suivent quatre mentions cancellées, dont l'une renvoyait à

Guérin de Villy sr de Marcambye, lieutenant-particu-
lier du bailly de Caen, au lieu (*sic*), eut pour fils aisné et
héritier Perrin de Villy. Demoiselle Magdeleine Roussel
vefve du dict Guérin fut tutrice de Tanneguy de Villy
leur fils (arrest d'audience du 13 de may 1578).

Jean de Villy, sr d'Incarville (arrest d'audience du 11
janvier 1583).

Jean de Villy achète le fief du Busc (arrest d'audience
du 10 de mars 1583).

Pierre de Villy, receu conseiller au Présidial de Caen,
le 14 de mars 1583.

Des enfans de Jean de Villy : 8 escus. (Recepte des
francs-fiefs de Caen et Falaise).

*Johannes Le Viconte, scutifer, et Tifania de Villy,
ejus uxor* (p. 120 (?), Eschiquier, 1390).

(*Suit la généalogie.*)

Il fut le second mari d'Anne du Bosc, fille de Guillaume du Bosc,
sr du Mesnil, contrôleur du grenier à sel de Rouen, et de Catherine
le Goupil (B, I, 7). Il eut trois fils : 1º François, conseiller aux
requêtes (B, IV, 41) ; 2º Pierre, chanoine à Bayeux ; 3º Jean, protonotaire du cardinal de Vendôme, et une fille.   (B.)

20 janvier 1504 (v. s.). — Robert de Villy, ancien conseiller
d'église, est nommé, par le Chapitre de Notre-Dame de Rouen, vicomte de la Neuville-Chant-d'Oisel, en remplacement de de Cormeilles, nommé conseiller en l'Echiquier ; et, le 21 décembre 1506,
étant lui-même nommé Procureur du Roi en l'Echiquier, il est, à
son tour, remplacé comme vicomte. (*Inv. des Arch. de la S.-Inf.*,
G. 2147.)

Bérault, sur l'article 455 de la Coutume de Normandie au sujet
d'un arrêt du 21 mars 1508 (lis. 1608), touchant le fief des Poictevines « consistant au poids de la viconté de l'Eau, décrété pour
les debtes de François de Villy, sr des Mares, environ l'an 1584, et
clamé par Antoine de Giverville sr de S. Maclou. »

26 mars 1510 (v. s.). — Il demande la permission de marier sa fille pendant le carême. (R. C., M. de Beaurepaire.)

Sur lui, son rôle comme Procureur général, puis comme Président ; son opposition aux aliénations du domaine, à l'extension du privilège de Saint-Romain. (V. Floquet, I, pp. 466, 414, 474 *et passim*.)

Il prend part, avec le Conseil de Ville de Rouen, aux questions touchant la suppression d'offices nouvellement créés, la traite et le commerce maritime. Il est, d'ailleurs, mêlé à toutes les affaires importantes. (*Inv. des Arch. municipales*, pp. 147, 149 et *passim*.)

XIV

JEAN FEU, d'Orléans (1).

Monsr Chandelier dict qu'il estoit d'Orléans, et loue sa grande doctrine. Monsr Le Febvre l'appelle *alterum Catonem censorium*. Aucuns disent que les livres imprimés soubs le nom de *Johannes Igneus* sont de luy. Il estoit docteur-ès-droicts en l'Université d'Orléans, et, pour ce subject, aucunes fois qualifié chevalier-ès-loix et Messire, ainsi qu'il se voit par les listes des officiers du Parlement insérées en ce receuil. Il fut cinq ans sénateur à Milan ; puis, le 12 de novembre 1512, fut receu conseiller clerc, et depuis fut conseiller lay ainsi qu'il sera remarqué cy après.

Le 17 d'aoust 1525, il fut receu Président au lieu de Mr Bordel. Dès l'an 1543, il est l'ancien Président, ainsi que le remarque Mr Le Febvre (t. II, p. 81). Il présida, pendant l'interdiction du Parlement, à la chambre criminelle establie par le Roy en septembre et octobre 1540 ;

(1) Le ms. de M. Le Verdier lui donne pour armes : *de gueules au chevron d'or, accompagné de trois flammes d'or ; au chef cousu d'azur chargé d'un léopard d'or.*

et, depuis, le Roy l'ayant appellé à soy pour autres affaires, M⁵ Jean Vialart fut commis pour présider à la dicte chambre. Le dict M⁵ Jean Feu décéda le 15 de novembre 1549, et fut inhumé à S. Laurens à Rouen, devant le crucifix où est sa tombe de marbre.

Il demeuroit en la rue de l'Escureur, entre ma maison et le presbytère de la dicte parroisse, ainsi que je vois par mes titres.

Louis Petremol succéda au dict office de Président.

M. de Sommesnil remarque que, le 15 de décembre 1544, le dict Jean Feu estoit commissaire de la vente des quatriesmes.

M⁵ Estienne Feu, prestre, chanoine à Bayeux, curé de Maistry. (Arrest d'audience du 23 mars 1563, 20 may 1568.)

Le dict Jean Feu, Président, fut commis par le Roy pour faire l'emprunt en Normendie de 100 mil escus, par lettres registrées au Parlement le 21 d'avril 1544 après Pasques.

Il eut un fils conseiller clerc au Parlement de Paris, et plusieurs filles, l'une mariée à Estienne Bernard, s⁵ de la Court, conseiller au Parlement de Rouen; une autre mariée à   de Contes ? lieutenant général de la marine du Ponant, duquel la fille fut mariée à Camus, s⁵ de S. Bonnet, père de M⁵ l'évesque de Belley. Lyée Feu, son autre fille, fut mariée à Jean Lallemant, conseiller au Parlement de Rouen et depuis Président au dict Parlement.

Gilles Feu, conseiller au Parlement de Paris, fut, en novembre 1572, un des commissaires pour la recepte du tiers et danger des bois de Normendie.

Blanchard, 1569, Jean Feu. Il ne parle pas de Gilles Feu.

14 mai 1551 (Tabellionage de Rouen, Meubles). — Il est mention de sa veuve Katherine de Laubespine. (M. de Beaurepaire.)

Sur sa science, ses ouvrages, son enseignement, ses fonctions judiciaires à Orléans et à Milan, ses funérailles, les regrets qu'il laisse, v. Floquet, I, 379, 461-463. Sur sa générosité pour les écoles des petits enfants, id., II, 105. Il est un des juges commissaires au procès de l'amiral de Chabot (id., II, 42).

6 juin 1527. — Il est chargé d'exposer au Conseil de ville de Rouen les besoins du Roi en troupes et en finances à l'occasion des préparatifs de guerre. (*Inv. des Arch. municipales*, I, p. 134.)

Mai 1528. — Il est député par le Roi pour demander à la Ville une contribution pour la rançon des enfants de France. (Id., *Ibid.*, p. 135.)

Mars 1536 (v. s.). — Il est député par la Ville pour demander au Roi modération des charges qui lui avaient été imposées. (Id., *Ibid.*, p. 147.)

3 août 1531. — Il informe le Chapitre de la cathédrale de la mort de Louis de Brézé et de ses désirs au sujet de son inhumation. (*Inv. des Arch. de la S.-Inf.*, G. 2154.)

« Noble homme Messire Jehan Feu, chevalier, docteur ès droicts, conseiller du Roy et président en sa court de Parlement au dit lieu de Rouen, thésaurier du thésor de l'esglise Sainct Laurens » fait un inventaire des titres du trésor (1532). (Id., *Ibid.*, G. 6794.)

Il est encore trésorier en 1531-1532, 1532-1533 ; paye, en mars 1518, 78 sous à l'occasion de l'inhumation dans l'église d'honorable personne Jacques Feu, son oncle. (Id., *Ibid.*, G. 6800.)

3 avril 1537. — Il est député vers le Roi au sujet d'une demande d'argent faite par le Roi à la Ville de Rouen. (*Inv. des Arch. municipales*, p. 147.)

20 avril 1544. — Il est encore, avec les deux Antoine Bohier et Loys Preudhomme, commissaire du Roi pour demander de l'argent à la Ville. (*Id.* p. 157.)

Comptes de la fabrique de S. Laurent, 1552. — Tombe à Jean Feu, président au Parlement. (*Inv. des Arch. de la S.-Inf.*, G. 6801.)

XV

PIERRE MONFAUT, de Rouen.

D'azur à la bande d'or chargée de 3 dards ou fers de lance de sable. Autres disent qu'il portoit escartelé au 1 et 4, de Monfault ; au 2 et 3, de Croismare avec briseure.

Monsr Le Febvre remarque qu'il fut premièrement advocat plaidant pour les parties, puis en 1523 il fut receu secon... advocat général, et le 28 de février 1527, il fut receu Président par le déceds de Mr de Bordeaux.

Monsr Chandelier dict qu'il estoit de petite stature, mais fort éloquent.

Monsr Le Febvre remarque son déceds estre advenu le 20 de décembre 1541. Estienne de Tournebule succéda à son office.

Il a esté inhumé à Rouen à S^{te}.Croix-St-Ouen, selon le ms. coté A en la bibliothèque de M. de Sommesnil, p. 325. Touttesfois j'ay ouy dire à ses arrière-nepveux qu'il avoit esté inhumé à Rouen en la parroisse de St Laurens en la chapelle de la Vierge. On voit ses armes escartelées de Croismare en la massonnerie au dehors de la dicte chapelle soubs la vitre contre la quelle est posé l'épitaphe de Mrs Cavelier. Au dessus est représentée la Trinité et un homme à genoux de la bouche duquel sortent ces mots : *Sancta Trinitas unus Deus, miserere nobis.*

Le dict s^r Président Monfaut demeuroit en la rue de l'Escole en la maison qui appartient au Chapitre de Rouen passant jusques en la grande rue au dessus de l'Oratoire. Il possédait le fief Poignant en la parroisse de St-André-sur-Cailly.

(Suit la généalogie.)

Il était fils de Charles Monfaut, lieutenant particulier, puis lieutenant général du bailli de Rouen, et de Guillemette d'Esquetot ; et petit-fils de Rémon Monfaut, général des monnaies, qui fit la recherche des nobles en 1463, et de Catherine de Croismare.

Il épousa Marie d'Orgite, dame de Fontenelles ; il eut un fils, Georges, mort sans postérité, et deux filles : Marie, femme de Jacques Centsolz, conseiller au Parlement de Rouen ; et Magdeleine, femme de Jacques de Cormeilles, sr de Tendos et de Mallemains, aussi conseiller au dit Parlement........ « les meubles de ladicte Magdeleine furent vendus à l'instance de ses créanciers (arrest d'audience du 20 de febvrier 1579)..... »   (B.)

Il est plusieurs fois trésorier de la fabrique de Saint-Laurent de Rouen. *(Inv. des Arch. de la S.-Inf., G. 6799.)*

Mars 1521. — Il est délégué vers le Roi par la Ville de Rouen et prend une part active aux délibérations relatives à une demande d'argent faite par le Roi. *(Inv. des Arch. municipales, I, p. 124-125.)*

Février 1532 (v. s.). — Il est délégué vers le Roi pour lui exposer les inconvénients de l'érection de deux foires franches au Hàvre. *(Id., p. 142.)*

Juillet 1536. — Il est chargé par le Roi de demander 50,000 l. à la Ville de Rouen. *(Id., p. 145-147.)*

V. sur lui : J.-A. Guiot, *Les trois Siècles palinodiques ou Histoire générale des Palinods de Rouen, Dieppe, etc.*, édités par l'abbé A. Tougard. Rouen, 1898, in-8°, t. II, p. 122 ; — Floquet, I, 489-490, et *passim ;* — Farin, IV, 448.

XVI

JEAN VIALARD

> *D'azur au sautoir d'or cantonné de 4 croisettes de mesme.* Aucuns, au lieu de croisettes, mettent des croix ancrées.

Monsr Chandelier dict qu'il estoit d'Auvergne.

Le dict s^r Chandelier et M. Le Febvre remarquent qu'avant que d'estre Président, il estoit ancien et célèbre advocat au Parlement de Paris, très excellent légiste et practicien.

Il fut pourveu du dict office de Président vacant par le décès de M. de Villy ; et parce que ses lettres de provision estoient adressées à tout le Parlement, il luy fut donné lettres de commission du dernier d'octobre 1540 pour présider à la chambre establie à Rouen pour juger les procès criminels pendant l'interdiction du Parlement, de la quelle commission il fit le serment ès mains de Monsr le Chancelier et vint à Rouen le 5 de novembre 1540, et le lendemain le Procureur général présenta à ladite chambre criminelle la dite commission, sur quoy délibéré fut [et] arresté qu'il seroit faict sçavoir au dict s^r Vialard qu'il vînt quand il luy plairoit. A la quelle fin fut envoyé vers luy un huissier de la dicte Court, et incontinent il entra en ladite chambre et y fut receu à présider sans faire serment et sans autre formalité. (Registre des enquestes du quel j'ay une coppie par la quelle aussy paroist qu'il continua de présider à la dicte chambre en novembre et décembre 1540). Et le 7 de janvier 1540, jour du restablissement du Parlement, il fut receu au dict office de Président selon Mr Chandelier. Autres disent qu'il ne fut receu que le 15 du dict mois.

Il avoit résigné le dict office à Monsr de Bauquemare, le quel présenta ses lettres le 17 de novembre 1548. Mais, le 26 de mars au dict an, il présenta autres lettres pour retourner à son office, ce qui luy fut accordé. (M. Le Febvre, t. II, p. 164 ^v.)

Il décéda le 28 de novembre 1549, estant lors second Président, et eut pour successeur au dict office Antoine de Sainct-Anthot. (M. Le Febvre.)

Voyez sa généalogie en la page suivante.

Le registre de la Court des Aides du 14 de juin 1519 faict mention que Mᵉ Jean Vialard apporta à la dite Court missives du Roy pour procéder au jugement du procès de Pierre Le Porcher esleu à Mortain.

Mᵉ Raoul Bouchery, advocat, fut mis en comparence personnel pour paroles injurieuses proférées contre l'honneur du dict sʳ Vialard (arrest d'audience du 6 de mars 1543.)

Il y eut commission adressée au dict Vialard pour, avec 2 conseillers de la Court, non suspects ny récusables, continuer le procès criminel commencé sur l'accusation de Jean Dalençon contre Mᵉˢ Jean Moges, lieutenant général du bailly de Rouen, et Charles Le Febvre, advocat du Roy au Pont-Audemer, avec interdiction au Parlement d'en congnoistre; à laquelle clause le Parlement déféra et donna acte de la dite commission au dict Moges pour se pourvoir où et ainsi qu'il adviseroit bien estre (arrest d'audience du 28 de may 1543), et le 21 de juin 1543 y a arrest d'audience sur l'emprisonnement du dict Dalençon, le dict Moges ayant obtenu lettres de renvoy de la dicte instance au Parlement.

Denis Vialard, sʳ de Favières, arresté prisonnier à la requeste de Pierre de S. Benoist, sʳ de Premont (arrests d'audience du 19 et 20 de novembre [signifiés?] par un huissier au Grand-Conseil).

Le sʳ Loisel en son dialogue des advocats, p. 504, met le dit Jean Vialart entre les célèbres advocats. Je crois qu'il est le mesme qu'il employe, p. 575, en la liste des advocats de l'an 1524.

(Suit la généalogie.)

Il épousa Marie Séguier, fille de Gérard Séguier, conseiller au Parlement de Paris (v. Blanchart, p. 221), et eut trois fils : — Michel, Président au Parlement de Rouen, puis au Grand-Conseil, qui eut lui-même deux fils, dont un, Fœlix, Président au Grand-Conseil; — Antoine, archevêque de Bourges; — et Germain, conseiller clerc au Parlement de Rouen (1555), puis reçu conseiller au Parlement de Paris le 7 janvier 1563. (B.)

Sur la cession de son office qu'il avait faite au conseiller de Bauquemare et qui fut annulée à cause du jeune âge du cessionnaire, v. Floquet, II. 129.

Il est inhumé à Saint-Laurent de Rouen, en 1549. (*Inv. des Arch. de la S.-Inf.*, G. 6801.)

XVII

ESTIENNE DE TOURNEBULLE, Escossois.

D'argent à 3 testes de bœuf de sable
œillées et languées de gueulles.

Monsr Le Febvre dict qu'il fut advocat au Parlement de Paris, puis homme d'armes de la Compagnie du sr d'Aubigny-Stuart, conte de Beaumont. Il fut receu conseiller au Parlement de Paris le 12 de décembre 1533, et le 16 (ou 21) de febvrier 1541 fut receu Président (1) au lieu de Pierre Monfaut. Il décéda le 6 (ou 7) de janvier 1553 et gist aux Carmes à Rouen, selon Mrs Chandelier et Le Febvre. Sa tombe est en la dicte église dans le cœur près le balustre du grand-autel où sont ses armes. (Epitaphes de M. de Sommesnil, p. 38.)

En son lieu furent nommés par élection, le 10 de janvier 1553, Mes Jean (ou plustost Robert) de la Masure, conseiller en la Court; Jacques Daniel, Président aux requestes, et Jean Le Lantier, Procureur général, et luy succeda le dict Daniel (M. Le Febvre). Il fut permis au

(1) Il faut ajouter : au Parlement de Rouen.

dict de Tournebule et à 5 conseillers de désemparer pour assister au jugement des procès pendans au Parlement de Paris ayans esté pour cet effect choisis par le duc de Guise, tuteur du duc de Longueville son petit-fils, suivant les lettres patentes du 19 de febvrier 1545 employées au registre de l'audience du 25 du dict mois et an. Les dicts conseillers furent Jacques Danyel, Louis Petremol, René Desbuats et Nicole Le Sueur et, en leur absence, Christophle Ripault.

Damoiselle Marie de Tournebulle, vefve de Baptiste Le Chandelier, conseiller au Parlement, fit donation par testament à Françoise Riberol sa parente (arrest d'audience du 18 de mars 1596). Voyez B, III, 2 ; C, X, 7. La dite de Tournebulle estoit fille du dict Estienne, Président. Elle mourut sans enfans.

On dict que une autre de ses filles espousa le s^r Fernel, célèbre médecin.

Estienne Tournebulle, en la liste des advocats plaidans en 1524, au Parlement de Paris. (*Mémoires* de Loisel, p. 575.)

Lors de l'entrée d'Henri II à Rouen, c'est lui qui complimente le Roi au nom du Parlement ; son singulier discours (Floquet, II, 171, 185-187).

Il complimente également la reine douairière d'Ecosse (id., *ibid.*, p. 194).

1550. — Il est chargé par le Roi de provoquer et surveiller la liquidation des dettes de la Ville de Rouen et préside, à cet effet, une assemblée du Conseil de ville. (*Inv. des Arch. municipales*, I, p. 173.)

V. son épitaphe dans Farin, VI, 210.

Janvier 1553 (v. s.). — *De sepultura et tribus serviliis factis pro clarissimo ac reipublicæ utilissimo magistro Stephano Tournebulle, secundo preside supreme curie Rothomagensi, absque aliis donis : XXVII l. XII s.* (Compte des Carmes, M. de Beaurepaire.)

XVIII

LOUIS PETREMOL

*D'azur au chevron d'argent accompagné
de 2 coquilles d'or en chef, et un lion
d'or en pointe.*

Il fut receu conseiller clerc au Parlement de Rouen le dernier de juin 1531, et, depuis, conseiller lay le 14 de janvier 1537; et, depuis, fut pourveu de l'office de Président aux enquestes par lettres du 3 de may, et y fut receu le 6 de juin 1543, pour présider la seconde chambre des enquestes nouvellement establie; lequel office de Président des enquestes il cessa d'exercer environ l'an 1548 et demeura conseiller, comme il sera remarqué en parlant des conseillers. Il fut receu Président au mortier au lieu de Monsr Feu le 2 de décembre 1549.

Sa généalogie est en la page suivante.

Monsr Chandelier dict qu'il fut petit de corps, mais de grand mérite et fort exact à rendre la justice.

Il mourut sans hoirs en Champagne, en 1563, selon les Mémoires de M. de Sommesnil. Il eut pour successeur audit office Gilles de Hastes en décembre 1567, comme j'ay veu par le registre. Au registre d'audience du 11 de janvier 1543 sont les lettres de commission adressée par le Roy au dict Petremol qui est nommé conseiller et Président des enquestes du Parlement de Rouen pour faire l'establissement des notaires de nouvelle création qui avoit esté commencé par Me Jean de Longuejoe, conseiller au Parlement de Paris, auparavant advocat général au Parlement de Rouen. Au registre d'audience du 17 de décembre 1551 sont les lettres de commission, du 3 du dict mois, adressées au dict Petremol, Président au Parlement et à Nicolas Le Conte, conseiller, et autres commissaires pour vendre 40 mil livres de rente sur le domaine.

Au dict registre, 8 de febvrier 1551, est une autre commission registrée adressante au dict Petremol pour saisir et envoyer au Roy tous les deniers consignés ; y est aussy insérée la lettre de cachet.

Au dict registre y est registrée, le 7 d'avril avant Pasques 1551, une autre commission par la quelle le Roy establissoit Mʳ le cardinal de Vendosme son lieutenant· général en Normendie. Il luy donna pouvoir, pendant son absence hors du royaume pour la guerre contre l'Empereur, de tenir conseil dans Rouen avec le cardinal d'Annebaut, l'évesque d'Evreux, le dict Petremol Président, Jean de Bonshoms sʳ de Couronne, et Nicolas Le Conte sʳ de Draqueville, conseillers, pour les affaires de la guerre, justice, police et finances, comme il est amplement contenu ausdictes lettres.

Par un arrest d'audience du 3 de juin 1552, on voit qu'il possedoit héritages en la parroisse de Bierville près Rouen. Il fut commis pour la réformation des forests par lettres registrées le 25 de septembre 1553. Par arrest d'audience du 30 de juillet 1561, il fut ordonné qu'il seroit informé, à la requeste du Procureur général, des injures et voyes de faict commises contre luy et ses domestiques en sa maison située au faubourg Cauchoise.

(Suit la généalogie.)

Il était fils de Jacques Petremol, receveur des amendes du Parlement par la charte d'érection de l'an 1499....., il épousa Anne Hennequin, dame de Saint-Utin. « Je crois que ce fut luy qui fut greffier de l'Eschiquier d'Alençon ».

Louis, conseiller, puis président, épousa   du Buisson, fille de Mathieu du Buisson, escuier. Il n'eut pas d'enfants ?

Guillaume Petremol, visiteur de poisson à Rouen. (Registre des Aides du pénultiesme de may 1466.   (B.)

Le 9 mars 1531, furent registrées avec beaucoup de difficultés et clauses onéreuses les lettres de dispense accordées à M. Petremol pour se marier et tenir en même temps l'office de conseiller clerc jusques à ce que par le Roi y ait été pourvu d'un autre. (M. de Beaurepaire.)

Le Président vend, en 1558, à Louise de la Fosse, une maison en deux corps de logis ayant appartenu à Richard Le Pelletier de Martainville, correcteur en la Chambre des Comptes, rue Saint-Denis. (*Inv. des Arch. de la S.-Inf.*, G. 4284.)

« Louis Petremol, de Rouen, était fils aîné de Jacques Petremol, l'un des familiers et maîtres d'hôtel de Georges Ier, cardinal d'Amboise. Il paraît avoir joui d'un grand crédit dans sa compagnie ainsi qu'à l'hôtel de ville de Rouen. Le Parlement le chargea de s'entendre avec le cardinal de Lorraine pour régler le détail des cérémonies à observer à l'Entrée de la reine d'Ecosse (octobre et novembre 1560). L'année suivante, les échevins le députaient vers le Roi pour obtenir une diminution de la somme imposée sur la Ville..... Mais ce qui surtout lui donne droit à notre souvenir, c'est le rôle capital qu'il remplit pendant nombre d'années pour la réforme de l'Hôtel-Dieu de Rouen et pour l'organisation de l'assistance publique dans cette ville. Il avait épousé, en 1531, Claude Du Buisson, fille d'un bourgeois de Rouen, dont tout l'apport était de 4,000 livres qui ne lui étaient pas encore intégralement payées en 1540. » — Ch. de Beaurepaire, *Le Trésor immortel....* par Jacques Sireulde, publié par la *Société des Bibliophiles normands*. Rouen, 1899, petit in-4° (Introd., pp. XXIII et suiv.).

Lors des agitations populaires qui accompagnèrent la réforme, Petremol fut en butte à la haine et à la vengeance de la populace. Plusieurs fois, notamment en décembre 1560, sa maison fut attaquée, des menaces de mort furent proférées contre lui. (Voir sur ces évènements, sur sa belle attitude et sur sa famille, id., *ibid.*, p. LII à LVI; et Floquet, II, 346, 351, 352, 367, 368, et 162, 236, 297.)

Il se trouve également mêlé, en vertu de lettres du Roi, ou comme délégué du Parlement, à presque toutes les affaires concer-

nant les finances, la police, l'administration de la ville de Rouen,
(*Inv. des Arch. municipales*, I, pp. 173, 175, 178 181, 183 et
passim.)

XIX

ANTOINE DE SAINCT-ANTHOT, Bourguignon.

*D'argent à la fasce d'azur surmontée d'un
léopard de sable, et, en poincte, une
merlette de sable* (1).

Il fut conseiller au Parlement de Bourgongne, comme
il est porté par ses lettres de provision de l'office de Premier Président; et, le 27 de mars 1549, fut receu Président
au Parlement de Rouen, au lieu de Me Jean Vialard,
sans examen et sans appeler les gens du Roy ny informer
de la vie et mœurs selon M. Le Febvre.

Il fut receu Premier Président en juin 1553. (Voyez la
suite des *Premiers Présidens*, VI.)

Jean Lallemant, mentionné en la page suivante, succéda à son office de Président.

Il était fils de Nicolas de Saint-Anthot, écuier, sieur du lieu, près
de Semur en Auxois, et de Sébastienne de Thiard ou de Tyard.

Il épousa Chrestienne Moreau, fille du sieur d'Alleré (?) et n'a
laissé que trois filles.   (B, fo 17.)

---

(1) Ces armes sont données à la notice qui lui est consacrée comme
Premier Président, fo 16.

LIVRE I [1]

DES CONSEILLERS DE L'ESCHIQUIER ET PARLEMENT DE ROUEN

Ce livre sera divisé en dix parties. La I contiendra les conseillers receus en 1499, lesquels ont fourny le nombre de 28, porté par l'establissement de l'Eschiquier. La II les conseillers receus de l'an 1499 jusques à l'establissement faict en 1519 de la chambre de la Tournelle. La III ceux receus depuis le dict establissement jusques à la création des 15 conseillers faicte en 1543. La IV traictera des dits 15 conseillers et autres receus jusques à l'establissement faict en 1568 de la chambre des requestes. La V de ceux receus ensuite jusques à la création faicte en 1576. La VI de ceux créés en 1576 et autres receus jusques au déceds du roy Henry III. En la VII seront les conseillers receus soubs le règne de Henry IV. La VIII contiendra ceux receus depuis la mort du Roy Henry IV jusques à la fin de l'an 1626. La IX ceux depuis ma réception, qui fut en juin 1627, jusques à la fin de l'an 1640. La X et dernière ceux de l'ancienne création, receus depuis le restablissement du Parlement.

———————

PREMIÈRE PARTIE.

DES CONSEILLERS RECEUS L'AN 1499

I. Guillaume Aoustin.

II. Robert Destin.

(1) Il faut sous-entendre : « de la seconde partie ».

III. Jean Le Monnier.
IV. Robert de la Fontaine.
V. Guillaume Cappel.
VI. Robert de Bapaulmes, depuis Président.
VII. Jean Du Bosc.
VIII. Guillaume Fedeau.
IX. Guillaume Toustain.
X. Jean Dargouges.
XI. Pierre Charles.
XII. Guillaume Le Roux.
XIII. Jean de la Treille.
XIV. Pierre de Croismare.
XV. Laurens de la Perreuse.
XVI. Jean Le Héricé.
XVII. François de Ternay.
XVIII. Guillaume Daniel.
XIX. Pierre Le Seneschal.
XX. Jean Masselin.
XXI. Arnauld Le Gouppil.
XXII. Jean Heuzé.
XXIII. Pierre de Mélicourt.
XXIV. Jean Louvel.
XXV. Guillaume Maignart.
XXVI. Guillaume de Perrières.
XXVII. Pierre Le Lieur.
XXVIII. Guillaume Carrey.
XXIX. Guillaume Adoubart.
XXX. Thomas Postel.
XXXI. Jean Le Bienvenu.
XXXII. Robert Boislevesque.

I

GUILLAUME AOUSTIN, conseiller clerc, de Rouen.

D'azur à la fasce eschiquetée d'argent et de gueulles de 3 traicts; accompagnée d'un léopard d'or en chef et 3 coquilles d'or en poincte posées en orle.
Ms. A., p. 320.

Il fut conseiller en la grande séneschaussée de Normendie, et par le registre de l'Eschiquier 1497, p. 63, on voit qu'il y eut lettres du Roy adressées au dict Eschiquier pour informer de la vie, mœurs et suffisance tant du dict Austin que de plusieurs autres qui avoient esté conseillers en la dicte séneschaussée, les quels furent tous ensuite pourveus d'offices de conseillers en l'Eschiquier comme il sera remarqué cy après.

Le dict Aoustin fut pourveu de la dite charge par les lettres d'érection du dict Eschiquier, du mois d'avril 1499 et en fit le serment le 1 d'octobre 1499.

M. Le Febvre dict que sa seule vertu l'a eslevé à cette charge. Il estoit curé de Moyaux (arrest de l'Eschiquier du 28 janvier 1502).

Les armes cy employées sont en la maison de M. de Tilly, parroisse de Saint-Amand, laquelle a appartenu à ceux de cette famille.

Guillaume Austin, advocat (Eschiquier 1464).

Jacques Austin, escuier, et la demoiselle sa femme (Eschiquier 1469). Ses armes sont en la parroisse de S. Erblanc en l'une des vitres près le grand-autel. Il vendit devant les tabellions de Rouen, le 16 mars 1483, une maison en la dicte parroisse où estoit pour enseigne la chèvre.

Le dict arrest [du 15 mars 1607] porte qu'ils [Cécile Austin, dame de S. Pierre, et son mari Antoine Eudes, sʳ Catteville] vendirent la dicte terre à Charles Faucon le 28 septembre 1605.

Jean Austin, escuier, sʳ de Hannouart, fils aisné de Nicolas, pour luy et ses frères (arrest d'audience du 22 febvrier 1563). Il est nommé sʳ de S. Mards (arrest d'audience du 4 may 1564).

Jean Autin, procureur fiscal de Blanche de Harccourt, contesse d'Aumalle (Eschiquier 1464).

Pierre de Villiers, dict Austin, pour luy et la demoiselle sa femme (Eschiquier 1464).

Jean Austin, demeurant à Vicquemesnil, sergeanterie de Montivillier, anobly 1470, paya 50 l. t.

Massiot Aoustin, changeur et bourgeois de Rouen. (Registre des Aides, juin 1476.)

Martin Austin, sergeanterie de Briquesart, élection de Bayeux, employé comme anobly en la Recherche de Monfaut, 1463.

Simon et Michel Aoustin, parroisse de Livry, s'aident d'un anoblissement de l'an 1471. (Registre des Aides du 3 mars 1546, febvrier 1540, juillet 1541, Bayeux).

Isabeau Austin, femme de Laurens de la Perreuse, conseiller en l'Eschiquier. (B. I, 15.)

Guillaume Autin, receu général sur le faict de la justice des Aides, le 24 de juillet 1543.

Damoiselle Geneviefve Austin, mère de Jean Dumoucel, sʳ du lieu, greffier en la Cour des Aides de Rouen, acquit une maison de Nicolas de la Perreuse, sʳ de Frequiennes, le 10 de décembre 1551. (Arrest d'audience du 19 may 1552.)

Mᵉ Alard Aoustin, procureur au bailliage de Rouen. (Arrest d'audience du 4 febvrier 1568.)

Nicolas Aoustin, fermier de la terre d'Altemare, appartenant à M. de Longpaon. (Arrest d'audience du 18 janvier 1583.)

François Austin, s^r de Fontaines. (Arrest d'audience du 15 mars 1583.)

..... Austin, femme de Guillaume de Bauquemare, s^r de Branville, conseiller au Parlement.

(Suit une généalogie remontant à Richard Autin, marié à Catherine Alorge, mort avant 1483, et dans laquelle le conseiller ne figure pas.)

Peut-être le même que Guillaume Aoustin, chanoine de Rouen, curé de Saint-Michel de cette ville, vicaire général de 1493 à 1501, décédé en 1501. (Ch. de Beaurepaire, *Inv. des Arch. de la S.-Inf.* G., t. I. *Introd.*, p. 21.)

II

ROBERT DESTIN, chevalier, s^r de VILLERETS, conseiller lay.

De sable à deux bandes d'or.

Il fut pourveu du dict office par la charte d'érection de l'Eschiquier, 1499, et estoit de la mesme famille et peut-estre la mesme personne que celuy qui fut pourveu d'un office de Président audict Eschiquier. (Voyez A, II, 3.) Aussy Le Mercier dict qu'en un registre secret d'audience ou du Conseil du 25 may 1501 il est parlé de Robert Destin, chevalier, s^r de Villerets, conseiller en la Cour. Cette qualité de chevalier luy est donnée tant par la dite charte de 1499 que par plusieurs autres titres et contracts, de laquelle qualité il estoit plus curieux que de faire sa charge de conseiller. M. Le Chandelier le loue de sa noblesse et valeur.

Le registre secret estant ès mains de M. [du] Héron porte que le 5 may 1503 il fut enjoinct à Mre Robert Destin, chevalier, l'un des conseillers de la dicte Cour de venir en icelle, comme les autres, et en habit honneste selon son estat, et deffenses à luy de porter une robe grise, ce qui luy a esté signifié et l'unziesme mars 1503 arresté que le dict Destin sera assigné à comparoir en personne à trois heures après midy et sera faict retirer s'il ne compare en habit décent et sera exauctoré par deux conseillers et seront ses gages saisis. Il est, depuis, souvent employé au dict registre et au jugement des procès en 1504. Il n'est point employé en la charte de confirmation des officiers de la dite Cour de l'an 1514, ce qui fait croire qu'avant le dict temps il avoit quité la dicte charge.

Je crois qu'il estoit petit-fils de Nicolas Destin, advocat en 1453 et 1464, et fils de Robert, advocat en 1479, 1483 et 1497 ; car si c'estoit le mesme qui estoit advocat ès dictes années, Baltasar et François des quels j'ay veu plusieurs contracts où ils se disent fils de Robert et de Jeanne Des Loges donneroient à leur père la qualité de conseiller en la Cour si ce n'est que le peu de temps qu'il l'exercea et le peu d'inclination qu'il y avoit luy eût faict mespriser et à ses enfans la dignité de conseiller.

En la monstre des nobles et noblement tenans du bailliage de Rouen du 3 juillet 1486 : Robert Destin, s^r du Taillis, qui est un huicticsme de fief.

Eschiquier 1497, S. Michel, p. 34 ^v, Me Robert Destin, advocat, est authorisé de plaider la cause de Jean de Ste Marie, escuier, encor qu'il ne fût pas du bailliage de Costentin.

Au mesme registre, p. 33 ^v et p. 49, accord faict entre noble homme Robert Destain, escuier, s^r de Villerets et Marcelet pour les reliefs et traisiesmes de la dicte terre de

Marcelet par luy acquise, d'une part, et noble homme Jean de Tardes, escuier, baron des Biars et seigneur de Vast en partie.

Au mesme registre, p. 55, est parlé de Robert Destin, escuier, s^r de Villerets, ayant acquis par décret aux assises d'Arques le fief d'Archelles et héritages qui furent à Jean d'Archelles, autrement nommé par Le Mercier Jean Langlois dict d'Archelles.

En l'estat et déclaration des fiefs nobles de la viconté d'Arques sergeanterie d'Envermeu, M. Robert Destin, chevalier, s^r d'un fief de haubert sis à Archelles, tenu du conte de Tancarville.

Il y a apparence que la terre de la Chapelle-aux-Séneschaux appartenoit à la dite Des Loges sa femme, car lorsque Baltasar Destin la vendit, il se dict fils et héritier du dict Robert Destin et de la dite Des Loges, de la quelle autrement il n'estoit point besoin de parler.

Il eut procès contre les chanoines du Plessis-lès-Tours à cause des moulins d'Arques, par ce que? voisins de la dite terre d'Archelles (arrest du 6 may 1539). Si il estoit frère et non fils de Robert, conseiller, il faut que le dict conseiller soit mort sans hoirs. La vente de la dite terre de la Chapelle fut faicte par Louis de Villiers et Jacques, frères, escuiers, ses procureurs.

La terre de Villerets est située en Vexin près Heuqueville.

Ladite Potard [femme de Jean s^r de Touffreville] estoit aussy sœur et héritière en partie de Guy s^r du Til, Ste-Marie-des-Champs et Gamaches, et avoit une autre sœur mariée à Jean de Lèvemont, s^r de Mouflaines, comme on voit par le dict arrest.

Ladite Louise Destin [femme en premières noces de Pierre du Mesnil-Jourdain], eut de son premier mary

Claude et Marie du Mesnil-Jourdain, et du second, François Chevestre, s^r de Beauchesne, père de Charles, et plusieurs autres enfans. La dite Claude du Mesnil-Jourdain espousa en premières nopces Thomas de Flesques, s^r de Bourneville ; en deuxièmes nopces..... Ladite Marie du Mesnil-Jourdain, sa sœur, espousa, le 22 de septembre 1585, Louis Sevestre, s^r du Parc, frère de Michel, son beau-père; en deuxiesmes nopces, Gabriel de Mahéas, s^r de Vauverey (?   ), fils de Richard, s^r de Vauverey? et de..... de Boisivon. Du mariage du dict Gabriel et de la dicte du Mesnil-Jourdain sortit Jacques Mahéas, s^r de Farceaux, lequel en 1627 espousa Magdeleine Le Caron, fille du s^r de Vaux et de..... Du Bosc, ce que dessus vérifié par les pièces d'un procès dont j'estois rapporteur en 1632 entre le dict s^r de Farceaux et le dict François Chevestre son oncle.

Hélène Destain, femme de Jacques Feret demeurant à Braquemont ? (*Recueil des esleus*, 1540, p. 55.)

Le fief de la Chapelle avoit esté vendu devant les tabellions de Rouen le 17 de décembre 1523 par Louis de Villiers et Jacques Feret escuiers, procureurs du dict Baltasar Destin fils et héritier du dict Robert et de Jeanne Des Loges.

(Suit une généalogie remontant à Nicolas Destin, vivant en 1453.)

Le conseiller était fils de Robert Destin, conseiller en Cour laie, postulant en la juridiction des Aides en janvier 1479. Il possédait plusieurs héritages à Saint-Aubin-la-Rivière, près Bourdeny, et demeurait à Rouen, paroisse Sainte-Croix-Saint-Ouen. Il épousa Jeanne des Loges, fille de Jean (*Tabellionage de Rouen*, 2 octobre et 5 novembre 1583 (*sic*). Elle était de la Chapelle-sur-Torcy. Il fut seigneur de Villerets, Marcelet et Archelles, et vivait encore en juillet 1501.   (B.)

27 novembre 1497. — Robert Destin est nommé vicomte du chapitre de Notre-Dame de Rouen. (*Inv. des Arch. de la S.-Inf.* G. 2146.)

1499. — Il est chargé par le Roi de hâter la construction du Palais-de-Justice, qui devra être « magnifiquement édifié et faict en grande sumptuosité ». (Floquet, I, 342, et *Inv. des Arch. municipales*, I, 88.)

1503-1504. — Robert Destin, chevalier, sieur de Villiers, est sénéchal et garde du temporel et des aumônes du chapitre. (*Id.*, G. 89.)

III

JEAN LE MONNIER, conseiller clerc, chanoine à Nostre-Dame de Rouen.

D'azur aux 3 tronsons ou monniers d'or (1).

Il fut conseiller en la grande séneschaussée et après qu'il eût esté informé de ses comportemens ? en la dite charge (*Eschiquier*, 1497 p. 63), il fut pourveu et receu au dict office de conseiller en l'Eschiquier ainsy que les précédens et suivans en 1499.

M. Le Febvre remarque qu'il fut inhumé le 17 avril 1504, et y eut grande contestation entre les conseillers et chanoines pour sçavoir qui porteroit les coings du drap.

Le registre secret cy-dessus allégué porte que le 18 avril 1504 la Cour nomma en son lieu Mes Thomas Gouel (ou Gourrel), Guillaume Garin et Jean Heuzé et envoya

---

(1) Le ms. de M. Le Verdier lui donne pour armes : *D'or à la bordure de gueules.*

pour en advertir le Roy et M. le Légat d'Amboise. Guillaume Lescrivain succéda au dict office en 1504.

M. Chandelier dict qu'il estoit de Rouen, et M. de Galentine a employé en ses Mémoires qu'il estoit de Vernon ; peut-estre que cette famille estant originaire de Rouen quelques branches d'icelle se sont establies à Vernon, ce que les articles [?] cy après employés feront en quelque façon congnoistre.

Colin Le Monnier, demeurant à Rouen, anobly par la charte des francs-fiefs, — Rouen, sergeanterie de S. Georges.

Antoine Le Monnier, naguères receveur de Fresnes-l'Archevesque. (Arrest d'audience du 21 mars 1552.)

Sa fille ou petite-fille, mariée à Jean-Baptiste Le Brun, conseiller au Parlement de Rouen (B. IV, 71), portoit les armes que j'ay icy employées.

De la mesme famille estoit Martin Le Monnier, sr de Sauvagemare (au Vexin Normand). (Arrest d'audience du 10 mars 1600.)

Me Jacques Le Monnier, receu conseiller au présidial d'Andely, le 24 octobre 1585.

Nicolas Le Monnier, sr de Bermonville. (Arrest d'audience du 30 may 1578.)

Sur le scandaleux conflit qui eut lieu à ses funérailles entre le Parlement et le chapitre, V. Floquet, I, 417-421 ; et des lettres patentes du roi des 23 avril et 20 juin 1504, *Inv. des Arch. de la S.-Inf.* G. 3422.

IV

ROBERT DE LA FONTAINE, s^r de PISSY,
conseiller lay, de Rouen.

De gueulles à la croix dentelée d'argent,
cantonnée de 4 aigles d'or.

Le registre de l'Eschiquier 1497, p. 64, parle de
Me Robert de la Fontaine, escuier, s^r de Pissy, l'un des
curateurs de demoiselle Jacqueline Le Duc ; je crois que
c'est le mesme qui est icy employé comme conseiller.

Monsieur Chandelier dict qu'il estoit sçavant en droict
et practique.

Le 27 avril 1504 (selon le registre secret cy-dessus
allégué), Mes Jacques Gouel, Guillaume Jubert et Jean
de Cormeilles furent esleus pour succéder au dict office
du quel le Roy pourveut Jacques Bordel au dict an 1504.
(B, II, 5.)

Jeane de la Fontaine, fille du dict Robert, conseiller,
espousa Guillaume Alorge, s^r de Pissy, et en eut enfans.

Colin de la Fontaine, demeurant à Rouen, anobly par
la charte des francs-fiefs 1470, bailliage de Caux, sergeanterie de Grainville. — Peut-estre qu'il estoit père du
dict Robert, conseiller.

Le registre des Aides, janvier 1526, porte que Nicolas
de la Fontaine, bourgeois de Rouen, à la poursuite des
parroissiens de Hotot-Lauvray, se désista de prétendre
la qualité de noble.

Charles de la Fontaine, s^r de Ganseville et Néville en
Hotot, du quel la qualité est contestée par le s^r de Bos-
caulle. (Arrests d'audience du 29 novembre 1577 et
17 avril 1578.) Cette parroisse se nomme Hotot-S.-Sup-
plis et est autre que Hotot-Lauvray. Les dicts fiefs furent

acquis par décret par Guy Damiens père de Pierre, conseiller au Parlement. (B, VIII, 16.)

Jacqueline de la Fontaine, femme de Mathieu Deschamps, s^r du Réel (C. VI, 8), portoit les armes cy employées. Ms. A, p. 319.

Me Denis de la Fontaine, chanoine en l'église cathédrale de Rouen, appelant du bailly de Gisors. (Arrest d'audience du 18 mars 1568.)

27 novembre 1497. — Robert de la Fontaine, vicomte du chapitre de Notre-Dame de Rouen, est nommé par le Roi lieutenant de la Cour de la sénéchaussée. (*Inv. des Arch. de la S.-Inf.*, G. 2146.)

1505-1506, compte des testats et intestats. — Approbation du testament de Robert de la Fontaine, conseiller en l'Echiquier de Normandie. (*Id.*, G. 8678.)

V

GUILLAUME CAPPEL, conseiller clerc (1).

Monsr Chandelier dict qu'il estoit de Rouen, et excuse son peu de littérature attendu qu'il estoit entré âagé en cette charge, et lors de sa jeunesse on estoit peu curieux de science.

Il est employé présent au registre d'audience du 27 avril 1500 après Pasques.

Raulin Chappel, advocat au bailliage de Caux. Eschiquier 1474.

Jacques Cappel, advocat du Roy au Parlement de Paris soubs François Ier. (Loisel, p. 498 [?], et en la p. 575, il est en la liste des advocats de l'an 1524.)

(1) Le ms. de M. Le Verdier lui donne pour armes : *De gueules au lion lampassé d'or.*

1490-1493. --- Guillaume Cappel achète des rentes en la paroisse Saint-Nicaise. (*Inv. des Arch. de la S.-Inf.*, G: 4406.)

1503. — Il se fait adjuger sur décret une maison à usage de jeu de paume, ayant pour enseigne *le Regnart*, paroisse Saint-Andrieu-hors-Cauchoise, sur laquelle il avait antérieurement acquis une rente, et il la donne au chapitre pour la fondation d'une chapelle à la Cathédrale. (*Id.*, G. 4392.)

1510. — Il fait une fondation en faveur du collège d'Albane. (*Id.*, G. 4734.)

1510. — Il fonde une messe basse à l'autel de Notre-Dame, derrière le chœur de la Cathédrale (*Id.*, G. 2148). — Etait ancien avocat en cour d'église, conseiller du roi. Son testament (1511); veut être inhumé à l'entrée de la chapelle derrière le chœur, près une image de Mʳ Saint Michel... (*Id.*, G. 3427.) -- Inventaire de ses lettres et escriptures...; maison à Saint-André près la porte Cauchoise... (*Id.*, G. 3577.)--- Dans les comptes de 1561-1562, mention d'une maison sise à Saint-Nicaise, donnée par lui au chapitre pour une fondation. (*Id.* G. 8749.)

Voir : *Fondations [et extraits du testament] de Guillaume Cappel*, par Ch. de Beaurepaire, dans *Bulletin de la Commission des Antiquités de la Seine-Inférieure*, t. III, 1874, p. 350-355.)

VI

ROBERT DE BAPAULMES, conseiller clerc, de Rouen, doyen de l'église cathédrale de Rouen.

Encor que Monsʳ Chandelier aye obmis de l'employer en la liste des conseillers, néantmoins lorsqu'il parle de luy entre les Présidens, il faict mention qu'il avoit esté conseiller. Aussy est-il constant qu'il fut pourveu du dict office par la charte d'érection de l'Eschiquier, et les registres font foy qu'il continua de l'exercer jusques à ce qu'il fût receu Président, comme il a esté remarqué en

parlant des Présidens, numéro 7 où il a esté plus particulièrement parlé du dict de Bapaulmes et de sa famille.

Il prétendit la dignité de chantre de Rouen qui luy
fut contestée par Louis Gare ? (Arrests d'audience du
28 de febvrier 1499 et dernier d'avril 1500.) Il fut depuis
doyen de la dite église (1).

V. ci-dessus, p. 27, sa notice au livre concernant les Présidents.

VII

JEAN DU BOSC, sr de COQUERÉAUMONT,
conseiller lay, de Rouen.

*De gueulles à la croix eschiquetée d'argent
et de sable de 3 traicts cantonnée de 4 lions
d'or.* Supports 2 lions.

Monsieur Chandelier dict qu'il estoit fort âagé lorsqu'il fut pourveu de cette charge. Il avoit esté auparavant conseiller en la grande séneschaussée de Normendie,
comme l'on voit par le registre de l'Eschiquier 1497,
p. 63, au quel sont insérées les lettres du Roy par les
quelles il est mandé que [soit informé] de quelle sorte luy
et les autres conseillers de la dite séneschaussée s'estoient
comportés en leurs charges.

Il fut pourveu du dict office de conseiller en l'Eschiquier par la dite charte de l'an 1499, à la quelle [charge]
succéda en 1512, par son déceds, Jean Feu, depuis Président au Parlement. Il a esté inhumé à Rouen dans le

(1) Il n'est cependant pas inscrit dans le catalogue des doyens
donné par l'*Histoire de l'église cathédrale de Rouen* [par D. Pom-
meraye]. Rouen, 1686, in-4°, p. 322-324.

cœur de la parroisse de S. Laurens comme l'on voit par l'inscription de sa tombe.

Adrian Cavelier, sᵣ de Villequier, conseiller en la Cour des Aides de Rouen, duquel l'ayeulle maternelle estoit de cette famille, comme l'on voit cy après (B. IV, 22), en a recherché l'origine jusques au temps de Jules César et en a remarqué plusieurs de ce nom soubs Charlemagne l'an 806, soubs le Roy Eudes et autres princes, mesmes en a déduict la suite [et] généalogie depuis Odo du Bor qu'il dict avoir esté sᵣ de Chansenay en Champagne jusques à Jean Dubos, sᵣ de Tendos et la Chapelle, qu'il faict septiesme descendant du dict Odo, mesmes il dict que cet Odo du Bor estoit unziesme de ce nom seigneur de Chansenay sans pouvoir dire les noms de ses prédécesseurs des quels et de leurs collatéraux il raconte un grand nombre d'actions héroiques que nous avons omises comme estant notoirement fabuleuses et remplies de faicts ridicules et contraires à l'histoire.

Enfin touttes les aventures qu'il attribue aux surnommés du Bor en Turinge (qu'il dict estre la Lorraine), Flandres, Champagne et en Asie (1). Il prétend que Robert duc de Normendie, estant de retour de Jerusalem, voulut que Baudouin du Bor s'habituast en Normendie, et pour l'y obliger qu'il luy donna les terres de Tendos et de la Chapelle qu'il dict avoir esté successivement possédées par Baudry du Bor son fils, Jean du Bor, fils du dict Baudry et autres insérés en cette feuille; ce que nous aurions volontiers passé pour vray et commencé cette généalogie par ce Baudouin du Bor, n'eût esté les alliances illustres des maisons de Mortagne, Bellesmes,

(1) Cette phrase, qui est à la ligne au manuscrit, est demeurée interrompue.

Monbray, Meullenc et Arondel, que le dict sr de Villequier donne au dict Baudouin et à ses fils, les quelles
nous n'avons pas voulu croire sur son seul rapport.

Il prétend que dès le temps de Charlemagne un de ce
nom voyant un lion qui vouloit dévorer un enfant monté
au haut d'un laurier, tua ce lion, au cry du quel il vint
trois autres lions qu'il combatit et tua, d'où il dict qu'il
prit occasion de porter pour armes 4 lions et pour simier
un lion tenant un laurier avec ce mot : *Victoria*. A quoy
celuy qui fit voyage en la terre saincte, qu'il dict avoir
esté sr de Villeneufve, adjousta la croix eschiquetée, ce
qui est presque aussy peu croiable que ce qu'il dict que
S. Thomas d'Aquin estoit de cette famille et vivoit sur un
lac longtemps avant les guerres de la terre saincte, et que
ce nom d'Aquin luy fut donné par ce qu'il vivoit solitai-
rement sur un lac d'Allemagne ; que Moreau de Fiennes,
connestable de France, estoit de cette famille, etc.....

Tant y a que la généalogie que nous avons icy employée
ne contient rien de fabuleux, quoy que tirée pour la pluspart des Mémoires du dict sr de Villequier, appuyés et
corrigés sur des preuves plus certaines.

*(Suit une généalogie en neuf pages ; puis trois pages
et demie de notes.)*

Le conseiller était fils de Geuffin du Bosc, sieur de Coqueréaumont, Fescamp, Espinay et le Haistray, qui épousa Isabeau
du Tot.

Jean, conseiller, sieur desdits lieux, épousa : 1º Perrette Le
Tabletier ; 2º Marguerite Le Cauchoix, fille de Jean Le Cauchoix,
sieur de Lermesnil, et de Jeanne de Poilvilain. Il eut une fille de
la première femme, et, de la seconde, sept filles et trois fils, dont
il semble que le second, Jean, procureur du Roi au Bailliage de
Rouen, ait eu, seul, postérité.   (B.)

1511. — Approbation de son testament. (*Inv. des Arch. de la
S.-Inf.*, G. 279.)

VIII

GUILLAUME FEIDEAU, conseiller clerc, de Paris.

*D'azur au chevron d'or accompagné
de 3 coquilles de mesme.*

Mr Chandelier dict qu'il estoit de Paris et qu'il avoit joinct les lettres et le droict Romain à l'usage de Normendie. Il est parlé de luy en un arrest au conseil du 28 may 1501, et non en la charte de l'an 1514 de la confirmation du Parlement

La généalogie contenue aux pages suivantes m'a esté donnée par le s^r d'Hozier.

*(Suivent six pages de généalogie sur lesquelles
ne figure pas le conseiller).*

1506-1507. — Guillaume Fedeau, prieur de Fachiford, au diocèse de Chartres, licencié en l'un et l'autre droit, conseiller au Parlement de Normandie, est nommé par le cardinal d'Amboise l'un des commissaires dans un procès relatif à l'élection de l'abbé de Saint-Wandrille (*Inv. des Arch. de la S.-Inf.*, G. 1383).

IX

GUILLAUME TOUSTAIN, conseiller lay,
de Rouen.

*D'or à la bande d'azur chargée
de deux rangs de rustres d'or.*

Son fils et quelques uns de ses descendans ont escartelé de Gouel Frontebosc, qui est *de gueulles au chef de sable chargé d'un lion naissant d'argent, au chef d'azur* [sic], comme l'on voit en la vitre qui est sur l'autel de la chapelle de S. Jean en la parroisse de S. Laurens de Rouen.

Le dict Guillaume Toustain fut conseiller en la grande Séneschaussée, comme l'on voit par le registre de l'Eschiquier 1497, p. 63, où sont mentionnées les lettres du Roy pour informer de sa vie et mœurs et autres conseillers en la dicte Séneschaussée ; et un autre registre de la mesme année prouve qu'il fut trouvé qu'ils s'en estoient dignement acquités, aussy furent-ils ensuite pourveus de charges de conseiller en l'Eschiquier par la dicte charte de l'an 1499.

Il est employé présent au registre d'audience du 27 avril 1500. Il estoit fort âagé en la dicte année 1499 et peut-estre estoit-ce luy mesmes (ou son père) qui est employé en l'Eschiquier 1474, comme lieutenant général du vicomte de Rouen, p. 667 ; et, en l'Eschiquier 1469, Guillaume Toustain, Procureur général de la ville de Rouen, p. 586; et aux Eschiquiers 1463, p. 678; et 1469, p. 563 en la liste des advocats du bailliage de Rouen, Guillaume Toustain est nommé.

(Suit la généalogie).

Il y est porté comme fils de « Jean », sans autres mentions. — Il épouse ... Gouel, fille et héritière de Jean Gouel, sieur de Frontebosc, avocat au bailliage de Rouen. Il a une fille et un fils : Guillaume, sieur de Frontebosc, Neuvecourt, Honguemare, porte-manteau du Roi Louis XII, qui est peint « en la dicte vitre » dont il vient d'être parlé avec ..... de Croismare, sa femme, fille de Pierre, sieur de Limesy, conseiller en l'Echiquier.

Une des notes sur la généalogie dit que Jean Gouel, le beau-père du conseiller, est inhumé dans l'église Saint-Laurent, sous une vitre faisant mention de leurs fondations, et que Jean Gouel possédait toutes les maisons depuis et compris celle de présent appartenant à M. de Limesy jusques et y compris celle appartenant à M. de Bonnemare-Jubert. (B.)

1483-1486. — Il est lieutenant commis du vicomte de Rouen. —

Mai 1485, il est délégué de la Ville de Rouen aux Etats de Normandie. — 1497, il est conseiller lay à la Sénéchaussée (Ch. de Beaurepaire, dans *Bulletin de la Société de l'Histoire de Normandie,* t. VI, années 1890-1892, p. 67).

Il est qualifié sieur de Frontebosc, Neuvecourt, Honguemare, Bethencourt, Saint-Pierre-le-Viger, La Gaillarde, Le Roule ; il aurait eu quatorze enfants de sa femme, Jacqueline Gouel. Il aurait comparu à la montre de 1470 en équipage de chevalier, aurait servi dans les guerres de Louis XI, Charles VIII et Louis XII ; et serait mort en 1505, à l'âge de quatre-vingts ans (*La commune de Limesy.....,* souvenirs recueillis par M. Bourel. Rouen, 1899, in-8°, p. 61, 62).

Guillaume Toustain, porte-manteau du Roi Louis XII, a dû faire sculpter la petite porte en pierre, ornée d'un écusson aux armes de Toustain, écartelées de Croismare, encastrée dans une maison plus récente sans numéro, rue Etoupée, à Rouen, à gauche en montant, au haut, et à l'angle de la rue Saint-Patrice.

X

JEAN D'ARGOUGES, conseiller clerc.

Escartelé au 1 et 4 d'or ; au 2 et 3 d'azur à 3 quintefeuilles de gueulles (1).

Il fut pourveu de cette charge par la dicte charte de l'an 1499 ainsy que les autres employés cy-devant et cy-après. En celle du 7 janvier 1514, il est le doyen des conseillers clercs.

J'ay appris que depuis il se retira en son pais pour

(1) Bigot avait écrit : *..... de gueulles à 3 quintefeuilles de l'un à l'autre.* C'est une main plus récente qui a corrigé : *d'azur à 3 quintefeuilles de gueule.*

assister ses nepveux. Aucuns disent qu'il fut maistre des requestes de l'hostel du Roy ce qui peut mieux convenir à Robert d'Argouges son oncle.

La généalogie employée en ln page suivante jusques à Guillaume s' de la Champagne et de Boussigny est tirée du veu de l'arrest de la Cour des Aides de Paris du 2 juin 1609 obtenu par Florent d'Argouges s' des Grèves ? portant enterinement des lettres de dérogeance par luy présentées.

En l'édict d'establissement du grand conseil, du 2 août 1491 [ou 1497 ?], Me Jean d'Argouges est employé entre les conseillers.

(Suit la généalogie remontant au XIIIe siècle).

Le conseiller était fils de Jean II, sieur d'Argouges, Grastot et La Champagne, et de Jeanne Labé, fille de Louis, escuier, sieur de Boussigny.

Il était seigneur de Thaon, Quetteville, Pléville, la Forest potier ??, et curé de Saint-Malo d'Argouges. (B.)

Un acte du 14 décembre 1506 le qualifie sieur de Pléville, de Bosc-Hullin, de Tocqueville (Tab. Rouen. Renseignement fourni par M. de Beaurepaire).

Au moment où il cédait son office, il recommandait au Parlement un de ses parents qui y avait un procès (Floquet, I, 532).

XI

PIERRE CHARLES, s' de GRUCHET,
conseiller lay.

> *D'argent à la fasce d'azur char-*
> *gée de 3 couronnes d'or.*

Il fut pourveu par la charte de l'érection de l'Eschiquier comme les autres cy-devant et cy-après nommés et fit le serment le 1ᵉʳ octobre 1499. Il est employé présent au registre d'audience du 27 avril 1500.

M. Chandelier faict estat de son mérite et doctrine et regrette sa mort prématurée. J'ay appris de ses descendans qu'il mourut jeune. Nicolas Pongnon succéda à son office en 1503. Par arrest au conseil du 21 juin 1502, Catherine Planchon sa vefve fut authorisée par provision à gérer la tutelle de leurs enfans ayant esté nommée devant Mᵉ Jean Le Carpentier lieutenant général du bailly de Caux au préjudice de Jean Crenyn nommé devant Michel Canivet, lieutenant commis du vicomte d'Arques, quoy qu'il se dict prochain héritier du costé dextre. Il est parlé au dict arrest de Mᵉ Estienne Haro, pénitencier en l'église de Rouen, exécuteur du testament du dict deffunct.

Au registre d'audience du 9 de décembre et 10 mars 1499, procès entre Mᵉ Pierre Charles, conseiller en la Cour, et Nicolas Cantel, lieutenant du vicomte d'Arques, pour une rente fonsière à prendre sur un héritage situé au bourg d'Arques, borné d'un costé l'héritage qui fut à Jean Charles. En cet arrest est référé un contract passé devant les tabellions d'Arques, le 17 de septembre 1486, auquel est parlé de Pierre Charles sous-aagé. Cela fait voir que cette famille estoit originaire du bourg d'Arques.

Le registre des Aides de 1486 fait mention de Mᵉ Pierre Charles, lieutenant des esleus d'Arques qui pouvoit estre le mesme qui a esté depuis conseiller en l'Eschiquier.

(Suit la généalogie).

Il était fils de Pierre Charles, avocat en la vicomté d'Arques.

Il avait épousé Catherine Planchon, et eut un fils, Jean, avocat au Parlement de Rouen, sieur de Gruchet, qui eut postérité, et une fille.   (B.)

D'après une généalogie qui paraît appuyée sur pièces authentiques, il aurait épousé, le 9 juillet 1488, Catherine Minfant [?],

fille d'Ancelot Minfant [?], écuyer, de Dieppe, laquelle reçut en dot
400 l. t. d'argent, quatre robes neuves dont deux d'écarlate « toutes
fourées ainsi qu'en tel cas appartient » avec deux robes, chaperons
et corsages, son linge et deux ceintures dorées. Il mourut à Rouen,
le 23 décembre 1501 et fut inhumé dans l'église Saint-Laurent. Il
laissait trois enfants mineurs (A. Lechevalier, *Les Charles de la
Blandinière, d'après leurs archives de famille,* dans *Recueil des publi-
cations de la Société havraise d'études diverses,* 1902, 2ᵉ trimestre.
Havre, 1902, in-8º, p. 59, 60).

XII

GUILLAUME LE ROUX,
sʳ du BOURGTHEROUDE et de TILLY

*D'azur au chevron d'argent accom-
pagné de 3 testes de léopard d'or.*

Monsieur Chandelier luy donne pour devise : *Divitiæ
cum probitate.*

Il estoit l'ancien conseiller lay lors de la charte de l'an
1514 portant confirmation du Parlement. Il mourut en
1620 [*lis.* 1520] et fut inhumé au Bourgtheroude, et eut
pour successeur au dict office, le 12 novembre 1520,
Claude Le Roux son fils.

Sa généalogie est cy dessus (A. II, 35).

Son père : « Guillaume, sʳ de Becdal, Villette, Escroville, vicomte
d'Elbeuf, a faict bastir la chapelle de Nostre-Dame en l'eglise de
S. Jean d'Ellebeuf où il est représenté avec sa femme en la vitre de
derrière l'autel, et leurs armes sont en la voute ; et Guillaume son
fils aisné et sa femme sont représentés aux deux autres vitres avec
leurs enfans, tous avec leurs armes. Le dict Guillaume, père, acquit
les fiefs de la Fontaine près Tilly et Vironvé, et espousa Alison du
Fay, fille de Guillaume, lieutenant général du bailly de Gisors et de

Philippote Roussel, sœur de Raoul Roussel, archevesque de Rouen ;
il gist à Louviers. »

Son fils Guillaume (le conseiller), « s^r des dicts lieux, acquit les
fiefs du Val, du Bourgtheroude et de Tilly et autres terres. Il fut
conseiller en la grande Séneschaussée, et, en 1499, conseiller en
l'Eschiquier. Il espousa, en 1483, Jeanne Jubert, fille de Guillaume,
lieutenant général du bailly de Gisors et de Catherine Daniel, et en
eut 16 enfans ; il a faict bastir la maison de Rouen, parroisse de
S. Eloy ».   (B, t. I, f⁰ 85.)

Il fut prince des Palinods de Rouen (Guiot, II, 209).

28 mars 1515. — Il intervient aux délibérations du Conseil de
Ville de Rouen relatives aux contestations entre les bouchers de
Rouen et au salaire des médecins des pestiférés (*Inv. des Arch. muni-
cipales*, p. 109).

7 août 1517. — Il intervient aussi au sujet des mesures à prendre
pour que les fêtes religieuses tombant le vendredi, jour du marché,
soient gardées « et les ouvreurs de marchans fermés » (*Id.*, p. 118).

Sur les divers membres de cette famille, V. *Une famille normande
et la Renaissance en Normandie,* dans *Bulletin de la Société des Amis
des Arts de l'Eure,* 1895. Evreux, 1896, in-8°, p. 31-63.

XIII

JEAN DE LA TREILLE, conseiller clerc,
Auvergnac.

En la dite charte du 7 de janvier 1514, il est nommé
le second entre les conseillers clercs ; et en la liste du 18 de
novembre 1518 *Johannes de Trillia* est l'ancien conseiller
clerc.

Il estoit chanoine à   ; et fut inhumé
le 4 d'avril 1524, selon M. Le Febvre.

1506-1507. — Il est un des commissaires désignés par le cardinal
d'Amboise pour connaître d'un procès au sujet de la nomination

d'un abbé de Saint-Wandrille (*Inv. des Arch. de la S.-Inf.*, G. 1383).

11 mars 1509 (v. s.) — Il est reçu chanoine à Notre-Dame de Rouen, et est qualifié docteur ès loix (*Id.*, G. 2148).

Il teste en 1523, prend des dispositions pour sa sépulture, fait un legs pour entretenir cinquante enfants à l'école, pendant une année, à raison de dix sous par chaque enfant (*Id.*, G. 3442).

XIV

PIERRE DE CROISMARE, sr de LIMESY

> *D'azur au lion d'or passant, et*
> *pour briseure, une croisette*
> *d'or en chef.*

Sa généalogie a esté employée cy-dessus en parlant des Présidens. (Nombre XXIII).

Il fut conseiller en la jurisdiction des généraux sur le faict de la justice des Aides et y fut receu par la résignation de Jaques de Croismare son père en janvier 1492, et l'exerçoit encor en juin 1498, comme il se voit par la charte de confirmation des dicts généraux.

Dès l'an 1497, il exerçoit l'office de conseiller en la grande Séneschaussée; et, par le registre de l'Eschiquier au dict an, p. 63, on voit qu'il fut informé de sa probité et suffisance.

Il fut depuis receu, en 1499, conseiller en l'Eschiquier, et ayant exercé le dict office 31 ans avec honneur et probité, il le résigna, en novembre 1529, à Robert de Croismare son fils (M. Chandelier).

Il vescut encor depuis plusieurs années en repos et décéda le 12 de novembre 1544. Il fut inhumé à S. Laurens devant le crucifix avec ses prédécesseurs; et, parce qu'il n'estoit point en actuel exercice de son office lors de son déceds, le Parlement n'alla point en corps à son inhumation, comme le remarque M. Le Febvre.

D'après la généalogie [t. I, f⁰ 60 v⁰] : il était fils de Jacques, dict Jacquet, sieur d'Estennemare et de Saint-Just, qui exerça diverses fonctions, mourut en 1492, et avait épousé : 1⁰ Marie ...... ; 2⁰ Isabeau Le Duc, dont il eut ses enfants ; 3⁰ Michelle Du Bosc, sœur de Jean, sieur de Coqueréaumont.

Il eut plusieurs enfants, dont Robert, qui fut aussi conseiller au Parlement de Rouen, et Jean, sieur de la Blandinière, aussi conseiller puis Président au Parlement de Rouen, qui épousa ..... Gombaut, décédée en 1607, tous deux inhumés à Saint-Laurent.

(B.)

Il avait épousé Marie Aoustin (ms. de M. Le Verdier). D'après un acte du 14 novembre 1506, il aurait eu pour femme Isabeau Paon (M. de Beaurepaire).

1509-1510. — Il est un des trésoriers de la fabrique de Saint-Laurent de Rouen (*Inv. des Arch. de la S.-Inf.*, G. 6799).

1517. — Comptes de la fabrique de Saint-Maclou. Rentes dues par Pierre de Croismare, conseiller au Parlement, Jacques, chanoine de Notre-Dame, Jean, général sur le fait des aides, et Nicolas, marchand, tous frères (*Id.*, G. 6880).

XV

LAURENS DE LA PERREUSE,
s^r de FREQUIENNES, conseiller lay.

Escartelé au 1 et 4 d'azur au lion d'argent posé sur les dits deux quartiers ; au 2 et 3, d'azur à 3 pommes de pin (ou feuilles) d'or.—Alias : [d'azur au lapin? d'or, posé en bande, et 6 feuilles de chesne de mesmes, 3 en chef, 2 et 1, et 3 en pointe aussy 2 et 1.]

Il est employé comme advocat en l'Eschiquier 1469. (M. p. 363.)

Il fut informé de la suffisance et probité du dict La Perreuse, lors conseiller en la grande séneschaussée de Normendie, suivant les lettres du Roy présentées à l'Eschiquier 1497 (registre p. 63). Au mesme registre est parlé d'un procez entre Laurens de la Perreuse et Richard Heuzé, p. 27 ⱽ.

Il fut receu conseiller en l'Eschiquier en 1499, le 1ᵉʳ d'octobre, ainsi que les autres cy dessus, et est employé présent au registre d'audience du 27 avril 1500. Il n'estoit plus en fonction du dict office lors de la charte du 7 de janvier 1514 portant confirmation des officiers du Parlement, en la quelle il n'est point dénommé. Il espousa Isabeau Autin (v. cy dessus, I), avec la quelle il est inhumé à S. André de Rouen (ms. A, p. 320).

Il eut entrautres enfans un fils et une fille asçavoir Isabeau de la Perreuse, femme de Louis Du Bosc, sʳ du Mesnil, controlleur au grenier à sel de Rouen, duquel elle eut enfans. Voy. cy devant, VII.

Pierre de la Perreuse, sʳ de Frequiennes, fut receu greffier en la Court des Aides de Rouen, le 27 de febvrier 1519 (voy. le registre du dict jour et du 15 de novembre et 23 de janvier 1520); et le 23 de mars 1522 il fut receu général en la dite Court, et au registre du 26 de septembre 1526, il est nommé sʳ de Frequiennes. Je crois qu'il estoit fils du dict Laurens, conseiller en l'Eschiquier.

Le registre de la Court des Aides du mois de mars 1537 faict mention de Nicolas de la Perreuse, sʳ de Frequiennes, fils de Pierre, général en la Court des Aides. Je crois que ce fut le dict Nicolas le quel vendit la terre de Tibermesnil à Laurens Bigot, advocat général au Parlement. Il vendit aussy, le 10 de décembre 1551, à demoiselle Geneviefve Austin vefve du sʳ du Moucel, une maison située en la parroisse de S. Eloy à Rouen, et mourut insolvable (arrest d'audience du 19 de may 1552)(1).

(Suit la généalogie.)

Il était fils de Jean de la Perreuse, écuier, sieur de Frequiennes.

Il eut une fille, et deux fils : Pierre, sieur de Fresquiennes, Tibermesnil et Gueurres, greffier puis Procureur général à la Cour des Aides, et Jean, sieur de Frequiennes et d'Eslettes, grenetier à Caudebec, puis conseiller à la Cour des Aides.

25 septembre 1467. — Il rend aveu de Frequiennes.

(B.)

Il est successivement : lieutenant commis du vicomte de Rouen (1487); pensionnaire de la Ville de Rouen (1494). Le 23 novembre 1493, il avait acheté de Nicolas Osmont le fief de Buscoursel à Barentin et à Pissy. (Ch. de Beaurepaire, dans *Bulletin de la Société de l'Histoire de Normandie*, années 1890-1892, t. VI, p. 72.)

1502. — Comptes de la fabrique de Saint-Vincent de Rouen : « des hoirs de deffunct Laurens de la Perreuse, sᵣ de Fresquiennes (2), 6 l. t. » (*Inv. des Arch. de la S.-Inf.*, G. 7674).

Il avait épousé Isabeau Autin et est inhumé avec elle à Saint-André-de-la-Porte-aux-Fèvres (Farin, IV, 341).

XVI

JEAN LE HÉRICY, conseiller clerc, pourveu et non receu.

D'argent à 3 hérissons de sable.

Il fut pourveu du dict office par la charte d'érection de l'Eschiquier, estant official de Caen, et néantmoins refusa la charge; et en son lieu et de Mᵉ Pierre Le Lieur, qui eschangea sa charge contre une laïque, le Roy pourvut

(1) Ce paragraphe a été rayé.
(2) Il n'y a pas : conseiller.

Guillaume Carré et Guillaume Adoubart, par charte du 21 novembre 1499, insérée au livre noir.

L'Eschiquier 1497, pp. 23 ᵛ et 53 ᵛ, faict mention de maistre Jean Le Hériché, docteur ès-loix, prétendant droict à l'évesché de Lisieux contre Messire Jean de West, évesque d'Agde; et en la page 56, le dict Le Hériché est mis en amende, pour avoir dict à M. le Président de Carmone qu'il luy faisoit tort; et la cause touchant le dict doyenné [sic] est terminée par accord.

M. Le Febvre rapporte un arrest de l'an 1500, par lequel le dict Le Héricé, official (lequel, par erreur, il nomme Guillaume), fut condamné en mil livres d'amende envers le Roy, cent livres pour faire le tableau du prétoire de la Cour, et autres peines, pour avoir, depuis le refus par luy faict du dict office de conseiller, enlevé Renée de Houllefort et faict venir en poste un sien nepveu, lequel l'espousa, et mourut un jour après du travail du chemin.

Le registre secret remis par feu M. du Héron faict mention que le 4 et 6 juillet 1503, le dict Le Hériché reprocha à Mˡˢ de Coustances et de S. Ouen, premier et tiers Présidents et à Mᵉ Guillaume Carré, conseiller, que par animosité et contre justice, ils l'avoient faict condamner, pour lesquelles condamnations il estoit lors poursuivy.

Procès entre le dict Le Héricy au nom des enfans de Guillaume Le Héricy, son frère, contre Jean de Harcourt (?), sʳ d'Auvilliers (arrest au Conseil du 6 avril 1502); ce qui faict voir qu'il estoit de la famille insérée aux pages suivantes.

(Suit la généalogie.)

Il était fils de Jean le Héricy et de Guillemette de Creulet?

XVII

FRANÇOIS DE TERNAY, conseiller clerc (1).

Monsieur Chandelier dict qu'il estoit Normand, loue sa prudence et dict que son grand aage ny la douleur des gouttes ne l'empeschoient point de vaquer à l'exercice de sa charge.

Le registre secret cy dessus allégué porte que, le 7 janvier 1502, furent, après son déceds, nommés par la Cour en son lieu, Mes Mathieu Paschal, Nicole Payen et Jean Fontenel [?] le premier des quels lui succeda.

Eschiquier 1497 (p. 685 de Mercier), procès entre Me Jacques de Ternay, chanoine (?) de Chartres, et autres parties.

XVIII

GUILLAUME DANIEL, conseiller lay (2).

Il fut pourveu du dict office par la dite charte du mois d'avril 1499 et deschargé par celle du 21 de décembre au dict an ; et en son lieu et de 3 autres qui refusèrent les offices de conseiller lay furent pourveus Mes Pierre Le Lieur, Thomas Postel, Robert Boislèvesque et Jean Le Bienvenu.

Il est obmis par Monsr Chandelier parce qu'il ne fut point receu au dict office.

(1) Le ms. de M. Le Verdier lui donne pour armes : *d'azur à 3 tours d'or.*

(2) Bigot, au livre des Présidents, lui donne pour armes : *de gueulles à la bande d'argent chargée de 3 molettes de sable accompagnée de 2 lions d'or, 1 en chef et 1 en pointe.*

L'ordre des temps et le rapport du nom me faict croire qu'il estoit frère de Jacques Daniel, conseiller au Parlement de Paris et oncle de Jacques, s^r du Boisdanemets, Président au Parlement de Rouen.

V. leur généalogie au Receuil des Présidens, nombre XXI.

Dans la généalogie contenue au tome Ier, f°s 56-57, le Président Bigot dit, en note, sur un personnage qu'il appelle : « Guillaume, s^r de St Paer, au Vexin Normand »..... « Je crois que c'est le mesme qui fut pourveu en 1499 d'un office de conseiller lay en l'eschiquier, et, l'ayant refusé, en fut deschargé. » Il serait alors fils de Michel Daniel, avocat du roi au bailliage de Gisors, dont la succession fut partagée le 22 juillet 1502.   B.

XIX

PIERRE LE SENESCHAL, conseiller lay.

D'argent à la bande de sable (1).

Il fut pourveu et deschargé du dict office par les dites chartes des mois d'avril et décembre 1499, ainsi que Guillaume Daniel cy devant employé.

Peut-estre qu'il estoit de la famille des s^{rs} d'Auberville près Envremeuil, qui portent *d'argent à la bande de sable.*

Au registre d'audience du 27 avril après Pasques 1500, est employé, avec les Présidens et conseillers, présent Me Pierre Le Seneschal, advocat du Roy à Caen qui faict le serment, ainsy que les autres gens du roy du dict

(1) L'indication de ces armes est d'une écriture postérieure. Le ms. de M. Le Verdier donne pour armes : *d'azur au chevron d'argent accompagné de 3 molettes d'or.*

bailliage, de garder secrètes les délibérations de la Cour
et n'en advertir aucun.

(*Suit une généalogie accompagnée de notes où ne
figure pas le conseiller.*)

XX

JEAN MASSELIN, conseiller lay.

D'argent à 3 masses de lin de sable (1).

Il fut conseiller clerc en l'Eschiquier 1497.

Monsᵣ Chandelier dict qu'il estoit de Rouen et estoit
aagé lorsqu'il fut receu conseiller. Il fut pourveu et receu
au dict office ainsi que tous les autres cy dessus employés, et est employé présent au registre d'audience du
27 avril 1500 après Pasques. J'ay veu un arrest donné
par rapport, le 1ᵉʳ de juillet 1502, entre le Roy, gardain
du seigneur d'Estoutteville et Messire Guion d'Estoutteville seigneur de Briquebec, comme héritiers du cardinal
d'Estoutteville d'une part et les religieux de S. Ouen de
Rouen, aus quels le dict cardinal avoit faict plusieurs
donations, et Mᵉ Jean Masselin, doyen et chanoine en
l'église de Nostre-Dame de Rouen, du quel procès il est
encor faict mention au dict registre secret le 9 d'octobre
1503, et présumerois que le dict Masselin fût le mesme
qui fut conseiller en 1499. Veu, mesmes, qu'il n'est depuis faict aucune mention de luy au dict registre entre les
conseillers, non plus qu'en la charte de confirmation du
Parlement du 7 de janvier 1514, si ce n'estoit que celuy

(1) Il y avait d'abord *pommes de pin*, qui a été rayé et remplacé
par *masses de lin*, en interligne.

pourveu par la charte de l'érection de l'Eschiquier estoit conseiller lay.

Pierre Masselin, demeurant à S. Sever près Rouen, anobly par les francs-fiefs, 1470, en payant 10 l. t., sergeanterie du Romois, estoit peut-estre père du dict Jean Masselin, conseiller.

Anne Masselin, femme de Nicolas de la Place (voy. cy après IVᵉ partie, nomb. XIV) (1).

Mᵉ Jean Masselin, advocat au Parlement de Rouen (arrest d'audience du 17 de novembre 1570).

Pierre Masselin et Marguerite Du Clos, sa femme, auparavant vefve de Martin du Costé, (arrest d'audience du 20 de febvrier 1579 où s'agist d'un baril et demy et un pot de vin de rente fonsière demandée par M. de S. Just Croismare conseiller en la Court des Aides.)

Mᵉ Louis Masselin, advocat au Parlement (arrest d'audience du 8 octobre 1606).

Le ms. A, p. 296, faict mention qu'en décembre 1502 le dict Masselin, doyen de Nostre-Dame, donna à la dicte église une table d'argent doré du poids de 372 marcs, la quelle fut mise au grand-autel et depuis, en 1562, a esté par les hérétiques fondue et convertie en testons.

Appel de Mᵉ J. Daré, escuier [?], de Mᵉ Jean Masselin se disant juge commis pour les causes du bailliage de Rouen dont le bailly ou ses lieutenans ne pourroient congnoistre. (Eschiquier 1497, p. 676.)

Mᵉ Jean Masselin employé en la liste des advocats du bailliage de Rouen en l'Eschiquier 1464, p. 519.

Jo. Masselin creatur decanus 20 decembris 1488, via generalis scrutinii decessit 27 maii 1500. (S. M., t. I, p. 612 B.)

(1) *Lis.* : XV, et voyez à la notice en question l'explication de cette différence de chiffre.

« Jean Masselin, né à Rouen, probablement vers l'année 1433, docteur en l'un et l'autre droit, curé de Saint-Martin-du-Pont de Rouen et de Boisguillaume, chanoine de Rouen, de Lisieux, de Coutances et d'Evreux, vicaire du cardinal Balluc, évêque d'Evreux, 1470, auditeur des causes du Chapitre de Rouen, 1473, trésorier du cardinal d'Estouteville, 1477, official de son ami l'archevêque Robert de Croismare, 1483, charge qu'il remplit jusqu'à sa mort (si ce n'est pendant la vacance du siège après le décès du dit archevêque), et nonobstant sa nomination comme haut doyen de la cathédrale en 1488, vicaire général de Mgr d'Amboise, 1494-27 mai 1500, date de son décès; enterré dans le chœur de la cathédrale. *Il fut conseiller clerc à l'Echiquier* et plus tard au Parlement. Est surtout connu par la rédaction du journal des Etats-Généraux de 1484 et par le rôle important qu'il joua dans cette grande assemblée. » (Ch. de Beaurepaire, *Inv. des Arch. de la S.-Inf.*, série G, t. I. *Introd.*, p. 31-32.)

Voir surtout Ch. de Beaurepaire, *Notice sur Jean Masselin*, dans *Mémoires de la Société des Antiquaires de Normandie*. Caen, 1851, in-4°, p. 268.

Cependant, à la même époque, vivait un Jean Masselin, avocat à l'Echiquier en 1474, lieutenant général du vicomte de Rouen, 1487-1488; pensionnaire de l'abbaye de Saint-Amand, 1499-1509; marié, le 11 avril 1465, à Colette de la Haie. (Ch. de Beaurepaire, dans *Bulletin de la Société de l'Histoire de Normandie*, t. VI, 1890-1892, p. 70.)

XXI

ARNAULD GOUPIL, conseiller clerc, de Rouen.

De synople à 3 renards d'or.

Il fut pourveu dès l'aage de 12 ans d'une chanoinie de Lisieux, par la permutation qu'il en fit avec Gilles Goupil au quel il céda le prieuré de S. Jacques de Néville. Il en fut pourveu par le cardinal d'Avignon (?) le 31 janvier

1457. Le 3 may 1466, estant desia maistre ès arts, il fut pourveu de la chapelle de S. Nicolas de Villers (?), sur la présentation de Pierre Goupil, bourgeois de Rouen, ayant le droict cédé de Denis Le Long, s^r de Noyers, patron de la dicte chapelle.

Après le déceds de Pierre Goupil, son frère, il fut, en 1482, tuteur de Pierre Goupil, fils de son dict frère, et fit intériner les lettres de bénéfice d'inventaire obtenues par son nepveu le 27 septembre 1483 devant le bailly de Rouen.

Le 14 juin 1483, honorable et discrète personne Me Gilles Le Goupil, licencié ès-loix, s^r d'Amfreville-la-Champagne, vend à Arnoul Le Goupil, licencié ès-loix, son cousin, 12 l. t. de rente qu'il avoit acquis de Robert Goupil, père du dict Arnoul, par contract passé au dict tabellionage le 6 juin 1457.

En 1499, il fut pourveu d'un office de conseiller clerc en l'Eschiquier, et comme, dès lors, il estoit aagé de 54 ans, ce n'est pas merveille qu'il ne soit pas fait mention de luy en la charte de l'an 1514 contenant la confirmation du Parlement.

(Suit la généalogie.)

Son père, Robert Goupil, bourgeois, demeurant à Saint-Maclou, avait épousé Perrette Baudry, fille et héritière pour moitié de Pierre Baudry, sieur du Parquet, demeurant à Saint-Sauveur de Rouen. « Le dit Goupil fut anobly par les francs-fiefs, bailliage de Rouen, sergeanterie de S. Jores, peut-estre à cause de ce fief du Parquet. »

[Première note suivant la généalogie] : « Il est facile à congnoistre que cette famille estoit originaire d'Andely, et qu'encor que, par les actes postérieurs des francs-fiefs, on aye donné à l'ayeul d'Arnoul conseiller en l'Eschiquier et à ses enfans la qualité de noble et d'escuier, néantmoins il ne l'a jamais prise tant qu'il a vescu ; et quoy que ses enfans et petits-enfans l'ayent prise dès l'an

1457, néantmoins cette usurpation a eu besoin du titre qu'ils ont eu par la charte des francs-fiefs [de] 1470. » (B.)

1509. — Fonds de l'archevêché de Rouen. — Approbation de son testament. (M. de Beaurepaire.)

XXII

JEAN HEUZÉ, conseiller lay, de Rouen.

De gueulles à la fasce d'argent accom-
pagnée d'une croix d'or en chef et
3 sonnettes d'or en pointe.

Il avoit esté plusieurs années advocat; aussy Mons' Chandelier remarque qu'il estoit fort intelligent en l'usage et practique de Normendie.

Le registre de l'Eschiquier 1497, p. 63, faict mention qu'il fut informé de sa probité et suffisance, estant lors le dict Heuzé conseiller en la grande séneschaussée de Normendie.

Il décéda le.... de..... 1503, et gist à S. Pierre du Chastelavec Laurence Boitte sa femme (ms. A, p. 319), où sont aussy les armes que j'ay icy employées. Le registre secret cy-devant allégué contient que le 4 de juillet 1503, la Court esleut pour son décèds Pierre Daré, Jean Fillon et Nicolas Pongnon (cy après conseiller), pour estre présentés au Roy. Louis de Quiévremont luy succéda.

La famille du dict Heuzé conseiller est tombée en filles, ainsi qu'il fut justifié au procès d'entre le s' Alexandre, advocat au Parlement, et le curé de Sahut (1) touchant les dismes inféodées de la dite parroisse, les quelles avoient appartenu au dict Heuzé.

(1) Sahurs, canton de Grand-Couronne (Seine-Inférieure).

Au registre de l'Eschiquier 1497, p. 27 ᵛ, est parlé de Richart Heuzé, advocat.

Aux registres de la Court des Aides 1509 est parlé de Jean Heuzé, procureur des Estats de Normendie ; et, en novembre 1517 et janvier 1518, de Jean Heuzé, procureur des habitans de Rouen.

Michel Heuzé, maintenu en la qualité de noble le 17 de febvrier 1627 comme fils de Jean, déclaré noble le 20 de novembre 1595.

Aux arrests d'audience du 11 et 15 de juin 1554 est parlé des héritiers de deffunct Mᵉ Pierre Heuzey qui y sont nommés.

Pierre Heusé, sʳ de Biennaye. (Arrest d'audience du 22 de septembre 1580.)

Jean Heusé, advocat au bailliage de Rouen. (Eschiquier 1464, p. 520.)

Il fut d'abord lieutenant-commis du bailli de Rouen, 1483-1484, puis conseiller en la sénéchaussée de Normandie avant 1497. (Ch. de Beaurepaire, dans *Bulletin de la Société de l'Histoire de Normandie*, t. VI, années 1890-1892, p. 70.)

Sur le procès dont parle le Président Bigot, V. *Inv. des Arch. de la S.-Inf.*, G., 1374 ; ses biens appartenaient alors à Nicolas Heuzé, qualifié descendant de Mᵉ Jean Heuzé, en son vivant écuyer, dont la femme était nièce et héritière de Mᵉ Guillaume des Gardins, docteur en médecine, chanoine de Rouen, chanoine et chancelier de Bayeux.

V. son épitaphe dans Farin, IV, 194.

XXIII

PIERRE DE MÉLICOURT, conseiller clerc, prieur du Val-aux-Malades.

Monsʳ Chandelier dict qu'il estoit Normand ; je crois

qu'il estoit d'une famille de gentilshommes de la viconté de Verneuil ou Conches, s^rs de Bresolles.

Monsr Chandelier le loue de sa noblesse, industrie et probité.

Il mourut en 1526 ou 1527. Denis de Brevedent succéda au dict office. ·

Galois d'Aché, chevalier, héritier de Brun d'Aché son frère et de demoiselle Catherine de Mélicourt, sa mère. (Arrest d'audience du 17 de mars 1555.) Elle avoit espousé Jean d'Achey, s^r du lieu, dont elle avoit eu le dict Brun d'Aché, fils aisné, qui n'eut enfans, Olivier d'Achey, s^r de la Plaine, et Galois d'Achey qui espousa la fille et héritière de Jean de S. Denis, s^r du Hertray. (Arrest d'audience du 5 de juin 1556.)

En un arrest d'audience du 3 de febvrier 1512 : Me Pierre de Mélicourt, conseiller en la Court, prieur du Val-aux-Malades.

Le dict de Mélicourt prétendoit droict au prieuré de l'Hostel-Dieu et léproserie de Conches (arrest d'audience du 13 de décembre 1520) ; et au prieuré de Couldres (arrests d'audience des 28 may et 20 juin 1521).

Pierre de Mélicourt, escuier, sous aage (Eschiquier 1424, p. 301.)

Guillaume de Mélicourt, escuier, héritier de demoiselle Jeane de Tillières son ayeule. (Eschiquier 1469, p. 598.)

Guillaume de Mélicourt, escuier, s^r de Bresolles, la Guillerie et Chandé receut, le 10 de novembre 1495, l'adveu à luy rendu du fief de Fontaines par Antoine Bigot père ; et le 19 de décembre 1515, d'Antoine Bigot son fils pour luy et ses frères.

30 juin 1500. — Le conseiller est reçu à un canonicat à Notre-Dame de Rouen. (*Inv. des Arch. de la S.-Inf.*, G. 2146).

6 mai 1518. — Mention de l'évocation du procès pour le prieuré de Couldres entre M. de Mélicourt et M. de Nycey. (*Inv. des Arch. communales. — Ville de Rouen*, t. I, in-4°. Rouen, 1887, p. 119.)

1er janvier 1522 (v. s.). Tabellionage de Rouen, meubles. — Son frère Marc de Mélicourt, chevalier, lui donne procuration pour demander à M. d'Oillenson son aveu de la seigneurie de Brezolles. (M. de Beaurepaire.)

1527. — Son testament ; fondations pour des écoles dans ses terres et seigneuries de Bressolles et Mélicourt. (*Inv. des Arch. de la S.-Inf.*, G. 3437.)

Voir sa tombe dans l'aile méridionale de la cathédrale de Rouen, et ce que dit à ce sujet A. Deville, *Tombeaux de la cathédrale de Rouen*, p. 260-261.

XXIV

JEAN LOUVEL, conseiller lay, Normand.

D'azur au sautoir d'or.

Il fut pourveu du dict office par la dite charte du mois d'avril 1499, et deschargé par celle du 21 de décembre au dict an.

J'ay ramassé de plusieurs titres une généalogie de ceux du dict nom, la quelle a besoin d'estre plus exactement examinée. Voy. la page suivante. J'en ay appris quelques parties de feu Mrs de Tilly et de Livet, alliés des branches de la dite famille.

Jean Louvel, anobly par les francs fiefs, 1470, paya 30 l. t. ; bailliage de Rouen, sergeanterie de Crasville.

(*Suit une généalogie.*)

On y lit que :

« Jean Louvel, sr du Garrel, espousa Jeanne Le Roux, fille de Guillaume, sr de Becdal, et d'Alison du Fay. »

Et qu'il eut pour fils : « Jean Louvel, sᵣ du Garrel, lieutenant commis du bailly d'Evreux (arrest au Conseil du 2 d'avril 1500) ; fut depuis lieutenant général dudict bailly en 1510, 1517, 1518 et 1527. Il fut premier mary de Magdeleine Payen, remariée, en deuxiesmes nopces, à Claude Le Roux, sᵣ de Tilly ; et, en troisiesmes, à François de Marsillac, P. Président ; en quatriesmes, à André de Prunelé, sᵣ de Machenainville. Elle n'a eu aucuns enfans. Je crois que ce fut le dict Louvel ou son père qui fut pourveu d'un office de conseiller en l'Eschiquier 1499 et le refusa. »   (B.)

XXV

GUILLAUME MAIGNART, sᵣ de BERNIÈRES,
conseiller lay.

*D'azur à la bande d'argent chargée de
3 quintefeuilles de gueulles.*

Il fut pourveu, ainsi que les autres cy-dessus employés, par la charte du mois d'avril 1499 et fit le serment le 21 d'octobre au dict an.

Sa généalogie est amplement expliquée cy-devant au receuil des Présidens, nombre XXXIV.

Monsᵣ Chandelier le blasme d'avoir esté trop aigre et donné peu d'audience aux plaideurs, et néantmoins loue sa gravité et majesté.

Il avoit esté premièrement conseiller en la grande séneschaussée. (Eschiquier 1497.)

Il est parlé de luy en un arrest du 3 de mars 1508.

Il mourut en 1524.

Il est le troisiesme conseiller lay employé en la charte du 7 de janvier 1514, et le 2 en celle du 12 de janvier 1523, en la quelle son nom est escript : *Anima requiescat in pace.* (*Voir la généalogie, t. I, f⁰ 82.*)

Il était fils de Richard Maignart, sieur de la Rayne, fief situé à Tourny près Vernon et de la Heunière, lieutenant-général au bailliage de Gisors, anobly en 1470, mort le 27 septembre 1493, et gisant à Vernon.

Guillaume Maignart, conseiller en la grande sénéchaussée, puis en l'Echiquier, sieur de Bernières, du Saussay, de Beauficel et de Longuemare, épousa en premières noces Jeanne Surreau, fille de Thomas Surreau, sieur de Farceaux et de Lisores, et de Jeanne de la Chapelle; et, en secondes noces, Marguerite Le Gras, dont il n'eut pas d'enfants. Il mourut en 1524. Il eut un fils, Thomas, général en la Cour des Aides, mort en 1558, qui épousa Catherine Durant, fille et héritière de Guillaume, sieur de la Rivière-Bourdet et de Calletot, et de Marie de Civile, — et quatre filles.

Jean Maignart, sieur de Houville, frère aîné du conseiller, « demeuroit en la parroisse S. André en une maison située près de la dicte église, et la quelle fut depuis vendue à M. le Président de Mautheville par Catherine Maignart, dame de Bouges, et clamée par le sʳ de Livet, et depuis revendue partie au dict sʳ Président de Mautheville et partie au sʳ Chapelle; cette maison donna subject au dict sʳ de Houville et ses descendans de se faire inhumer en la dicte parroisse de S. André. »

« Le dict Jean et son frère Guillaume et leur mère lors vefve du dict Richard, furent inquiétés par les parroissiens de Vernon. Ils furent depuis maintenus. »

Jacques Maignart, anobly 1470, paya 4 l. t. vicomté d'Evreux.

(B, t. I, fº 82.)

Le ms. de M. Le Verdier dit que le conseiller était fils de « Pierre Maignart, médecin à Vernon, et d'Isabeau Sureau ».

En 1506, il était déjà propriétaire de son hôtel rue de l'Hôpital, près l'Hôpital du Roi. (M. de Beaurepaire.)

V. sur lui Guiot, *Les trois siècles palinodiques*, t. I, p. 71.

V. son épitaphe dans Farin, IV, 448.

XXVI

GUILLAUME DE PERRIÈRES, conseiller clerc.

Mons' Chandelier dict qu'il estoit de Rouen, qu'il estoit peu sçavant, ce qu'il attribue à l'ignorance du siècle dans lequel il avoit esté instruict aux lettres.

Il n'est point parlé de luy en la dicte charte du 7 de janvier 1514.

Jean de Perrières, conseiller au présidial de Caen (arrest d'audience du 2 de juin 1556).

Jean de Perrières, s' du Touchet, homme d'armes de la compagnie du mareschal de ...., et Nicolas de Perrières, son frère, appelans du bailly de Caen (arrest d'audience du 15 de may 1582).

Demoiselle Philippes de Perrières, femme séparée quant aux biens d'avec Adrian de la Gonnivière, son mary s' de la Françoiserie, héritière de Jean de Perrières, s' du Touchet, son frère (arrest d'audience du 20 d'avril 1595).

1505. — Compte de la fabrique de Saint-Michel de Rouen signé par Me Guillaume de Perrières, conseiller en l'Echiquier, chanoine de Bayeux, curé de Saint-Michel (*Inv. des Arch. de la S.-Inf.*, G. 7164).

1505. — Approbation de son testament (*Id.*, G. 279).

XXVII

PIERRE LE LIEUR, conseiller lay, de Rouen.

D'or à la croix endentée de gueulles, cantonnée de 4 testes de léopard d'azur.

Par la dicte charte du mois d'avril 1499, il fut pourveu d'un office de conseiller clerc et y fut receu le 1 d'octobre au dict an; mais par celle du 21 de décembre 1499, il fut faict conseiller lay. En la charte du mois d'avril 1499 il est nommé avant Guillaume de Perrières, mais M. Le Chandelier l'emploie après le dict sr de Perrières. Il est le 4ème conseiller lay en la dite charte de l'an 1514 et estoit le doyen du Parlement en 1532. M. Chandelier dict qu'il estoit ennemy des discours superflus.

(Suit la généalogie).

Pierre Le Lieur épousa Lucques Jubert, fille de Guillaume Jubert, lieutenant général du bailli de Gisors (B., II, 8); son ascendance n'est pas clairement indiquée.

Il a deux fils : 1º Jean, conseiller clerc en l'Echiquier, en 1507, doyen de l'église cathédrale de Rouen, curé d'Aucteville, mort en 1537 (B., II.); *alias* 11 septembre 1536 (S. M., t. I, p. 612). — 2º Pierre, sieur de Bosgouet, conseiller lay au Parlement de Rouen en 1531, mort en 1548 (B., III). Ledit Pierre II a plusieurs enfants, dont deux fils : Jean, conseiller au Parlement de Rouen en 1549, reçu en 1552 conseiller au Parlement de Paris; et Guillaume, et plusieurs filles.   (B.)

3 février 1521 (v. s.). — Il demeurait sur la paroisse Saint-Vincent de Rouen (M. de Beaurepaire).

15 mai 1515. — Me Pierre Le Lieur, sieur du Bosegouet, conseiller du Roi au Parlement, présent à un contrat de fondation en faveur de la fabrique de Saint-Etienne-des-Tonneliers (*Inv. des Arch. de la S.-Inf.*, G. 6536).

Peut-être est-il le Pierre Le Lieur qui remporta un prix au concours des Palinods de Rouen en 1515 ? (V. Guiot, *Les trois Siècles palinodiques*, II, 52).

V. sur lui : *Deux ventes sur saisie de la seigneurie du Bosgouet au XVIe siècle*, dans *Précis des travaux de l'Académie des Sciences, Belles-Lettres et Arts de Rouen, pendant l'année 1901-1902*. Rouen, 1903, in-8º, p. 260-269).

XXVIII

GUILLAUME CARREY, conseiller clerc, chanoine à Nostre-Dame de Rouen.

D'azur à 3 losanges d'or, 2 et 1.

M. Chandelier dict qu'il estoit Normand. Il estoit de Lisieux, et en un arrest du 28 febvrier 1502 est nommé curé de Moyaux. — Nota que Guillaume Austin, conseiller clerc cy-dessus, est aussy nommé curé de Moyaux.

Le registre secret du 4 et 5 juillet 1503 porte que M⁰ Jean Le Héricy, official de Caen, luy fit de grands reproches comme à son ennemy (V. cy-dessus, 16) (1).

En la liste du registre des enquestes commençant le 12 janvier 1523, le dict sⁱ Carrey est employé après Guillaume Adoubard ; mais y ayant plusieurs autres transpositions en cette liste, je l'ay icy employé au mesme ordre porté par la charte du 7 janvier 1514 et par la liste de l'an 1519. Aussi M. Chandelier a suivy ce mesme ordre. En la dite liste du registre des enquestes le nom du dict sⁱ Carrey est rayé et à costé est escript *Anima R.*, c'est-à-dire *Requiescat*, ce qui faict voir qu'il est décédé après le dict registre commencé, et avant qu'il fût achevé ; il finit le 14 aoust 1526.

Il fut inhumé en l'église cathédrale de Nostre-Dame de Rouen au costé du cœur, comme on peut voir par l'inscription de sa tombe.

Monsieur Chandelier dict que l'extrême vieillesse le fit tomber comme en enfance et qu'il perdit la mémoire de touttes choses.

Le dict sⁱ Carrey fut pourveu par la charte du 21 de décembre 1499 de l'un des offices vacans pour le refus de

(1) V. p. 80 ci-dessus.

ceux qui en avoient esté pourveus par celle du mois
d'avril 1499.

De cette famille est ..... Carrey, maistre des comptes
à Rouen, gendre de François du Tertre, s^r de la Moran-
dière, conseiller lay (B., VIII, 28). Il a acquis en 1651 la
terre de Livet, ...; ..... et Carrey, drapier, demeurant à Rouen, rue des Carmes, au Heaume, mort sans
hoirs.

Jean Carrey, conseiller du Roy, receveur général en
Normendie (registre des Aides, 1525).

Guillaume Carrey, advocat au siège de Laigle (arrest
d'audience du 12 de mars 1568).

1504-1506. — Il est commissaire dans un procès entre l'abbaye
de Saint-Wandrille et Thomas Rouel, huchier-menuisier au sujet
des stalles de l'abbaye (*Inv. des Arch. de la S.-Inf.*, G. 1381).

XXIX

GUILLAUME ADOUBART, conseiller clerc, chanoine à Lisieux, Normand.

Il fut pourveu du dict office par la mesme charte et pour
les mesmes causes que le sus-dict Guillaume Carrey. Il
estoit chanoine à Lisieux (arrest au conseil du 14 fébvrier
1502). M. Chandelier dict qu'il considéroit plustost
l'équité que le droict estroict. Il mourut en 1532, sur la
fin de l'année, et est encor employé en la liste du registre
finissant le 16 d'aoust au dict an. Il gist à S. Eloy à
Rouen.

(Suit la généalogie).

Le ms. de M. Le Verdier lui donne pour armes : *d'azur à une
croix de gueulles.*

Il était doyen de Montivilliers lorsqu'il fut nommé à la cure de

Saint-Sauveur de Montivilliers, dans laquelle il fut installé le 6 juin 1500. Il avait été avocat en cour d'église avant d'être conseiller au Parlement (M. de Beaurepaire).

Mercuriale du 22 novembre 1508. — On lui reproche de se plaindre que les plaidoyers soient trop longs (*Revue de Normandie*, année 1868, p. 549).

1502. — Guillaume Adoubart, conseiller en l'Echiquier, chanoine de Lisieux, curé de Montivilliers, exécuteur testamentaire de Jean Jure, curé de Saint-Philibert-sur-Risle (*Inv. des Arch. de la S.-Inf.*, G. 3446).

28 mars 1515. — Il assiste à une délibération du Conseil de ville où on traite, notamment, de mesures relatives à la peste et des contestations entre les bouchers de Rouen (*Inv. des Arch. communales*, p. 109).

V. son épitaphe dans Farin, IV, 313.

XXX

THOMAS POSTEL, sr des MINIÈRES, conseiller lay, d'Evreux.

D'argent au post ou pilier de synople accompagné de 3 trèfles de mesme.

Il fut pourveu du dict office par la mesme charte et pour les mesmes causes que les dicts srs Carrey et Adoubart, et en fit le serment le 9 janvier 1499 (Registre d'audience).

M. Chandelier dict qu'il estoit petit de corps, mais de grand cœur et que l'aage ne luy osta point le désir de travailler en sa charge. Néantmoins estant tombé malade en 1527, Antoine Postel, son fils, se fit recevoir au dict office, et le dict Thomas Postel se fit prestre et fut curé du Fidelaire près Conches. M. Le Febvre remarque que

le 7 de janvier 1527 furent vérifiées lettres par les quelles il luy fut permis de se faire promouvoir à l'ordre de prestrise et continuer l'exercice de son office comme les conseillers clercs, sans congnoistre de crime. Ainsy il semble qu'il se seroit faict prestre avant que son fils fût receu en sa charge. Il assista au jugement de plusieurs procès en la jurisdiction des Aides de Rouen, comme on voit par les registres des Aides du mois de septembre 1511, mars 1519, juillet 1520 et may 1521 ; ce qui, pour lors, estoit souvent pratiqué par les officiers du Parlement. Il est nommé exécuteur du testament de Simonne Bigot, fille de Guillaume, sᵣ de la Turgère, advocat du Roy à Rouen et de Marie Lespringuet, sœur de la mère du dict Postel, comme on voit en un contract passé devant les tabellions de Rouen, le 1 de janvier 1503.

Il demeuroit en la rue de l'escole en la maison acquise par Nicolas de Bauquemare, sᵣ de Franqueville, des enfans d'Antoine Postel, conseiller, et la quelle j'ay acquise, en 1643, des héritiers du dict sᵣ de Franqueville.

Il y a quelcun de cette famille inhumé à S. Laurens à Rouen, en la chapelle de la Vierge; je crois que c'est Antoine Postel, son fils et résignataire, ayant appris que le père est inhumé en sa terre des champs où est son effigie en pierre.

(Suit la généalogie).

Il était fils de Jean Postel, sieur des Minières, avocat du Roi à à Evreux et lieutenant commis du bailli dudit lieu, anobli en 1470, par 40 l. t., qui épousa : 1º Marie du Jarrié, dame dudit lieu, dame et patronne de Grosbois, Balynes, la Trégense?, Escubley, la Trémondière, les Hayes et le Souché; 2º Catherine Lespringuet, fille de Thomas, sieur d'Epreville, près Evreux, dont il eut le conseiller :

« Thomas, sᵣ des Minières, du Cormier, du Colombier, de Sᵗᵉ Marthe et de Fourneaux, conseiller en l'Eschiquier et Parlement de

Rouen, fut en 1527, curé du Fidelaire près Conches. Il eut 24 en-
fants de Catherine Calenge, fille de Jacques, Président en l'Eschiquier
(A., II, 4) ». Un de ces vingt-quatre enfants est Antoine, sieur des
Minières, du Cormier, du Colombier et de Sainte-Marthe, qui
fut conseiller au Parlement de Rouen (B., III, 34), épousa Isabeau
Le Barge. Il gît à Saint-Laurent de Rouen en la chapelle de la
Vierge, et eut trois fils et une fille.

[Première des notes suivant la généalogie] : « Je n'ay veu ce
premier degré qu'en la seule généalogie employée en l'inventaire
produit en l'Election d'Evreux par Jacques Postel, fils de Thomas,
conseiller, auquel inventaire il n'en induict nulles pièces justifica-
tives, aussy peu de ce qu'il y a eu de leurs prédécesseurs chevaliers,
gouverneurs et baillis d'Alençon et autres bailliages royaux, barons
de Lyons, maistres des eaux et forests, capitaines de bandes de
cheval et de pied, capitaines de chasteaux et places fortes. Cette allé-
gation est destruicte par l'anoblissement de l'an 1470 de Jean Postel,
comme on voit par le rolle des francs-fiefs du bailliage d'Evreux. »

(B.)

1504-1506. — Il est commissaire, avec Guillaume Carrey, dans
le procès relatif aux stalles de l'abbaye de Saint-Wandrille, V. *supra*,
p. 96; et, aussi, commissaire pour visiter les bâtiments de ladite
abbaye, dans un autre procès (*Inv. des Arch. de la S.-Inf.*, G. 1381,
1382).

En 1514, il demeurait rue de l'Ecurcuil (M. de Beaurepaire).

1518-1520. — Il est un des trésoriers de la fabrique de Saint-
Laurent de Rouen (*Inv. des Arch. de la S.-Inf.*, G. 6799, 6800).

6 septembre 1524. — Il est nommé commissaire pour les nouvelles fieffes de la ville du Havre.

Il décède en sa maison, paroisse Saint-Laurent, près de l'hôtel du
sieur Feu, président (M. de Beaurepaire).

V. son épitaphe dans Farin, V, 139.

XXXI

JEAN LE BIENVENU, s^r de LESPINAY
conseiller lay, du Pontaudemer.

D'argent à 3 fers de cheval de sable.

Monsieur Chandelier dict qu'estant ancien advocat il fut appelé à cet office lorsque moins il y pensoit. Il avoit esté advocat du Roy au Pontaudemer, ainsy que j'ay appris par les pièces insérées au veu d'un arrest de la Cour des Aides de Rouen du 18 de décembre 1607, par lequel ses descendans furent maintenus en la qualité de nobles, du quel arrest est tirée la généalogie employée en la page suivante.

Il fut pourveu du dict office par la dite charte du 21 de décembre 1499 ainsy que les quatre précédens et en fit le serment le 24 de janvier 1499, comme on voit par le registre d'audience auquel ses lettres de provision ne sont pas insérées. Il n'est point employé en la charte de confirmation du Parlement du 7 janvier 1514; je crois que lors d'icelle il estoit décédé.

(Suit la généalogie).

Son père était Guillaume Le Bienvenu, sieur de la Mote, en la paroisse de Freneuse, anobli, à cause du dit fief, par la charte des francs-fiefs de 1470, qui acheta le fief de Lespinay en la paroisse de Saint-Pierre-des-Ifs, le 15 mai 1475, et épousa Pierrette du Couldray.

Le conseiller se maria deux fois, à ....., puis à .... Il eut deux fils Guillaume, avocat du roi à Pontaudemer qui eut postérité et Jean mort sans hoirs. (B.)

Il est évidemment le Jean Le Bienvenu, conseiller en cour laie, avocat du Roi, délégué aux Etats le 16 mars 1498 (v. s.), pour la vicomté de Pont-Audemer (*Inv. des Arch. municipales,* I, 87).

XXXII

ROBERT DE BOISLEVESQUE, conseiller lay.

*D'azur au chevron d'argent accom-
pagné de 3 trefles d'or.*

Il fut pourveu par la dite charte du 21 de décembre
1499, ainsi que les 5 précédens, et est le dernier qui
aye fourny le nombre des 28 conseillers créés par l'édict
du mois d'avril 1499 ; aussy est-il le dernier mentionné
aux vers françois insérés au livre des *Antiquités de Normendie*, composé par M⁰ Charles de Bras, sʳ de Bourgue-
ville, lieutenant général du bailly de Caen.

Monsʳ Chandelier dict qu'il estoit grand de corps, très
attentif à examiner le faict des procès. Il est le sixiesme
conseiller lay en la charte du 7 de janvier 1514 et en la
liste du 18 de novembre 1518, et le 5ᵉ en celle de janvier
1523. En la liste du registre de l'an 1526 des lais et des
clercs, il est nommé le sixiesme et après M. Postel et devant M. Jubert, le dit registre finissant le 17 de juillet
1528. Et en la liste du registre commençant à la S. Martin 1528, il n'est plus employé, ce qui me faict croire
qu'il mourut pendant la vacation de la dite année.

V. sa généalogie en la page suivante.

(Suit la généalogie.)

Il était fils de Robin de Boislevesque, anobli en 1470 par 40 l. t.,
par la charte des francs-fiefs, mort au Neubourg.

Il épousa Anne Jubert, fille de Guillaume Jubert, lieutenant
général de Gisors, et de Catherine Daniel ; il eut un fils, Robert,
greffier criminel au Parlement.....   (B.)

1517-1518. — Une liste de contribuables pour la réédification de
l'église Saint-Vincent de Rouen commence par : M. de Saint-Légier,
conseiller en la Cour de Parlement (*Inv. des Arch. de la S.-Inf.*,
G. 7682).

Dans de nombreux actes, il est qualifié sieur de Saint-Léger. Il
s'appelle et signe : *Boislevesque* (M. de Beaurepaire).

SECONDE PARTIE.

DES CONSEILLERS RECEUS DEPUIS L'AN 1499
JUSQUES A L'ESTABLISSEMENT DE LA TOURNELLE

I

MATHIEU PASCHAL, conseiller clerc.

*D'azur au chevron d'or, et 3 roses
de mesmes, 2 et 1 (1).*

Monsr Chandelier dict qu'il estoit de Paris; mais Mr Paschal, cy devant Président en la Court des Aydes d'Auvergne, et, en 1643, employé avec M. de Paris à la commission de l'admortissement du droict des francs-fiefs (2) dict qu'il estoit d'Auvergne et dict estre de la mesme famille et [m'a] donné la généalogie contenue en l'autre page (3). M. Le Brun, conseiller au Parlement, m'a dict avoir eu un procès entre ses héritiers qui estoient de Clermont en Auvergne.

Le registre secret cy-dessus allégué faict mention qu'il fut l'un des trois nommés par la Court, après la mort de François de Ternay, de l'office du quel il fut pourveu et présenta ses lettres et fit le serment le samedy 1 d'avril avant Pasques 1502. Monsr Chandelier dict qu'il estoit docte en droict et pratique, homme de bel extérieur et libre à choisir un advis. Il estoit décédé peu avant le mois de novembre 1518. Me Jean Le Sueur luy succéda au dict office de conseiller clerc en mars 1518 (V. cy-après, 29).

Thomas Paschal, receu en 1502 conseiller au Parle-

(1) Ecriture beaucoup plus récente.
(2) Il y a : des francs des fiefs.
(3) Elle ne figure pas au ms.

ment de Paris, en 1508, Président aux enquestes, mourut en 1535.

17 novembre 1517. — Jean Pascal, escuyer, demeurant à Clermont en Auvergne, héritier en partie de M⁰ Mathieu Pascal, se faisant fort de ses frères et co-héritiers, nobles et scientifiques personnes M⁰ Thomas Pascal, Président en la Chambre des Enquêtes, et M⁰ Guillaume, chanoine de Notre-Dame du Puy en Auvergne, vend une rente sur une masure à la Vaupalière que ledit Mathieu avait achetée en 1514; puis il vend cette masure. Tabellionage de Rouen (M. de Beaurepaire).

Dans le compte de 1525-1526, il est mentionné comme ayant demeuré sur la paroisse de Sainte-Croix-Saint-Ouen (*Inv. des Arch. de la S.-Inf.*, G. 3051).

II

ROBERT D'ESQUETOT, conseiller lay (1).

Il fut receu en 1503 et est employé en la charte du 7 de janvier 1514, et non en la liste du mois de novembre 1518. Il mourut environ l'an 1516, selon M. Le Febvre. René de Becdelièvre succéda au dict office le 25 de may 1516.

Jean d'Esquetot, fils de Nicolas, Procureur en la juridiction des Aides à Rouen estoit conseiller en la dicte Court des Aides dès le mois de fébvrier 1505 et exerça le dict office jusques en fébvrier ou mars 1532, qu'il quita la place à Nicolas Desquetot, son fils, receu en survivance dès le mois de mars 1531, et lequel fut depuis général, et le 21 de mars 1554, fut permis d'exercer la dicte charge de général, jusques à ce que son résignataire fût receu, ce

(1) Le ms. de M. Le Verdier lui donne pour armes : *d'argent à 3 fasces de gueules.*

que dessus tiré du registre des Aides. Il y a apparence que Robert d'Esquetot, conseiller en l'Eschiquier, estoit de ceste mesme famille.

Il y a eu en Caux deux familles nobles de ce nom, des quelles sera parlé cy après au livre III, parlant de Payen Le Sueur dict d'Esquetot, garde des seaux de la chancellerie de Rouen, qui estoit de l'une d'icelles et estoit sorty de l'autres par sa mère.

Je ne sçais quel rapport il y a entre les dictes familles et celle du dict Robert Desquetot, conseiller en l'Eschiquier.

Charles Monfault, lieutenant du bailly de Rouen en 1502, avoit espousé Guillemette d'Esquetot.

Jacques et Pierre d'Esquetot, parroissiens de S. Louet-sur-Seulle, élection de Caen (Registre des Aides, octobre 1541; et, en mars 1541, Jacques est déclaré dérogeant.

Anne d'Esquetot, dame du Gravier, vefve de Jean Fouquet, advocat au Parlement, sœur et héritière de Lucque d'Esquetot, femme en dernières nopces de Raoul Bouchery, sr de la Mothe, advocat au Parlement (arrests d'audience du 15 et 16 de janvier 1568, pour la répétition du dot de la dicte Luque d'Esquetot, montant 1,500 livres.

Me Guillaume d'Esquetot, Procureur au bailliage de Caux (Eschiquier 1424, 1426 *bis*).

Guillaume d'Esquetot, procureur du prieur de S. Saen (Eschiquier 1448).

Guillaume d'Esquetot, procureur en la viconté de Rouen (Eschiquier 1453, 1456, 1463, 1464).

Guillaume d'Esquetot, procureur de Madame Jeanne de Thibouville (Eschiquier 1453), et des religieux de S. Wandrille (Ibid. et 1456, 1464), et du conte de Tancarville (Ibid. et 1464 *bis*).

Guillaume d'Esquetot, procureur de Madame Blanche

de Gamaches (Eschiquier 1456), et d'autres (Eschiquier 1464, *passim*).

Colin Desquetot, procureur commun en la viconté de Rouen (Eschiquier 1456), depuis advocat en la dicte viconté (Eschiquiers 1463, 1464, 1469).

Colin d'Esquetot, procureur de demoiselle Jeanne Tézard (Eschiquier 1469).

Nicolas d'Esquetot, procureur de Jean de Vieuxpont, baron du Neubourg (Eschiquier 1497).

J'estimes que ce Robert d'Esquetot [conseiller] estoit sʳ de Carville, près S. Paër en Caux, et eut pour héritière demoiselle Marthe de Couchant (?), femme de Nicolas Varin, sʳ de Mouyaux.

Il est qualifié sieur de Bouville. Il fut prince des Palinods de Rouen (Guiot, I, 276).

Il fut trésorier de la fabrique de S. Maclou de Rouen (*Inv. des Arch. de la S.-Inf.*, G. 6879).

1517-1518. — Compte des testats et intestats. Approbation de son testament (*Id.*, G. 305).

1514-1517. — Compte de la fabrique de Saint-Maclou. « Receu pour la fosse Mʳ Mᵉ d'Ecquetot, conseiller en la Court de l'Eschiquier, pour avoir esté inhumé en la dicte eglise ». En marge : *Debet, Debet* (*Id.*, G. 6879).

Sa tombe était dans l'allée de la chapelle de Saint Claude (M. de Beaurepaire).

III

LOUIS DE QUIÈVREMONT, sʳ de HEUDREVILLE, conseiller lay, de Rouen.

Fascé d'argent et de gueulles de 8 pièces, au lion d'or brochant sur le tout.

En un arrest de l'Eschiquier du 26 d'octobre 1501, il

est nommé substitut du Procureur général et y est nommé
H. H. [honorable homme] et exerçeoit encor le dict
office au bailliage de Rouen le 25 de may 1503, selon le
registre secrèt cy-dessus allégué. Il est employé en la mesme
qualité au registre d'audience [du] 7 may 1500. Il fut
receu conseiller au lieu de Jean Heuzé et en fit le serment
le 1er d'octobre 1503 selon le dict registre, et néantmoins
il y est employé comme conseiller en touttes les expéditions depuis le 6 de septembre 1503, soit qu'il y eût esté
admis comme ancien advocat, les anciens advocats se
nommans lors conseillers en Court laye, ou qu'en conséquence de ses provisions la qualité de conseiller luy fût
donnée quoy qu'il n'y peut estre receu que pendant la
séance ordinaire de l'Eschiquier qui lors ne commençéoit
selon l'édict d'establissement que le 1er jour d'octobre.

Monsr Chandelier dict que son fils et petit-fils succé-
dèrent à sa charge, ce qui se doibt entendre qu'ils exercèrent semblables charges ; car Nicolas de Quièvremont
son fils ne fut receu conseiller qu'en 1518 ou peu auparavant, comme on voit par la liste du 12 de novembre
1518 en laquelle il est employé le dernier ; et le registre
secret cy-dessus cité porte que, le 3 d'octobre 1504, au
lieu de Me Louis de Quièvremont, décédé, furent nommés
Me Louis Daré qui eut 16 voix non compris celle de
Monsr le P. de Corsiatis qui acquiesça à la pluspart, Me
Pierre Le Preux qui en eut 15, non compris celle du dict
sr Président, et Me Marc Le Cointe qui en eut 10 non
compris celle du dict sr Président.

Il mourut le 20 de septembre 1504 selon les Mémoires
de Monsr Bigot de Sommesnil.

En la p. 31 du registre de l'Eschiquier 1497 il est dict
que Me Pierre de Quièvremont (M. Mercier, page 681,
l'appelle Louis), advocat, est commis avec deux conseil-

lers pour examiner les comptes de la confrairie de la Passion qui avoit accoustumé de se jouer en la parroisse de
S. Patrice de Rouen.

Une fille de cette famille espousa Nicolas de la Place.

Jean de Quièvremont, advocat en la Court (arrest d'audience du 16 de juillet et 13 d'aoust 1568?), plaide contre
un laboureur de Limesy, ce qui me faict croire qu'il estoit
de la branche du s⁣ʳ de Barentin.

(*Suit la généalogie.*)

Il était fils de Pierre de Quièvremont, sieur de Heudreville, ancien avocat, qui « acquit par 300 l. t. la maison de présent appartenant à M. Bigot de Sommesnil, parroisse de S. Laurens, gist à
S. Laurens où est sa tombe dans le cœur...., Il a fondé une messe
par chacun jour en la dicte parroisse ».

Louis, le conseiller, épousa Catherine Auber, fille de Guillaume
Auber et de Catherine Le Tabletier, dame de la Haye, morte le
6 août 1524 ; il est inhumé à Saint-Laurent. Il a eu 3 fils, dont
Nicolas, sieur de Heudreville, conseiller au Parlement de Rouen en
1518, qui épousa Barbe Le Lieur, fille de Jacques, sieur de Bresmetot, et a eu plusieurs enfants, dont un fut aussi conseiller au
Parlement.   (B.)

1540-1541. — Jean et Pierre, ses fils, donnent à la fabrique de
Saint-Laurent de Rouen un contre-autel de velours noir à fleurons
d'or et 3 ymages : Jésus-Christ en croix, Notre-Dame, et saint
Jean avec la Madeleine aux pieds. (*Inv. des Arch. de la S.-Inf.*,
G. 6800.)

IV

NICOLAS PONGNON, conseiller lay, Normand.

Il est un des trois nommés par la Court le 4 de juillet 1503 au lieu de Mᵉ Jean Heuzé. Il est employé comme

conseiller au dict registre secret dès le mois de septembre 1503, et néanmoins le mesme registre contient que le 1 d'octobre 1503 il présenta ses lettres de l'office de conseiller que souloit tenir M⁰ Pierre Charles et en fit le serment accoustumé comme il avoit esté faict pour Louis de Quièvremont. Il est le huictiesme conseiller lay employé en la charte du 7 de janvier 1514, et le septiesme en la liste du 18 de novembre 1518, et n'est point employé en celle du 12 de novembre 1526.

Mons' Chandelier dict qu'il estoit Normand, peu sçavant au droict civil, mais de bon esprit et bien instruict en l'usage de Normendie.

Il était sieur de la Barre et fut prince des Palinods de Rouen en 1517. (Guiot, *Les trois Siècles palinodiques*, II, 174.)

4 août 1516, il assiste à une délibération au sujet du choix de l'emplacement du Neuf Marché.—*Inv. des Arch. municipales*, I, 114.

V

JACQUES BORDEL, conseiller lay.

Le registre secret cy dessus allégué porte que le 12 de novembre 1504 il fut receu conseiller au lieu de M⁰ Robert de la Fontaine.

Aucuns le nomment Jean, contre la teneur du dict registre.

Peut-estre que c'est le mesme qui fut depuis Président avant l'an 1507 ; aussy le dict Bordel, conseiller, n'est pas employé en la dite charte du 7 de janvier 1514.

Voir plus haut, p. 31.

VI

GUILLAUME LESCRIVAIN, de Paris,
conseiller clerc.

Il succéda à Me Jean Le Monnier le 12 de novembre 1504, selon le dict registre secret.

Monsr Le Chandelier dict qu'il estoit de Paris, et n'ayant peu s'accoustumer à l'usage de Normendie, il retourna à Paris dont il le blasme de légèreté et inconstance.

Monsr Le Febvre dict qu'il résigna son office à Jean Le Lieur en may 1507.

VII

CHRISTOPHLE DE NOSSEY, conseiller clerc,
de Lisieux (1).

En un arrest de l'Eschiquier donné au Conseil le 25 de juin 1501, il est parlé de Raoul de Nocey, escuier, et de demoiselle Louise de Caudecoste sa femme, vefve de Nicolas aux Couloms, sr de la Raguière. Au registre de la recherche des nobles faicte en 1624, [il est] fait mention de Pierre de Nossey, sr des Jardins et Jacques son frère demeurant à Rouvres, élection de Falaise, enfans de Denis de Nossey.

Monsr Le Febvre remarque que le 9 de janvier 1511 Deshommes et Brinon, advocats au Parlement de Paris,

(1) Le Président Bigot n'indique pas ses armes, mais sur une feuille volante, accompagnant une généalogie, elles sont ainsi dessinées : *d'argent, à 3 fasces de sable, accompagnées de 10 merlettes de même, 4, 3, 2, 1* (fin xviie siècle).

furent nommés par la Court pour succéder au dict de Nossey, conseiller, et à Fédéric Le Viconte, aussy conseiller, naguères décédés, et au dict de Nocey succéda, en 1512, François Charron.

Environ l'an 1560 vivoit Philippes de Nocey, conseiller clerc au Parlement de Rouen.

François de Ste Marie et Françoise de Nocey, demoiselle, sa femme, gardains des enfans mineurs de deffunct Gaspar Souquet? premier mary de la dame de Nocey (arrest d'audience du 29 de febvrier 1543).

François de Nocy, s^r de la Suhardière (arrest d'audience du 7 de juin 1587).

Mr Chandelier dict qu'il estoit de Lisieux. Il y estoit chanoine et avoit eu ladite prébende par la résignation d'un sien oncle, et Philippes de Nocey, son nepveu ou petit-nepveu, l'eut par sa résignation, de luy ou de son résignataire, estant encor possédée par un de leurs nepveux de ce nom.

A la lettre d'excuse des prélats de France envoyée au Concile de Latran, la dite lettre passée le 17 may 1514, a souscript Guillaume de Nossey, archidiacre de Lisieux.

VIII

GUILLAUME JUBERT, s^r de VELY,
conseiller lay, de Vernon.

Escartelé au 1 et 4 d'azur à la croisette d'or; au 2 et 3 d'azur aux cinq fers de lance d'argent, 3 et 2.

Le registre cy dessus allégué fait mention de luy en mars 1502 et 25 de may et 10 de juillet 1503 comme substitut du procureur du roy au bailliage de Rouen, ce qui me faict croire qu'il estoit lors advocat postulant au dict bailliage, et, en l'absence du Procureur du Roy au dict siège, en faisoit la fonction. Le mesme registre porte que le dernier de septembre 1503, M⁰ Guillaume Gouel, Procureur général en l'Eschiquier, du quel le dict Jubert avoit espousé la sœur, comme il se verra par sa généalogie employée aux pages suivantes, présenta le dict Jubert, le quel fut receu son substitut au dict bailliage. Peu après il fut receu conseiller lay en l'Eschiquier, ce qui, touttes fois, ne peut estre arrivé avant la fin de l'année 1504, n'estant faict aucune mention de luy au dict registre secret.

Il est le 9ᵉ conseiller employé en la dicte charte du 7 de janvier 1514, et estoit doyen du Parlement en 1537 et l'estoit encor en 1540 selon le registre. Par son déceds, Claude Jubert, son fils, succéda au dict office le 14 de juin 1543.

Il a esté inhumé dans le cœur de la parroisse S. Laurens de Rouen. Il demeuroit en la maison de présent divisée en deux et louée à M. le Président de Franquètot et à M. de Couronne, et, depuis, achetée par Loïs Voisin sʳ de S. Paul, maistre des Comptes pour les prestres de l'Oratoire, où sont ses armes.

Il acquit la terre du Til, comme il se voit par un arrest du Parlement donné au Conseil, le 2 de décembre 1539.

Je crois qu'il y a erreur en la liste du registre des enquestes commençeant le 12 de janvier 1523, en la quelle il est employé après Simon Boullenc. Il y a d'autres fautes dans la dite liste.

(*Suit la généalogie.*)

Il était fils de « Guillaume Jubert, sʳ de Vely, escuier, lieutenant général du bailly de Gisors, inhumé à Vernon en la chapelle de l'église de Sainte-Geneviefve bastie par ses enfans en 1510, où sont ses armes et celles de Catherine Daniel sa femme, fille de Jacques, capitaine à Rouen. » (A. II.)

Il épousa en premieres noces ...... Gouel, sœur du Procureur général au Parlement (C. II); en secondes, Catherine Blanc-baston, remariée après son décès. (B. IV.)

Il eut de nombreux enfants, parmi lesquels Claude, conseiller au Parlement de Rouen, qui épousa une fille du Premier Président Remon.   (B.)

1521-1523. — Il est trésorier de la fabrique de Saint-Laurent de Rouen. (*Inv. des Arch. de la S.-Inf.*, G. 6799, 6800.)

IX

FÉDERIC LE VICONTE, conseiller lay.

D'azur à 3 coquilles d'or.

Monsr Chandelier dict qu'il estoit Normand et qu'il estoit sçavant au droict et coustume de Normendie.

Par la recherche des nobles faicte en 1598 il est faict mention de Nicolas Le Viconte demeurant à Sermentot, sergeanterie de Briquesart, élection de Bayeux, lequel eut 2 fils, à sçavoir Jean, s^r de Sermentot et Belletot, et Olivier, s^r de Villy. Du dict Jean, vivant en 1604, est sorty David, Jean et Christophle, lesquels j'ay veu plaider aux requestes pour leurs partages. D'Olivier est sorty Hilaire, s^r de Villy, vivant au dict an 1598 et demeurant en la sergeanterie de Viliers, élection de Caen, et avoit deux fils, à sçavoir Pierre et Jean. Les dicts Le Viconte furent maintenus en leur noblesse au dict an 1598.

Monsr Le Febvre rapporte que le 9 de janvier 1511, Mes Christophle de Nossey et Fédéric Le Viconte estans décédés, furent nommés pour leur succéder Deshommes et Brinon, advocats au Parlement de Paris. A l'office du dict Le Viconte succéda, en 1512, Claude du Fresnoy, auparavant conseiller clerc, et au dict office de conseiller clerc, René de Becdelièvre.

(Suit la généalogie.)

Il était fils de Jean Le Viconte, sieur de Villy, qui épousa en premières noces Marguerite de Mathon, et en secondes, Marguerite de la Ferrière, héritière de Denis le Viconte, chevalier.   (B.)

La généalogie ne lui indique ni femme ni enfants.

X

JEAN DE CORMEILLES, sᵣ de TENDOS et de MALLEMAINS, conseiller lay.

De gueulles à la tour d'argent.

Monsᵣ Chandelier dict qu'il exerçca longtemps la dite charge avec honneur et probité et assembla de grands biens.

Il est le dixiesme conseiller lay nommé en la charte du 7 de janvier 1514, et Guillaume Jubert est le 9ᵉ; et, au contraire, en la liste du 18 de novembre 1518, Cormeilles est le 8ᵉ et Jubert le 9ᵉ. Monsᵣ Chandelier nomme Cormeilles le dernier, ce qui [est] aussy conforme aux listes de 1526, 1528, 1537 cy après insérées.

Il mourut le 16 d'avril avant Pasques 1540. Richard Mansel succéda à son office selon Monsᵣ Le Febvre. Il a esté inhumé aux Carmes à Rouen (ms. A., p. 266).

M. Le Febvre, t. II, p. 99ᵛ, remarque que par arrest (dont il obmet le date), l'entrée de la Court luy fut défendue.

(Suit la généalogie.)

Il épousa Magdeleine Monfaut, fille de Pierre Monfaut, Président

au Parlement ; il mourut le 16 avril avant Pâques 1540 et fut enterré aux Carmes de Rouen. Il eut une fille et trois fils, au nombre
desquels Jean, sieur de Tendos, conseiller au Parlement de Paris,
et Jacques, avocat général au Parlement de Rouen.　　　(B.)

Son ascendance n'est pas clairement indiquée.

17 juin 1522. — Don au sieur de Mallemains, conseiller, par le
Chapitre de N.-D. de Rouen pour services au sujet du privilège de
saint Romain. (*Reg. capitulaires*, M. de Beaurepaire.)

1525-1526. — Il est mentionné comme demeurant paroisse de
Sainte-Croix-Saint-Ouen de Rouen. (*Inv. des Arch. de la S.-Inf.*,
G. 3051.)

Il était vicomte de La Neuville-Chant-d'Oisel lorsqu'il fut nommé
conseiller à l'Echiquier. (*Id.*, G. 2147).

1523. — Il acquiert de son collègue Robert Surreau 40 sous de
rente sur une maison à l'enseigne de la Pie, rue Mignote. (*Id.*,
G. 6831.)

1527-1528. — Mention de lui aux droits de Messire Jean Picard,
chevalier, sieur de Radeval, pour une maison près de la fontaine de
la Crosse, bornée par l'Hôpital du roi. (*Id.*, G. 4640.)

V. son épitaphe dans Farin (VI, 210), qui lui donne pour femme
Marie Garin.

Il fut arbitrairement et illégalement destitué par François Ier.
V. à ce sujet Floquet, t. I, p. 448-450, qui rapporte les démarches
de ses collègues en sa faveur.

Il est qualifié sieur de Mélamare dans un acte du 9 octobre 1513.
(M. de Beaurepaire.)

Il est trésorier de Sainte-Croix-Saint-Ouen en 1525. (*Id.*)

1536. — Ayant refusé, à cause de ses fonctions de conseiller au
Parlement, d'être trésorier des pauvres, il est condamné à 50 l.
d'amende au profit du trésor des pauvres. (Periaux, *Histoire de
Rouen*, in-8°, p. 266.)

XI

JEAN LE LIEUR, conseiller clerc, de Rouen.

*D'or à la croix endentée de gueulles,
cantonnée de 4 testes de léopard
d'azur.*

Il estoit fils de Pierre Le Lieur, conseiller en l'Eschiquier en 1499. (V. cy-dessus sa généalogie, Iʳᵉ partie, nombre XXVII.)

Monsʳ Le Febvre dict qu'il estoit curé d'Amfreville, doyen de l'église Cathédrale de Rouen, et fut receu conseiller le 25 ou 28 de may 1507, au lieu de Guillaume Lescrivain; et, en 1537, André Maillard succéda à son office. Il est le 7ᵉ conseiller clerc nommé en la charte du 7 de janvier 1514 cy-dessus alléguée, et le 5ᵉ en celle du 12 de janvier 1523. Monsʳ Chandelier dict qu'il estoit jeune lorsqu'il fut receu au dict office, aima sa patrie et imita les vertus de son père.

Il fut receu doyen de Nostre-Dame, le 28 febvrier 1522, et mourut l'11 septembre 1536.

1518. — Mention de Jean Le Lieur, curé d'Auteville, tenant à louage une maison canoniale sur la paroisse Saint-Maclou. (*Inv. des Arch. de la S.-Inf.*, G. 4334.)

1536. — Son testament, dont est exécuteur son frère Jacques, sieur de Bresmetot. (*Id.*, G. 3434.)

Dans les comptes du collège du Saint-Esprit (1536), mention de M. Jean Le Lieur, haut-doyen de Notre-Dame de Rouen, à l'occasion d'une maison et jardin en la rue Saint-Mor. (*Id.*, G. 4863.)

Il fut prince des Palinods de Rouen. (Guiot, II, 51.)

Il est inhumé dans la cathédrale. (A. Deville, *Tombeaux de la Cathédrale de Rouen*, p. 264.)

XII

JEAN DE BAROLA, conseiller clerc.

Mons' Chandelier dict qu'il estoit Limousin, le taxe d'avoir esté grand parleur et d'avoir cité à tous propos quantité de loix.

Il est le 8ᵉ conseiller clerc employé en la charte du 7 de janvier 1514, cy-dessus alléguée.

Le registre de la Court des Aides porte qu'en janvier 1509, pour la récusation des Président et généraux de ladite Court, furent nommés Jean di Berola, conseiller en l'Eschiquier, et 4 advocats (peut-estre pour juger le dict différent), et au registre du mois de septembre 1511 est parlé de Jean Postel et Jean de Barilly, conseillers en l'Eschiquier ; je crois que les dicts noms di Berola et de Barilly sont noms corrompus au lieu dudict nom de Barola.

Mons' Le Febvre cite un arrest du 8 de febvrier 1510 auquel il est parlé du dict de Barola.

Il n'est point employé en la liste du 18 de novembre 1518.

1506-1507. — Il est un des commissaires nommés par le cardinal d'Amboise dans un procès au sujet de l'élection d'un abbé de Saint-Wandrille. (*Inv. des Arch. de la S.-Inf.*, G. 1383.)

Il était prêtre. Il signe : Dibarola. (M. de Beaurepaire)

XIII

JEAN LE CARPENTIER, conseiller lay, Normand sʳ de CLAIREFONTAINE et de RAIMFREVILLE.

Au registre de l'Eschiquier 1497, p. 25, il est parlé de Mᵉ Jean Le Carpentier, advocat, plaidant avec beaucoup d'employ. En la p. 55 du dict registre il est dict que la terre d'Archelles ayant esté décrétée aux assises d'Arques, furent commis par le dict Eschiquier pour en tenir l'estat M⁽ᵉˢ⁾ Jean Le Carpentier, escuier, et Nicolas de Manneville, bailly de Dieppe, pour valoir comme si il estoit tenu par le dit Eschiquier.

En un arrest du 25 de juin 1502, il est parlé de la tutelle des enfans de feu M⁰ Pierre Charles, conseiller en la Court, passée devant M⁰ Jean Le Carpentier, lieutenant général du bailly de Caux. C'est peut-estre le mesme qui fut conseiller en l'Eschiquier et lequel Monsⁱ Chandelier dict avoir esté fort entendu en l'usage de Normendie.

Il est l'unziesme conseiller lay employé en la charte du 7 de janvier 1514, et n'est point employé en la liste des officiers du Parlement du 18 de novembre 1518.

Pierre Le Carpentier, conseiller en 1593, estoit de la viconté d'Arques ou conté d'Eu, mais je ne peus dire si il estoit de cette mesme famille.

Il y a eu en la parroisse de Jouveaux, élection de Lisieux, une famille du dict nom de la quelle estoit Benoist, vivant en 1481, fils de Thomas, anobly par la charte des francs-fiefs 1470, et depuis inquiété, et, par arrest de la Court des Aides, maintenu en sa qualité de noble, 1481. Je crois qu'il n'a rien de commun avec les dits conseillers.

Demoiselle Marguerite La Carpentière, déguerpie de feu Gautier de Clermar? Caux, Eschiquier 1390.

Jean Le Carpentier, escuier, fils et héritier de Guiot Le Carpentier. Eschiquier, 1426, Caux.

Jean Le Carpentier et Malyne Alorge, sa femme, fille de feu Robert Alorge. Eschiquier 1453, Pont-de-l'Arche.

M⁰ Jean Le Carpentier en la liste des advocats du bailliage de Caux. Eschiquier 1469, 1474.

Mᵉ Jean Le Carpentier donné pour advocat, en faisant distribution de conseil. Eschiquier 1497.

(Suit la généalogie.)

Le conseiller était fils de Jean, sieur du Busc, paroisse de Sainte-Croix près Buchy, et d'Alice ou Malyne Alorge, fille de Robert Alorge. Son alliance n'est pas indiquée. Il a un fils, Adrien, grenetier à Neufchastel lors de la recherche de 1522.   (B.)

XIV

GUILLAUME TULLES, conseiller clerc, de Rouen (1).

Monsʳ Chandelier dict qu'il estoit de Rouen et qu'il estoit peu éloquent mais aimoit la justice et équité.

Il est le 9ᵉ conseiller clerc en la charte du 7 de janvier 1514 et le 6ᵉ en celle du 12 de janvier 1523, et en 1537 estoit le doyen des conseillers clercs. (Registre.)

Monsʳ Le Febvre (t. II, p. 92ᵛ), dict qu'il estoit chanoine à Nostre-Dame de Rouen (arrest d'audience du 27 may 1544), et mourut en aoust 1544, et que Pierre de la Place fut pourveu du dict office.

Par son testament il fit quelques donation aux pauvres valides de Rouen, comme on voit par le registre de la Chambre des pauvres du 21 de febvrier 1551.

26 juin 1509. — Il est reçu à un canonicat à N.-D. de Rouen. (M. de Beaurepaire.)

1540. — Il est un des conseillers délégués pour tenir les grands jours à Bayeux. (Floquet, II, p. 24.)

Il est inhumé dans la cathédrale de Rouen. (A. Deville, *Tombeaux de la Cathédrale de Rouen*, p. 267.)

(1) Le ms. de M. Le Verdier lui donne pour armes : *d'argent au pal de gueules chargé de 3 papillons d'argent.*

V. ses deux testaments de 1535 et de 1544, où il est qualifié curé de Saint-Martin d'Oissel et d'Isneauville. (*Inv. des Arch. de la S.-Inf.,* G. 3442.)

Il légua 6,000 livres qui furent attribuées à des écoles pour les petits enfants. V., à ce sujet, Floquet, II, 105.

XV

GUILLAUME CALENGE, conseiller clerc, chanoine et chantre en l'église cathédrale de Rouen.

De gueulles à 3 soleils d'or.

Il estoit fils de Jacques Calenge, Président en l'Eschiquier en 1499, du quel a esté cy-devant parlé et de sa généalogie (livre I, seconde partie, nombre IV).

Il est le 10ᵉ conseiller clerc en la charte du 7 de janvier 1514, le 7ᵉ en la liste du 18 de novembre 1518, comme aussy en celle du 12 de janvier 1523.

Dès l'an 1532, il avoit résigné son office, et dans la liste du registre du dict temps son nom est rayé avec ce mot résignation [ou *Resignavit*], mais à costé est escript *Resurrexit et adhuc nobiscum.*

Il résigna son office en 1533 à René des Buats.

Reçu chanoine de Rouen, 20 juillet 1508. (*Reg. capitulaires.*)

Il fut prince des Palinods de Rouen. (Guiot, I. 152.)

Il fut inhumé dans l'église cathédrale de Rouen. (Bigot, I, fᵒ 37 vᵒ, et A. Deville, *Tombeaux de la Cathédrale de Rouen,* p. 262.)

1535. — Testament de Guillaume Challenge, chantre et chanoine de la cathédrale. (*Inv. des Arch. de la S.-Inf.,* G. 3427.)

XVI

JEAN BELIN, conseiller lay, de Paris.

Mons' Chandelier dict qu'il estoit de Paris et le loue de son bon esprit, vigilance et science des loix et usage.

Il est le 12ᵉ conseiller lay employé en ladite charte du 7 de janvier 1514 et le 10ᵉ en la liste du 18 de novembre 1518.

Il est aux qualités d'un arrest d'audience du 10 may 1520 pour un diamant à luy desrobé.

Il n'est point employé aux listes des registres de novembre 1521 et janvier 1523, ce qui fait voir qu'il n'estoit plus conseiller en ce Parlement.

XVII

SYMON BOULLENC, sᵣ de GARAMBOUVILLE et GRISOLLES (1), conseiller lay.

De gueulles, à la fasce d'argent chargée de 3 tourteaux d'azur, accompagnée de 3 épis de bled montans d'or (2).

Il fut receu procureur du Roy au bailliage d'Evreux par la résignation de Richard Boullenc son père, et l'exerçeoit en 1499, et depuis il fut receu conseiller en l'Eschiquier. Il est le 13ᵉ conseiller lay employé en la charte du 7 de janvier 1514, et l'11ᵉ en celle du 18 de novembre 1518.

(1) Grisolles, aujourd'hui Glisolles, arrondissement d'Evreux (Eure).

(2) Il y avait d'abord, *pommes de pin*, ce qui a été rayé et remplacé en interligne par : *épis de bled montans d'or ;* mais par une autre main.

Par le registre de la Cour des Aides de Rouen, on voit que le 21 mars 1519 il assista, comme plusieurs autres conseillers du dict Parlement, au jugement d'un procès en la jurisdiction des Aides.

Monsr Le Febvre le nomme s^r de Grisolles, et le registre de la Cour des Aides, juin 1520, s^r de Garambouville.

En une généalogie manuscripte trouvée entre les Mémoires de feu Mr de Sommesnil il est nommé s^r de Garembouville [en interligne], Tournedos, Brethemare, Godonvillier et Lespringuet, terres par luy acquises, de Blancfossé, Marcilly-la-Champagne, des Rotys et de Grisolles. Sur quoy sera noté que la terre de Garambouville estoit possédée, il y a plus de 150 ans, par les surnommés Lespringuet et fut donnée en mariage à demoiselle Belon Lespringuet, femme de Jean Le François, le quel à cause du dict fief fut anobly en 1470 et taxé à 60 l. t. La dicte terre de Garambouville est située près Evreux et de présent possédée par le s^r de Gonnes? [ou Gouvis?] baron de Crétot, la quelle terre est composée de plusieurs fiefs, et l'un des quels se nomme le fief de Lespringuet.

Le dict Simon Boullenc décéda le 3 janvier 1524 et fut inhumé à Rouen à Saint-Laurens. Sa généalogie insérée aux pages suivantes a esté dictée pour la plus grande partie au dict feu s^r de Sommesnil par Robert Boullenc, prieur du Parc, aumosnier de la Reine.

(Suit la généalogie.)

Le conseiller était fils de Richard, sieur de Tourneville, Blancfossé, La Lande et Marcilly-la-Champagne, procureur du Roy au bailliage d'Evreux en 1486, et de sa première femme, Magdeleine Alorge (il se remaria à Jeanne Houel). Lui-même épousa en premières noces Jeanne Le Pelletier, fille du sieur de Martainville, et en secondes noces Marguerite Henri, fille de........, sieur du

Vieux-Conches ; il était aussi sieur de la Haute-Maison; il mourut le 3 janvier 1524. — Il eut huit enfants, au nombre desquels Jacques, conseiller au Parlement de Paris, et Raoul, sieur de Grisolles et de la Haute-Maison, conseiller clerc au Parlement de Rouen, mort le 29 mai 1553 et inhumé à Grisolles.　　(B.)

Comptes de la fabrique de l'église Saint-Laurent de Rouen, 1525-1526 : une tombe de pierre est mise sur la sépulture de feu M. Simon Boulenc; sa veuve donne à cette occasion 30 livres. (*Inv. des Arch. de la S.-Inf.*, G. 6800.)

XVIII

JESSÉ GODET, chanoine, conseiller clerc, d'Argenten.

D'argent, à 3 godets de gueulles.

Monsʳ Chandelier dict qu'il estoit Normand, petit de corps, mais disert et sçavant en droict et coustume.

Il est l'unziesme conseiller clerc employé en la charte du 7 de janvier 1514 et le 8ᵉ en la liste du 18 de novembre 1518 et en celle du 12 de janvier 1523. En la liste du registre commençeant le 12 de novembre 1526 et finissant le 17 de juillet 1528, il est immédiatement devant Claude du Fresnoy, conseiller lay, ce qui confirme l'ordre que nous avons suivy. Au reste son nom n'estant point rayé en la dite liste, cela faict voir qu'il exerçeoit encor le dict office en juillet 1528 ; et n'estant employé en celle du 12 de novembre 1528, cela faict voir qu'il est décédé ou a résigné pendant les vacations de la dite année.

Sa généalogie est employée en la page suivante et est tirée de deux arrests de la Court des Aides de Rouen donnés au profit de Mᵉ Jessé, prestre, Claude et Jean dénommés en icelle, impétrans de lettres de dérogeance

en juillet 1617 et le mardy 6 de mars 1635, Mrs Bou-
tren et Bigot de Sommesnil, rapporteurs.

(*Suit la généalogie.*)

Son père, Jean Godet, sieur de Chambry et Desnerets [?], était
avocat au bailliage d'Alençon. Lui-même fut chanoine à Rouen et
mourut en 1528. (B.)

Il est reçu chanoine de Notre-Dame de Rouen et prébendé de
Connelle le 17 mars 1522 (v. s.). (M. de Beaurepaire.)

XIX

CLAUDE DU FRESNOY, conseiller clerc, puis conseiller lay, de Paris.

D'or, au sautoir de sable.

Monsr Chandelier dict qu'il estoit de Paris et loue son
zèle à la justice.

Il est le 14e conseiller lay employé en la dite charte du
7 de janvier 1514. Son nom est employé en la liste qui
est au registre des enquestes commençant le 12 de novembre 1528 et finissant le 16 d'aoust 1532, mais il est
rayé et en marge est escript *Obiit*, ce qui faict voir qu'il
estoit mort dans le dit temps.

Il fut premièrement conseiller clerc ; puis, en 1512, fut
faict conseiller lay au lieu de Fédéric Le Viconte décédé,
et au dit office de conseiller clerc succéda René de Becdelièvre.

Mr Jean du Fresnoy (Eschiquier, 1306, p. 26).

Catherine, fille de Jean de Montigny, dict Le Boulenger, Premier Président au Parlement de Paris, espousa
Jean du Fresnoy, conseiller au dict Parlement environ
l'an 1510.

(*Suit la généalogie.*)

Il était fils de Jean de Fresnoy, sieur de Nully, conseiller au Parlement de Paris, et de Catherine Le Boulenger, mentionnés plus haut. Il est qualifié chevalier, sieur de Fresnoy, Nully, Bonnes [ou Bornes], Bonny, Baillon, Bois-Archambaut. Après avoir été conseiller au Parlement de Rouen, il reprit l'épée. Il épousa, en 1527, Marie de Chanvreux, dame d'Amblainvilliers. Il a un fils, Robert, qui fut gentilhomme de la chambre du roi, et une fille. (Généalogie donnée par d'Hozier au Président Bigot.) (B.)

En 1512, lors d'une levée de troupes, il fournit un homme d'armes avec deux autres hommes armés de hallecrets et de brigandines, à cheval. (Floquet, I, 425.)

20 novembre 1515. — Il expose au conseil de la Ville de Rouen le déplorable état des prisons de la Cour. (*Inv. des Arch. municipales*, I, p. 111.)

XX

FRANÇOIS LE CHARRON ou LE CHERON, de Lyon, conseiller clerc (1).

Il fut receu conseiller clerc le 12 de novembre 1512 selon M. Le Febvre. Il est le 12ᵉ conseiller clerc employé en la dite charte du 7 de janvier 1514. Monsʳ Chandelier dict qu'il fut depuis conseiller au Parlement de Paris.

Ses lettres de provision, insérées au registre d'audience, sont du 6 de septembre 1512 et portent que le dict office vacant par le déceds de Chrestophle de Nocey, luy fut donné pour services rendus au Roy en sa charge de sénateur de Milan ; il est aussy porté par icelles qu'il est doc-

---

(1) Le ms. de M. Le Verdier lui donne pour armes : *d'azur au chevron d'or, accompagné de 2 molettes de même en chef, et d'une rose aussi de même en pointe.*

teur ès-droicts. Les dites lettres sont transcriptes au dict registre.

12 juillet 1513. — Tabellionage de Rouen. — Il avait pour frère Jacques le Charron, général des monnaies de Bourgogne.

XXI

JEAN FEU, docteur ès-droicts, d'Orléans.

Il fut cinq ans sénateur à Milan, puis fut pourveu d'un office de conseiller lay en l'Eschiquier de Normendie par lettres du 6 de septembre 1512, ausquelles il est qualifié docteur ès-droicts, sénateur à Milan ; et le 12 de novembre 1512 en fit le serment, le dict office vacant [par] le déceds de Jean Du Bosc (registre d'audience). Il est le dernier conseiller lay employé en la charte de confirmation du Parlement du 7 de janvier 1514.

Il fut aussy Président au Parlement de Rouen, ainsi qu'il a esté dict cy devant en la seconde partie du livre I, nombre XIV, où il a esté plus amplement parlé de luy.

En la liste du registre des enquestes commençeant le 12 de janvier 1523, il est nommé après René de Becdelièvre, en quoy y a erreur.

V. *supra,* p. 40.

XXII

RENE DE BECDELIÈVRE, sr de SACILLY.

*De sable aux deux croix d'argent, fleu-
ronnées, au pied fiché en chef; à la
coquille d'argent en pointe.*

Monsr Chandelier dict qu'il estoit Angevin ; M. Le Febvre dict qu'il estoit Tourangeau. L'un des descendans du dict René Becdelièvre, en la généalogie par luy présentée en 1634 à Andely, dict qu'il estoit Poictevin ; d'autres disent qu'il estoit de Bretagne. Quoy qu'il en soit du lieu de sa naissance, la généalogie employée aux pages suivantes faict voir qu'il estoit originaire de Bretagne.

Il fut receu conseiller clerc en l'Eschiquier de Normendie le 16 de novembre 1512, au lieu de Claude du Frésnoy, le quel fut faict conseiller lay par lettres du 7 de septembre 1512, les quelles le nomment docteur ès-droicts, podestat d'Alexandrie (registre d'audience). Il est le dernier conseiller clerc employé en la charte de confirmation du Parlement du 7 de janvier 1514.

Le 25 de may 1516, il fut receu conseiller lay au lieu de Me Robert d'Esquetot, selon M. Le Febvre.

Il fut aussy garde des seaux de la chancellerie de Rouen dont est faict mention au registre des Aides du mois de décembre 1521, et en sera plus particulièrement parlé cy-après au livre III.

Le registre des Aides du 28 de mars 1537 porte qu'il présenta à la dite Court lettres du Roy adressantes à Me Guillaume Preudhomme, général des finances, pour faire levée de deniers pour la solde de 20 mil hommes avec subrogation à luy faicte par le dict Preudhomme, les dites lettres registrées.

Il mourut le 21 (ou 26) de febvrier 1544 et gist à Ste-Croix-S.-Ouen en une chapelle qui est à costé du cœur, du costé de l'épistre, et ses armes sont en la vitre de la dite chapelle. — Jean de Croismare, sr de la Blandinière, fut receu conseiller au lieu du dict de Becdelièvre.

(Suit la généalogie.)

Le grand-père du conseiller vivait sous Louis XI et fut anobli par le duc de Bretagne ; son père, Charlot, demeurait à Nevers.

Lui, épousa en premières noces Marguerite Osmont, et, en secondes noces, Marguerite de Bonshoms, sœur de Jean, sieur de Couronne, conseiller au Parlement de Rouen. Il a eu deux filles et un fils, Charles, sieur de Sacilly et du Grand-Quevilly, député de la noblesse aux Etats de Normandie, et grenetier [au grenier à sel] à Rouen.

(B.)

Le 9 décembre 1536, comme maître de la confrairie de la Conception, il demanda au chapitre quatre enfants de chœur de la cathédrale pour chanter, aux Carmes, la messe de la confrairie. (*Inv. des Arch. de la S.-Inf.*, G. 2155.)

30 mars 1536 (v. s.). — Il communique au conseil de Ville une déclaration du roi demandant 36,000 l. (*Inv. des Arch. municipales*, I, 146.)

28 juin 1543. — Contestation entre lui et le lieutenant Moges, au sujet de la présidence d'une assemblée du conseil de Ville. (Id., *ibid.*, p. 159.)

1540. — Il est un des conseillers délégués pour tenir les grands jours à Bayeux. (Floquet, II, 24.)

V. son épitaphe dans Farin, IV, p. 449.

Serait-ce lui qui, en juillet 1544, aurait été « mis en arrest » comme étant notoirement des plus riches de la ville, pour avoir différé de payer sa part dans une contribution levée par le Roi ? (V. Floquet, II, 99-100.)

XXIII

JEAN SERRE, conseiller clerc, d'Auvergne.

> Party, au I coupé *d'azur en chef à l'estoille d'or, au chef d'argent chargé de 3 trèfles d'or, et, en pointe, d'or au chevron de gueulles chargé de 3 besans d'argent, accompagné de 3 trèfles d'azur. Au II, de gueulles, au lion d'or* (selon M. de Bénéville).

Monsr Chandelier dict qu'il estoit d'Auvergne, parent de M. le Président de Selve, et quita sa charge pour une du Parlement de Paris.

En la liste du 18 de novembre 1518 il est nommé entre les conseillers clercs après Jessé Godet et devant Antoine Carles.

En 1522, l'11 may, il fut receu conseiller au Parlement de Paris et eut pour successeur au Parlement de Rouen Robert Surreau (B. II (1), 16).

Benigne Serre, greffier en chef du Parlement de Dijon (1523), puis Premier Président des Comptes du dict lieu, le 22 avril 1535, natif de Dijon, portait *d'azur à la bande d'or chargée de 3 anelets de gueulles*. (Palliot, p. 358.)

XXIV ·

FRANÇOIS DE BORDEAUX,
baron de COULONCES.

De gueulles à 3 merlettes d'argent.

Il fut conseiller clerc, puis dispensé, et receu conseiller lay le 12 de febvrier 1516, au quel office Mathieu Raulin succéda, selon M. Le Febvre. ·

Il fut receu, en 1519, Président au dict Parlement, comme il a esté dict en son lieu où il a esté parlé plus particulièrement de sa personne et famille.

Il n'est point employé en la liste du 18 de novembre 1518, en la quelle il manque, pour fournir le nombre, un conseiller clerc et un conseiller lay.

Voir plus haut, p. 34.

(1) Lis. B. III. — V. p. 159.

XXV

NICOLAS DE MONTEREUIL ou MORTEREUIL,
conseiller clerc (1).

Monsr Le Febvre, qui le nomme Jean, dict qu'il fut conseiller clerc et fut receu le 23 ou 28 de novembre 1516, selon Mrs Chandelier et Le Febvre.

Monsr Chandelier dict qu'il estoit Normand et regrette sa mort prématurée, et, de faict, il n'est point employé en la liste du 18 de novembre 1518.

Lors de la recherche des nobles faicte en 1624 fut maintenu en sa noblesse Maurice de Monstreuil, s[r] du Bosc, demeurant à Mésières sergeanterie Jumel, élection de Falaise, fils de Jean anobly par 500 l. t., par charte du mois d'avril 1521 avant Pasques, registrée en la Chambre des Comptes le 8 de may 1522. Le dit Maurice père de Jacques.

Le ms. de M. Le Verdier le nomme aussi Jean, ce qui doit être son véritable prénom, car M. de Beaurepaire a bien voulu me donner sur lui les renseignements suivants : « 8 avril 1516 (v. s). — Registres capitulaires. — Décès de Jean de Mortereul, conseiller au Parlement de Normandie et familier de M. de Bapaumes. Il dut être enterré à Saint-Nicolas de Rouen. »

XXVI

JEAN NOBLET, conseiller clerc, puis conseiller lay, d'Orléans.

D'or à la bande de gueulles, accompagnée de 2 croix fleuronnées, au pied fiché de sable. Devise : *Nobilitat virtus* (2).

Il fut receu le 17 d'aoust 1517 selon M. Chandelier, et

(1) Le ms. de M. Le Verdier lui donne pour armes : *d'argent à la bande de sable.*
(2) Le ms. de M. Le Verdier lui donne pour armes : *d'azur à la fleur de lys d'or.*

mourut jeune ; aussy il n'est point employé en la liste
du 12 de novembre 1526. En la liste du 18 de novembre
1518, il est employé après Antoine Carles avec ces mots :
Laicus loco clerici, ce qui s'entend (comme je crois) qu'il
n'estoit promeu aux ordres sacrés. Touttes fois M. Chandelier le met devant le dict Carle, le quel en ce poinct
nous avons suivy, veu qu'il adjouste le date de la réception du dict Carles, du 22 d'aoust 1517, et que la dite
liste n'est pas si certaine que celuy qui l'a faicte ne s'y soit
mespris, ayant nommé Jean de Cormeilles devant Guillaume Jubert, et n'aye nommé le dernier Président
Robert Bordel, qui se nommait Jaques, comme nous
avons remarqué cy-dessus.

Au registre d'audience du 8 d'aoust 1519 sont insérées les lettres de provision du dict Noblet d'un des 8
offices de conseillers lais nouvellement créés et est dict
qu'il avoit désia exercé quelque temps un office de conseiller clerc quoy qu'il fût marié ; les dites lettres sont du
25 de juillet 1519 ; auquel office de conseiller clerc luy
succéda Geoffroy de Manneville le mesme jour.

Palliot, p. 147 : Hugues Noblet conseiller lay au Parlement de Dijon, lors de l'establissement, 1480, et auparavant conseiller et lieutenant général du Duc Charles
aux bailliages de Dijon et Auxone. Peut estre le mesme
qui avoit esté 3 fois recteur de l'Université de Dole. Il
portoit les armes et devises que j'ay icy employées à Jean
Noblet présumant qu'ils estoient de mesme famille.

XXVII

ANTOINE CARLE, Dauphinois, conseiller clerc.

De gueules au lyon d'or (1).

Il est nommé conseiller clerc, tant en la dite liste de 1518 que par M. Le Febvre.

Monsʳ Chandelier dict qu'il fut receu le 22 d'aoust 1517, et estoit un jeune homme peu soigneux de faire sa charge et qui peu après retourna en Dauphiné.

Il fut depuis conseiller au Parlement de Grenoble; et à son office succéda, en 1520, Gassiot de la Combe. (Voyez B. III, 11.)

On m'a dict que le dict Carles a depuis esté Président à Grenoble et a composé quelques livres.

XXVIII

NICOLAS DE QUIÈVREMONT, sʳ de HEUDRE-VILLE, de Rouen.

D'argent à 4 fasses de gueulles, au lion d'or brochant sur le tout.

Il est employé en la dite liste de 1518 avec ces mots *laicus loco clerici.*

M. Chandelier dict qu'il estoit homme docte et de grande espérance et mourut jeune.

Le 21 de mars 1519 il assista (selon le registre des Aides) au jugement d'un procès en la dicte Court avec plusieurs autres conseillers du Parlement, chose fort usitée au dict temps.

(1) Ecriture postérieure, xviiiᵉ siècle.

Il a esté cy-devant parlé amplement de sa famille en faisant mention de Louis de Quièvremont, s^r de Heudreville, son père, conseiller en l'Eschiquier (nombre III) (1).

Par lettres du 4 de septembre 1520, Me Jean Gombaut fut pourveu par le décéds du dict Nicolas de Quièvremont de son office de conseiller (cy-après, B. III, 10).

Nicolas de Quièvremont épousa Barbe Le Lieur, fille de Jacques Le Lieur, sieur de Bresmetot, et eut plusieurs enfants, dont l'un, Jean, fut conseiller au Parlement de Rouen en 1543.   (B.)

XXIX

JEAN LE SUEUR, de Chartres, conseiller lay, puis conseiller clerc.

D'azur à 3 soucis d'or à la feuille de synople.

Monsr Chandelier l'a employé par erreur ensuite de René de Bedelièvre [*sic*], devant Nicolas de Monstereuil et autres cy-devant insérés, quoy que luy-mesme remarque sa réception du 3 de mars 1518 ; aussy il n'est point parlé de luy en la dicte liste du 18 de novembre 1518, ce qui faict voir qu'il fut receu depuis icelle.

Le dict s^r Chandelier remarque qu'il estoit sçavant aux loix et pratique, et avoit l'esprit vif et estoit aagé lorsqu'il fut receu conseiller.

M. Le Febvre dict qu'il fut premièrement conseiller lay (aussy en la liste du 12 de novembre 1526 il est employé comme conseiller lay), et le 20 de novembre 1536 il eschangea son office contre un [de] conseiller clerc qu'a-

(1) Ci-dessus, p. 106.

voit exercé Estienne Mifant qui devint conseiller lay au lieu du dict Le Sueur, et est probable qu'il garda son premier rang de réception.

Il n'est point mention de luy en la liste du registre commençant le 16 d'avril après Pasques 1537, mais y est employé Nicolas Le Sueur, son frère et résignataire à l'office de conseiller clerc.

Par le registre d'audience du 3 mars 1518 on voit qu'il avoit esté pourveu d'un office de conseiller clerc vacant par le déceds de Me Mathieu Paschal, et quoy que ses lettres de provision continsent dispense de ce qu'il estoit lay, si es ce que le Parlement y fit difficulté en ce que les dictes lettres ne le dispensoient pas de la clause de l'édict de 1499, qui avoit créé le dict office comme office de conseiller clerc, de quoy le Roy le dispensa par lettres insérées au dict registre, les dictes lettres du 11 de febvrier 1518 où est parlé des services qu'il avoit rendus au Duc et Duchesse d'Alençon.

Il fut depuis faict conseiller lay en 1522, et son office de conseiller clerc donné à Geoffroy Dupuis. (Voyez B. III, 13.)

Derechef en 1636 [*lis.* 1536] il eschangea le dict office contre un de conseiller clerc, comme il est remarqué cy-dessus.

Voyez du dict nom la généalogie de Hennequin. (B. III, 15.)

Thibaut Le Sueur, receu en 1559 conseiller au Parlement de Paris.

1536-1537. — Comptes de la fabrique de Saint-Pierre-du-châtel à Rouen : sépulture de M. Le Sueur, conseiller en la cour. — 1547-1550. — Inhumation de la femme de M. Le Sueur, conseiller. (*Inv. des Arch. de la S.-Inf.*, G. 7527.)

Il avait épousé Katherine de la Rozière, mentionnée dans un

acte de tabellionage de Rouen du 4 avril 1543 (v. s.), et eut pour
fils Nicolas, sieur de Vaupousteau, demeurant à Verneuil (15 novembre 1570). (M. de Beaurepaire.)

XXX

REGNAULD DU QUESNOY, de Rouen, conseiller lay (1).

Il fut receu le 2 (ou 21) de juillet 1519, selon M^rs Le
Febvre et Chandelier. Aux listes des registres commençeans
le 12 de novembre 1526 et 12 de novembre 1528 il est
employé après Jean Le Sueur et devant Hugues Le Voix,
et non en celle du registre commençeant le 12 de novembre 1529, ce qui faict voir quand il a cessé d'exercer
cette charge.

Monsr Chandelier dict qu'il estoit courageux à entre-
prendre les choses honnestes.

Par le registre de la recherche des nobles de l'an 1624
se voit que les commissaires maintindrent comme nobles
André du Quesnoy, s^r de Bossey [Boëssay], fils de Jean
demeurant au dict lieu, sergeanterie de S.-Pierre-sur-
Dive, élection de Falaise, Gabriel, s^r de la Mestairie,
frère du dict André, demeurant près Rouen, et Guillaume,
mineur d'ans, fils d'Artus, s^r du Quesnoy, frère aisné des
dicts André et Gabriel.

Le ms. A., p. 625, faict mention que Regnauld du
Quesney, conseiller au Parlement, et Jacques du Quesney,
son fils, s^r de la Varenne, Procureur du Roy au bail-

---

(1) Le ms. de M. Le Verdier lui donne pour armes : « *passé* [*sic*]
d'argent et de gueules, au chef d'azur chargé de 3 merlettes d'or ».
Il le qualifie sieur de Manneville.

liage de Rouen, ont esté inhumés à Nostre-Dame de la Ronde à Rouen.

1520. — Il est mention de lui comme trésorier de N.-D. de la Ronde. (*Inv. des Arch. de la S.-Inf.*, G. 7401.)

Il semblerait que des épitaphes dans l'église Sainte-Croix-Saint-Ouen, données par Farin, IV, 442, se rapporteraient à sa famille et peut-être à lui?

TROISIESME PARTIE.

DES CONSEILLERS RECEUS DEPUIS L'ÉTABLISSEMENT DE LA TOURNELLE
FAIT EN 1519 JUSQUES A LA CRÉATION DE 15 CONSEILLERS FAITE
EN 1543.

1519. Hugues Le Voix	I
Baptiste Le Chandelier	II
Geofroy de Maneville	III
Nicolas Duval	IV
Claude de Bongars	V
David de Bure	VI
Mathieu Raullin	VII
1520. Robert de la Masure	VIII
Claude Le Roux	IX
Jean Gombaut	X
Galliot (*sic*) de la Combe	XI
1521. Guillaume Allart	XII
1522. Geoffroy Dupuis	XIII
Innocent Piolle	XIV
Martin Hennequin	XV
Robert Sureau	XVI
1523. Cristophle de Marle	XVII
Cristophle Hérouard	XVIII
Estienne Lhuillier	XIX
Jaques Morisse	XX
1524. Nicolas Fatin	XXI
1525. Olivier Labbé	XXII
Jean Quesnel	XXIII
Jean Morin	XXIV
Jean des Dormans	XXV
Antoine Le Marchant	XXVI
Nicolas Panigarolle	XXVII
1527. Jean Odoard	XXVIII

Denis de Brévedent	XXIX
Jean de Corbie	XXX
Estienne Bernard	XXXI
Raoul Boullen	XXXII
Estienne Pattri	XXXIII
1528. Antoine Postel	XXXIV
Jaques Danel (*sic*)	XXXV
1529. Robert Raullin	XXXVI
Robert de Croismare	XXXVII
Estienne Bellot	XXXVIII
Eustache Chambon	XXXIX
1530. Charles de Dormans	XL
1531. Louis Petremol	XLI
Estienne Poncher	XLII
Jaques Mesnage	XLIII
Pierre Le Lieur	XLIV
1533. René des Buats	XLV
Jean de Bauquemare	XLVI
1534. Jaques de Brévedent	XLVII
1535. Estienne Minfant	XLVIII
Nicolas Le Sueur	XLIX
1537. Guillaume Auber	L
Nicolas Harnois	LI
André Maillart	LII
Guillaume de Bordeaux	LIII
Nicolas Le Roux	LIV
1538. Nicolas Le Conte	LV
1540. Richart Mansel	LVI
1542. Isambart Busquet	LVII
Gui de Cailly	LVIII

(*Cette table est tout entière d'une écriture posté-rieure.*)

I

HUGUES LE VOIX, d'Orléans, conseiller lay.

*D'argent à 2 pals de gueulle, et 4 mailles
ou anneaux de gueulle, 3 en chef,
un en pointe.*

Il fut receu le 8 aoust 1519 et mourut en 1537.

M. Le Chandelier dict qu'il estoit affable, fort recherché, et qu'il amassa de grands biens.

Espousa Marguerite de Bonshoms sœur de Jean, sʳ de
Couronne, conseiller, de la quelle il n'eut point d'enfans.
Elle se remaria à René de Bedelièvre [*sic*], conseiller au
Parlement, du quel elle [a] eu une fille (1).

Hugues Le Voix possédait au Petit-Couronne un fief sur lequel
le Président Bigot donnera d'intéressants détails. V. plus bas, notice
sur Jean de Bonshons, IVᵉ partie, nᵒ 2.

II

BAPTISTE LE CHANDELIER, conseiller lay,
de Rouen, sʳ d'ESPINAY.

D'azur (2) au chandelier d'or.

Il fut pourveu d'une des charges nouvelles créées
lors de l'establissement de la Tournelle, et y fut receu le
7 d'aoust 1519, par lettres du 19 de juillet au dict an,
aus quelles il est nommé licencié-ès-loix. (Registre d'audience.)

(1) Cette notice est, ainsi que la table qui la précède, écrite tout
entière d'une écriture beaucoup plus récente. Peut-être que les
feuillets anciens auront été déchirés ou maculés ?

(2) Bigot avait d'abord écrit *de sable,* puis il a rayé ces deux
mots et écrit en interligne, *d'azur.*

Les Mémoires de feu·mon père portent que le dict sr Chandelier et Geoffroy de Manneville prestèrent argent au Roy pour estre pourveus des dits offices de conseiller et le Roy déclara par ses lettres que son intention' estoit de rendre ledit argent (1).

Il mourut le 15 de may 1549, estant doyen du Parlement, selon M. Le Febvre. Il composa, en 1543, des vers sur les Présidens et conseillers de ladite Court depuis l'an 1499, des quels nous avons souvent faict et ferons cy-après mention. Aus quels vers il loue souvent et blasme rarement, ce qui provient ou du mérite de ceux dont le Parlement estoit lors composé ou de la bonté de l'autheur. Il dict de soy-mesme en ses vers qu'ayant exercé sa charge 24 ans il n'y a gaigné que la goutte et la gravelle qui l'ont obligé de chercher le repos, n'ayant point augmenté ses biens.

Sa généalogie est en la page' suivante, en laquelle je n'ay point employé Robert Le Chandelier, conseiller en 1598, parce qu'il n'estoit point de cette famille.

Les armes de cette famille sont en la vitre d'une chapelle de la parroisse de S. Pierre-du-Chastel, à Rouen.

Jean Le Chandelier, se disant monnoyer de Rouën, contre les parroissiens de la Vieurue, élection de Rouen, condamné par provision. (Registre des Aides, 1483.)

Le 13 de may 1568, arrest d'audience entre Jacques Le Chandelier, conseiller aux requestes, pour mises que Pierre Le Chandelier, dict Falot, prétendoit avoir faictes pour luy.

Jean Le Chandelier, vendeur de poisson à Rouen. (Arrest d'audience du 8 de may 1544.)

(1) Ce paragraphe est une addition inscrite en marge au ms.

Nicolas Le Chandelier. (Arrest d'audience du 15 de may 1544.)

Le dict Me Baptiste Le Chandelier estant mort depuis l'édict du mois d'aoust 1546, son office fut supprimé par son déceds, et depuis fut restably et en fut pourveu Me Robert Le Prieur, en 1554.

Jean Chandelier possédoit héritages au Til et Estrepagny qui furent décrétés en 1539 et furent acquis par Me Antoine Damiens.

Guillaume Chandelier, fils et héritier du dict Jean, prit lettres de loy apparente pour revendiquer les dicts héritages.

Guillaume Le Chandelier, receveur du domaine de Lyons. (Arrest d'audience du 6 de may 1578.)

Louis Le Chandelier, s^r de la Mote. (Rouen, Arrest d'audience du 10 de febvrier 1581.)

Pierre Le Chandelier, dict Fallot, appellant du décret faict par le viconte de Rouen des héritages qui furent à Thierry Le Chandelier et depuis à Thomas Le Chandelier son fils. (Arrest d'audience du 6 de febvrier 1587.)

Guillaume Le Chandelier, inhumé à S. Pierre-du-Chastel, portoit *de sable au chandelier d'or*. (Ms. A., p. 319.)

Le dict fief d'Espinay est situé en la parroisse du dict nom, et a ce nom d'Espinay par usurpation, estant une vavassorie noble relevant des Ifs ou de Bellegarde.

(Suit la généalogie.)

Voir sur Baptiste Le Chandelier, sa vie, ses ouvrages, son poème sur les Présidents et conseillers du Parlement, Floquet, I, 333-341, 467-470 et *passim*. — *La Parthénie ou Banquet des Palinods de Rouen en 1546....*, par Baptiste Le Chandelier, publié par F. Bouquet pour la Société des Bibliophiles normands. Rouen, 1883, petit in-4°. Introduction, p. XIX-CLXXXV.

La Société des Bibliophiles normands vient de faire imprimer le poëme sur les Présidents et conseillers du Parlement.

III

GEOFFROY DE MANNEVILLE, de Dieppe, conseiller clerc.

D'azur à l'aigle à 2 testes esployée, d'argent (1).

Il fut curé des Ventes d'Eavy et chanoine de Nostre-Dame de Rouen (arrest d'audience du 17 (?) de mars 1543), lors duquel il exerçeoit encor le dit office de conseiller (arrest d'audience du 27 de may 1544). Il fut receu conseiller clerc le 8 d'aoust 1519 selon M^rs Le Febvre et Chandelier, du quel office il fut pourveu au lieu de Jean Noblet, par lettres du 25 de juillet 1519, aus quelles il est nommé licencié-ès-loix (registre d'audience).

Le dict s^r Chandelier, après avoir parlé de son courage et vivacité d'esprit, discourt en général contre la corruption des juges ; ce qui se peut référer à la destitution du dict office du dict de Manneville faicte lors de l'interdiction de l'an 1540.

M. Le Febvre dict que l'an 1542 *facta est translatio dominorum* de Manneville, Raulin et Le Harnois *in camera puellarum D. Juliani juxta Rothomagum.* Il fut restitué à sa charge le pénultiesme d'avril 1544, selon le dict s^r Le Febvre et le registre ; et mourut le 17 de septembre 1547. Les lettres du restablissement sont du 18 de may 1543.

(1) Le ms. de M. Le Verdier donne : *de sable à l'aigle à deux têtes d'argent.*

Le registre de la Chambre establie pour la police des pauvres, du 21 de febvrier 1551, faict mention d'une donation de 100 livres tournois de rente, au denier douze, faicte aux pauvres valides de Rouen par le dict s^r de Manneville, par son testament pour l'exécution du quel ses sœurs, héritières à ses meubles, furent poursuivies le dict jour et le 21 de novembre 1556; et estoit la dite rente donnée pour entretenir les escoles des pauvres lors qu'elles seroient establies; et le samedy 28 de novembre 1556, lecture faicte du registre de la dite Chambre, du 21 de mars 1545, contenant la dite donation et acceptation lors faicte en la présence du Procureur général; attendu l'érection faicte des dictes escoles, les dites sœurs furent condamnées à la faisance et continuation de la dite rente et aux arrérages escheus depuis la contestation en cause, saouf leur recours contre les autres héritiers. Il y a, sur ce, autre arrest le 3 d'avril avant Pasques 1556.

La généalogie du dict de Manneville est en la page suivante.

Estienne de Manneville, s^r de Montmirel, esleu à Rouen (arrest d'audience du 19 de mars 1555).

Monsr Guillaume de Manneville portoit *de gueulles à l'aigle à 2 testes d'argent à pieds et à bec d'or*. (*Histoire de Normendie* du curé de Maneval, p. 4 des blasons.)

Claude de Manneville, s^r de la Fosse, appelant du juge d'Arques (arrest d'audience du 27 de juin 1581).

[Estienne de Manneville, anobly en 1470], acheta plusieurs héritages tenus de son fief assis à Longueil de Colnet Pigné, demeurant à Longueil, par contract passé devant les tabellions de Dieppe, le 25 novembre 1504. J'en ay veu une coppie collationnée. Il est nommé noble homme Estienne de Manneville, escuier, s^r d'Auzouville.

[Aux lots de la succession du père du conseiller] « est une maison escheue à Jacques son frère dans la grande rue de Dieppe où pend l'enseigne S. Georges, bornée Nicolas Groulart, dict Héron, à cause de la maison des chasteaux ; y est aussy un jardin près S. Remy et 2 acres de pré ès marais d'Espinay, le tout borné le dit Nicolas de Manneville, [autre frère du conseiller], à cause de sa femme ; y est parlé d'un héritage qui fut Encel Miffant. »

(Suit la généalogie.)

Le père du conseiller était : « Estienne de Manneville, demeurant à Gennetuit, parroisse de Colmesnil, anobly par la charte des francs-fiefs, 1470, fut poursuivy par les parroissiens pour garnir son assis à la taille, et, en 1507, conseiller et bourgeois de Dieppe. Sa succession fut partagée par écrit recongnu par ses trois fils devant le bailly de Dieppe, le 2 novembre 1514. »

Geoffroi fut aussy curé d'Auzouville et des Ventes d'Eavy. »

(B.)

Il habitait, en 1546, sur la paroisse de Saint-Pierre-le-Portier; et, en 1549, ses héritières, Marie de Manneville, et la femme de Pierre Poullain, rendent à la fabrique des joyaux qu'elle lui avait donnés en garde.

Le dit de Manneville avait prêté de l'argent pour la construction et édifice faits de neuf en ladite église en laquelle étaient inhumés aucuns de ses parents. (M. de Beaurepaire, et *Inv. des Arch. de la S.-Inf.*, G. 7550.)

Parmi les testaments des chapelains de la cathédrale de Rouen : 1547, testament de Geoffroy de Manneville, curé de Saint-Jacques de Dieppe, des Ventes, d'Elbeuf et d'Auzouville. (Id., *ibid.*, G. 3448.)

Exclu du Parlement lors du rétablissement qui suivit l'interdiction de 1540, il fut cependant réintégré ultérieurement. (Floquet, II, pp. 46, 63.)

Il fut aussi curé de Saint-Sauveur de Rouen et avait pour héritière en partie Marie de Manneville, veuve de Jean Dumont, sieur

de Bosctaquet. (Tabellionage de Rouen, meubles, dernier avril 1549.
(M. de Beaurepaire.)

28 juin 1543. — Contestation entre lui et le lieutenant Moges,
au sujet de la présidence d'une assemblée du Conseil de Ville de
Rouen. (*Inv. des Arch. municipales*, I, p. 159.)

IV

NICOLAS DU VAL, de Rouen, conseiller lay.

Il fut receu le 8 d'aoust 1519, ayant esté pourveu à un
des 8 offices de nouvelle création par lettres du 19 de
juillet au dict an (registre d'audience). Mons' Chandelier
loue sa justice et modestie.

Il exerçoit encor le dict office en aoust 1532, estant
employé en la liste du registre finissant au dict temps, et
non en celle du registre commençant le 16 d'avril après
Pasques 1537.

Il signa, le pénultiesme d'aoust 1517, au traité de
mariage de Huguette Duval, sa sœur, et de Jean Bigot,
fils de Guillaume, lieutenant général du bailly de Rouen,
estant lors le dict Duval advocat. Du quel traité est tirée
la généalogie qui est en la page suivante, qui m'a esté
encor confirmée par Mons' Me Thomas Duval, sr de Bon-
neval, conseiller au dict Parlement, du quel le père est
inhumé en la parroisse de S. Nicolas de Rouen, les quels
ne sont pas de la famille du dict Nicolas Duval, conseiller, lequel fut aussy inhumé en la dite parroisse de S.
Nicolas de Rouen en la quelle il demeuroit ainsi que son
père. Je crois qu'il ne reste à présent aucun du dict nom et
famille.

En un arrest d'audience du 13 de juillet 1543 il est
parlé de Me Philippes Duval, notaire en Court ecclésias-

tique, par aucun temps thrésorier de l'église parochial de
S. Nicolas de Rouen.

J'ay appris de M. Le Brun, conseiller au Parlement,
que la femme de M. de Chantelou, conseiller aux requestes, estoit fille et héritière du dict Nicolas du Val,
conseiller.

(Suit la généalogie.)

Philippe Duval, père du conseiller, avocat en Cour laie, demeurait
en la paroisse Saint-Nicolas dont il fut trésorier. Le conseiller, dont
la femme n'est pas nommée, n'a qu'une fille, Marie, qui épousa
Jacques Le Chandelier, sieur de Chantelou, conseiller aux requêtes.
(V. ci-dessus, B., 3, 2.) (1).

Il avait épousé Fleurance Le Roy, mentionnée comme veuve
dans un acte du tabellionage de Rouen (meubles), 12 janvier 1544.
Il avait pour frère Pierre Duval, évêque de Séez, 17 janvier 1546.
(M. de Beaurepaire.)

V

CLAUDE DE BONGARS, d'Orléans, conseiller lay.

Il fut receu le 12 d'aoust 1519 selon M. Chandelier (2),
le quel le loue de son affabilité et dict qu'il se retira à
Orléans où il fut lieutenant général.

Le sr de la Berquerie, surnommé Bongars, a espousé

---

(1) Ce renvoi, qui devrait être écrit B., III, 2, reporte à la
page 139 ci-dessus.

(2) En renvoi, à la marge, le Président Bigot a écrit : « ce qui est
confirmé par le registre d'audience, ce qui faict voir que M. Le
Febvre s'est mespris employant sa réception du 8 du dict mois. Par
ses lettres de provision du 22 de juillet 1519 il est nommé advocat
au Parlement de Paris, et est le dict office un des 8 de nouvelle
création ».

l'une des filles de Michel Pigny, s^r de Grosmesnil, et en a enfans.

Claude de Bongars, conseiller, fut transféré à l'office de lieutenant général du bailly d'Orléans, et de son office de conseiller lay fut pourveu Guillaume Alard, par lettres du 1er de juillet 1521. (Voyez cy-après XII.)

De Bongars s^r de la Berquerie, héritier en partie au droict de sa femme de........ Pigné, s^r de Grosmesnil, frère de sa femme.

VI

DAVID DE BURES, conseiller lay, de Dieppe.

D'azur à bande d'or, ouvragée, l'escu
chargé d'une merlette d'or en chef
et de 2 estoilles d'or en pointe. (1).

Il fut receu le 12 de novembre 1519, selon Mrs Chandelier et Le Febvre (registre d'audience).

Monsr Chandelier dict qu'il estoit sçavant aux lettres humaines.

Son nom est employé en la liste du registre commençant le 12 de novembre 1526 et finissant en aoust 1532 ; mais il est rayé et est escript en marge *Obiit*, ce qui fait voir qu'il est mors depuis le registre commencé.

François de Bures, tuteur des enfans de Jaques de Bures, appelant du bailly de Rouen contre Charles Martel, s^r de Basqueville, et Joachim Euldes, s^r de Longuethuit (arrest d'audience du 22 et 29 de novembre 1543.) Et en un arrest du 13 de décembre Jacques

(1) Il y avait primitivement le mot *barre*, auquel le mot *bande* a été substitué en interligne.

Doublet, tuteur des dicts enfans et Marie Mifant vefve du dict Jaques de Bures, lequel, par contract du mois de may 1540, avoit acquis du dict Eude le fief de Crasville autrement dict de Catteville par 4,800 l. t., à la charge d'acquiter certaines debtes des quelles le dict s^r de Basque-ville estoit plège du dict Eude.

Gilles de Bures s^r et patron du lieu? (Thorigny), arrest d'audience, 19 aoust 1582.

En la liste du registre commençeant le 12 de janvier 1523, le dict David de Bures est employé après Mathieu Raulin.

François de Bures, s^r de Bétencourt, tuteur de Jeane de Bures sa fille mineure, opposant au décret de la terre de la Houblonnière (Pont-l'Evesque). (Arrest d'audience du 2 d'aoust 1607.)

Le dict de Bures fut pourveu du dit office de conseiller de nouvelle création par lettres du 6 de septembre 1519 par les quelles il est nommé licencié ès-loix. (Registre d'audience.)

(Suit la généalogie.)

Nicolas de Bures, de Dieppe, fut anobli par les francs-fiefs (1470) (bailliage de Caux, sergeanterie de Neufchastel), peut-être à cause du fief d'Epinay.

Guillaume de Bures, grenetier à Dieppe, condamné en mil livres d'amende (Registre des Aides, febvrier 1498), peut-estre le mesme taxé à 30 l. t. par les francs-fiefs 1470, sergeanterie d'Eu.

David, le conseiller, était fils ou petit-fils du premier.

(B.)

Sur son talent de poète, v. Floquet, I, 469.

VII

MATHIEU RAULIN, sr de VERTBOIS,
de Rouen, conseiller lay.

D'argent à la bande de gueulles accompa-
gnée de 3 molettes de sable. Aucuns
omettent la dite bande.

Monsr Le Febvre remarque qu'il fut receu le 12 de novembre 1519 par la démission de François de Bordeaux
qui fut faict Président. Mr Le Chandelier donne le mesme
date à la réception du dict Raulin et dict qu'il promettoit
beaucoup, mais qu'il mourut jeune. Aussy il n'est point
employé en la liste du registre du 12 de novembre 1526.

Il fut lieutenant général du viconte de Rouen, ainsy
que l'on voit par ses lettres insérées au registre d'audience
du dict jour 12 novembre 1519; et, en cette qualité,
donna sentence du 9 septembre 1515 [?] en la quelle il
prend la qualité d'escuier.

Il mourut le 22 d'avril 1525. Le dict M. Raullin est
employé en la liste du registre commençeant le 12 de janvier 1523 en la quelle son nom est rayé et en marge est
escript, *Anima ejus requiescat.*

(Suit la généalogie.)

Le père du conseiller, « Pierre sr de la Geolle et Longpaon,
anobly par la charte des francs-fiefs, 1470, bailliage de Rouen,
sergeanterie de Cailly (peut-estre à cause du fief de Longpaon),
par 30 l. t. ; et, bailliage de Caux, sergeanterie du Val de Dun,
par 5 l. t., fut lieutenant général du bailly de Rouen... » Il épousa,
en troisièmes noces, Anne Munster (1), dame de Vibeuf. Mathieu,
le conseiller, épousa Alix Daré, fille de Louis, sieur de Bucordé,

(1) Ce nom est encore écrit ainsi dans une autre généalogie des
Raulin. (Bibl. municipale de Rouen, ms. Martainville, Y. 22.)

lieutenant général du bailli de Rouen, qui lui survécut. Il eut trois
filles et un fils, Louis, conseiller au présidial de Rouen.

(B.)

25 juillet 1556. — Mention d'Alix Daré, veuve de Mathieu
Raoullin, qualifié sieur du Vertboys.

13 avril 1553. — Sa veuve est qualifiée dame de Mont-aux-Bers
et de Hatentot. (M. de Beaurepaire.)

VIII

ROBERT DE LA MASURE, conseiller lay.

*De gueulles à la tour d'argent, et, sur
icelle, un lion d'or (1).*

Il fut receu au serment du dict office le 23 de juin 1520
et est un des 8 de nouvelle création, du quel il fut
pourveu par lettres du 14 du dict mois et an, aus quelles
il est nommé licencié-ès-loix. (Registre d'audience.)

Mons' Chandelier dict qu'il estoit de petite stature,
mais judicieux ; M. Le Febvre, qu'il fut commissaire aux
requestes du Palais et mourut en 1552. La dicte commission fut depuis donnée à Raoul Boullenc, conseiller clerc.
En un arrest d'audience du 26 de mars 1556, la vefve et
héritiers du dict sr de la Masure sont poursuivis pour
rendre les sacs d'un procès (2).

(Suit la généalogie.)

Le père du conseiller était Alain de la Masure, lieutenant des élus
à Montivilliers. Lui-même a plusieurs enfants, sa femme n'est pas
nommée.

(B.)

(1) Le ms. de M. Le Verdier lui donne comme armes : *de gueules
à la fasce d'argent accompagnée d'un lion d'or.*

(2) Cette rédaction est suivie, au ms. fº 120 vº, d'une autre, à
très peu près identique.

Il avait épousé Cardine Le Cacheur, mentionnée dans un acte du 15 mai 1557, et y est qualifié sieur de Chesnay au bailliage de Rouen. (M. de Beaurepaire.)

En février et mars 1545, il est chargé d'une enquête au sujet de scandales reprochés à la confrairie des conards. (*Inv. des Arch. de la S.-Inf*, G. 2158.)

10 janvier 1549 (v. s.). — Il est délégué vers le roi pour demander la réunion au domaine de la couronne du duché d'Alençon. (*Inv. des Arch. municipales*, t. I, p. 169.)

IX

CLAUDE LE ROUX, sr du BOURGTHEROUDE et de TILLY, conseiller lay.

D'azur au chevron d'argent accompagné de trois testes de léopard d'or.

Il fut pourveu du dict office par le déceds de Guillaume Le Roux son père, par lettres du 15 juillet 1520 fondées sur les services rendus par son dict père au Roy en la dite charge et autres emplois. Et, par autres lettres du 23 aoust audict an, on voit que le dict Claude Le Roux ayant esté refusé à cause des parents qu'il avoit au dict Parlement, le Roy en parla à Mr le Président de Bordeaux et à Mr Postel, conseiller, députés vers Sa Majesté pour autres affaires, lesquels représentèrent qu'il avoit au dict Parlement un oncle maternel (à sçavoir Guillaume Jubert, conseiller), deux autres ayans espousé les sœurs de sa mère (à sçavoir Robert de Boislevesque et Pierre Le Lieur, conseillers), un cousin germain (Jean Le Lieur, fils du dict Pierre), un cousin au cinquiesme degré (je ne sçais point de qui cela s'entend), qu'il avoit espousé une femme (à sçavoir Jeane Calenge) qui avoit un cousin germain au dict Parlement (à sçavoir Guillaume Calenge, conseiller), elle estoit, aussy, proche parente de Catherine Calenge, femme du dict Postel, les quelles parentés les dicts conseillers dirent que la Cour avoit trouvées plus considérables que celles d'un père, un fils, un oncle ou un nepveu, prohibées par l'ordonnance; et, néantmoins, le Roy ordonne à la Cour, par les dites lettres, de le recevoir tant en considérations des services de son père que de ses autres prédécesseurs rendus à la couronne de France et à ses alliés.

Il fut receu au serment du dict office le 12 du dict mois, et sont les dictes deux lettres patentes insérées au registre d'audience du dict jour.

Il mourut en perte d'office en 1537 et fut inhumé au Bourgtheroude.

Sa généalogie est cy-dessus, A. II. 35.

(D'après cette généalogie) : Claude Le Roux, sieur de Tilly, puis de Bourgtheroude, conseiller au Parlement de Rouen, né en 1494, mort en 1536 ou 1537, gît au Bourgtheroude. Il épousa : 1º Jeanne Calenge, fille de Jean Calenge, sieur d'Imfreville et de .... Monfaut ; 2º Magdeleine Payen, laquelle, après sa mort, épousa le Premier Président de Marsillac, puis André de Prunelé, sieur de Machenainville; elle n'eut pas d'enfants. Il eut plusieurs enfants, dont Robert, conseiller au Parlement de Rouen en 1543. (B.)

En 1532, il fut délégué vers le Roy dans les circonstances rapportées à la notice concernant le Président Monfaut (ci-dessus, p. 44).

27 août 1533. — Il est mentionné comme propriétaire, à cause de sa défunte femme, héritière de feu Jean Challemge, sieur du Hamel, du tènement des trois Mores, paroisse Saint-Eloi. (M. de Beaurepaire.)

X

JEAN GOMBAUT, de Rouen, conseiller clerc.

De gueulles à la tour d'argent, selon M. de
Bénéville. Alias, M. du Héron dict qu'ils
portoient *d'azur à 3 molettes d'or* (1).

Monsr Chandelier remarque qu'il fut receu le 7 de janvier 1520 (2), et estoit judicieux, et qu'estant entré aagé en
cette charge il mourut peu après. Aussy, il n'est point
employé en la liste du registre commençeant le 17 de novembre 1526.

Voyez sa généalogie en la page suivante.

Sire Guillaume Gombaut, viconte de Rouen (Eschiquier 1453, 1464, et registre des Aides, mars 1456, febvrier 1461), demeuroit au lieu où est la Court des Aides.
Au dit registre [?], 20 de novembre 1566.

Guillaume Gombaut, anobly 1470, fut père de Guillaume qui eut pour fils Roger, s^r du Montasselin, maintenu en sa noblesse par arrest du 28 de juin (ou 1er de
juillet) 1533, et avoit pour fils Jean Gombaut. (Election
de Rouen, registre des Aides.)

Roger Combault, greffier en l'élection de Rouen (registre des Aides janvier 1516 et 1518.) Jean Combault,
advocat (registre des Aides, janvier 1518), c'est peut-estre
celuy qui fut depuis conseiller en l'Eschiquier ou le vi•
conte de l'Eau.

De cette famille estoit ..... Gombaut, héritière, femme

(1) Le ms. de M. Le Verdier lui donne : *d'argent à la levrette
passante de sable.*

(2) Un renvoi en marge ajoute : « Sur le registre du dict jour sont
les provisions du dict Gombaut, licencié-ès-loix, au lieu et par le
déceds de Me Nicole Quièvremont, les dites lettres du 4 septembre
1520. »

de Jean de Croismare, s^r de la Blandinière, Président au Parlement de Rouen, et ..... Gombaut, femme de Nicolas de la Champagne, conseiller au dict Parlement.

Jean Gombaut, viconte de l'Eau à Rouen, espousa Catherine de Quièvremont et en eut Catherine Gombaut, femme de Jean Maignart, s^r de Houville, puis d'Antoine de Caradas, Président en la Court des Aides à Rouen, et a eu enfans de l'un et l'autre mariage. (Arrest d'audience du 19 de may 1557.)

Me Eustache Combaut, demeurant à Rouen, anobly par les francs-fiefs, 1470, par 20 l. t., sergeanterie de Pont-del'arche.

Le femme de M. le Président de la Blandinière et celle d'Antoine de Caradas estoient sœurs et héritières, ainsy qu'il apparoist par un arrest d'audience du 30 de mars 1568, filles de J. Gombaut, viconte de l'Eau, et de Catherine de Quièvremont.

Guillaume Gombaut, thrésorier en l'église cathédrale de Rouen. (Arrest d'audience du 27 de may 1544.)

(Suit la généalogie.)

Il était fils de Guillaume Gombaut, dit le jeune. . (B.)

Octobre 1521. — Jean Combault, conseiller au Parlement, est l'un des commissaires pour visiter les navires de la côte, en conséquence des lettres royales sur le commerce par mer et sur les navires équipés en guerre par des particuliers. (Inv. des Arch. communales. — Ville de Rouen, t. I, p. 123.)

Aux testaments des chanoines : testament d'un Gombaut, ayant pour héritiers Jean de Croismare et Antoine Caradas, qui avaient épousé ses nièces ; détails sur la vente de ses meubles. (Inv. des Arch. de la S.-Inf., G. 3431.)

XI

GASSIOT DE LA COMBE, Gascon, conseiller clerc.

Monsr Chandelier dict qu'il estoit peu entendu au droict et sciences humaines et moins encor à l'usage de Normendie ; qu'il fut depuis transféré à une autre charge.

Il est employé en la liste du 12 de novembre 1521 ; mais il n'est point employé en la liste du 12 de janvier 1523, aussy eut-il pour successeur au dict office, en janvier 1522, Martin Hennequin. (Registre d'audience.)

On voit, par le registre d'audience du 7 de janvier 1520, jour de sa réception, que le dict de la Combe, licencié-ès-droicts, advocat au grand-conseil, fut pourveu du dict office par lettres du 13 de décembre 1520 au lieu d'Antoine Carles, promeu à l'office de conseiller au Parlement de Grenoble ; et le dict de la Combe dispensé de tenir le dict office encor qu'il fût marié, attendant qu'il se présentast un office de conseiller lay, et, de rechef, par autres lettres du 27 de décembre 1520, il est mandé de le recevoir, non-obstant qu'il fût marié.

XII

GUILLAUME ALLARD, de Paris, conseiller lay.

De   au chevron de   accompagné de 3 testes d'oye arrachées de   ; au chef de   chargé de 3 coquilles de   (1).

Il fut receu le 9 d'aoust 1521 selon Mrs Chandelier et Le Febvre. (Registre d'audience.) — Il estoit lors fort

(1) Le ms. de M. Le Verdier lui donne pour armes : *d'argent au chevron de gueules accompagné de 3 roses de même.*

jeune et fut depuis transféré au Parlement de Paris selon M. Chandelier, où il fut receu conseiller le 2 janvier 1522.

Il n'est point employé en la liste du 12 de janvier 1523, mais il est en celle du 12 de novembre 1521. Il avoit esté pourveu du dict office, par lettres du 1ᵉʳ de juillet 1521, au lieu de Claude Bongars. (Registre d'audience.) Il eut pour successeur au dict office, en 1522, Estienne Luillier (cy-après 19).

Eschiquier 1474, Jean Alart et la demoiselle sa femme, fille et héritière en partie de dame Guillemette de Vilaine, vefve de feu Mᵉ Henry de Crux, en son vivant chevalier, dame de la Gouslande.

Le dict sʳ Allard, conseiller, décéda l'11 juin 1559 et gist à Paris en l'église de l'*Ave Maria* où l'on void son épitaphe et ses armes.

Jean Alard, receu, en 1383, conseiller au Parlement de Paris, portoit *un chevron accompagné en chef de 2 roses....... et en poincte d'une teste de More.*

XIII

GEOFFROY DU PUIS, de Forests, conseiller clerc (1).

> *D'or à la bande de sable chargée de 3 roses d'argent, au chef d'azur chargé de 3 estoilles d'or (2).*

Il fut receu le 29ᵉ de juillet 1522, au lieu de Nicolas (ou plus tost Jean) Le Sueur qui fut faict conseiller lay (registre d'audience) par lettres du 8 may 1522, et mourut

(1) Il y avait d'abord conseiller lay ; le mot « lay » a été rayé.
(2) Une écriture du xviiiᵉ siècle a ajouté : de   *à la bande* de   , *chargée de 3 besans de*   .

à Rouen en octobre 1544. Nicolas Le Conte succéda à son office par eschange, selon M. Le Febvre qui rapporte deux épitaphes cy après insérés :

QUIESCENTIS PODII EPITAPHIA :

Hic jacet qui nunquam quievit.
Cy gist qui jamais n'eut repos.

Cui labor et gloria vita fuit, mors erit requies.
Et parloit fort bien à propos.

Monsr Chandelier dict qu'il estoit homme grave et concis en ses discours.

La généalogie contenue aux pages suivantes est tirée du livre de l'abbé de Marolles qui, par erreur, le nomme Hugues.

(Suit la généalogie.)

Il était fils de Jean du Puis, d'une famille originaire de Saint-Galmier, et de Jacqueline Taupeau? et eut plusieurs enfants.

(B.)

1543. — Il intervient au conseil de ville de Rouen au sujet d'une difficulté avec le Parlement relative au Bureau des Pauvres. (*Inv. des Arch. municipales*, p. 155.)

24 janvier 1544 (v. s.). — Sa veuve, Claude de Poges, habitait paroisse Saint-Patrice, à Rouen. (M. de Beaurepaire.)

XIV

INNOCENT PIOLE, de Milan (1).

Monsieur Chandelier dict qu'il fut trois ans (2) conseiller, puis retourna en son païs et qu'il estoit de Milan.

En la liste du registre des enquestes commençant le

(1) Le ms. de M. Le Verdier lui donne pour armes : *de gueules à 6 épis de blé d'or, 3, 2, 1.*

(2) Le texte du poème de Le Chandelier porte *triduo.*

12 de novembre 1521 et finissant le 12 de janvier 1523,
il est employé entre Geoffroy du Puy et Martin Hennequin, tous deux receus en 1522, ce qui faict voir qu'il
fut receu en la mesme année, à quoy convient la liste du
registre suivant. Il n'est plus employé en la liste du registre commençant le 12 de novembre 1526, parce qu'il
n'estoit plus conseiller en ce Parlement.

XV

MARTIN HENNEQUIN, conseiller clerc.

*Vairé d'or et d'azur ; au chef de gueulles
chargé d'un lion passant d'or.*

Il fut receu conseiller au Parlement de Rouen le 22 de
febvrier 1522 selon M. Chandelier (1), lequel faict estat
de sa probité, doctrine, éloquence et politesse. Monsieur Le Febvre l'appelle *nobilem et magnificum.*

Il fut receu commissaire aux requestes du Palais à
Rouen le 1er de mars 1543, et, par ses lettres, est nommé
licencié ès-loix et l'un des anciens conseillers du Parlement de Rouen ; il en paya au Roy 250 escus dont il eut
lettres de dispense, les quelles furent registrées.

Il mourut d'apoplexie en la dite chambre des requestes
le 6 de janvier 1548, comme le remarque M. Le Febvre.
Il fut inhumé à Rouen, selon les Mémoires de Mrs de
Ste Marthe, envoyés à Monsr de Sommesnil, des quels est
tirée la généalogie employée aux pages suivantes.

Il estoit abbé de la Trape selon les dits Mémoires. En

(1) Une addition en marge porte : « Mais plustost le 12 du dict
mois suivant ses lettres, du 22 janvier 1522 par les quelles il en
fut pourveu au lieu de Gassiot de la Combe. » (Registre d'audience.)

un arrest d'audience du 20 de febvrier 1551 est cité l'arrest donné au profit des héritiers du dict sr Hennequin par le quel ils furent deschargés d'entretenir [?] les dispositions testamentaires de ses immeubles quoy que faictes *ad pias causas;* et, néantmoins, furent enhortés de descharger sa conscience, attendu que, par le dict testament, il déclaroit que les dits immeubles estoient acquis des fruicts de l'abbaye de La Barre et autres bénéfices dont il jouissoit. Le dict arrest y est mal daté du 13 aoust 1540, veu que lors le dict sr Hennequin estoit encor vivant.

Son office fut supprimé par son déceds et vaca plusieurs années, mais depuis il a resté restably.

(Suit la généalogie.)

Il était fils de Guillaume Hennequin, conseiller clerc, puis conseiller lay au Parlement de Paris, et de Marguerite Auyn ; il y est dit abbé de la Trape.   (B.)

1540. — Il est un des conseillers délégués pour tenir les *grands jours* à Bayeux. (Floquet, II, 24.)

Juin 1543. — Il est mêlé à un conflit entre le Parlement de Rouen et le conseil de Ville, au sujet du Bureau des pauvres. (*Inv. des Arch. municipales*, t. I, p. 155.)

6 juin 1549. — Tabellionage de Rouen, meubles. — Sa succession comprenait la terre de Cissey, près Evreux. (M. de Beaurepaire.)

XVI

ROBERT SURREAU, sr de TOUFFREVILLE et LISORES, conseiller lay.

D'argent au sautoir engreslé de gueulles cantonné de 4 testes de sable liées d'argent.

Il fut receu général sur le faict de la justice des Aides

le 13 mars 1508 et est employé aux registres du dict jour et des 21 mars 1519.

Il fut receu conseiller au Parlement de Rouen en mars 1522.

Il mourut en juin 1524, aagé de 40 ans.

Jeane Roussel, sa femme, mourut en 1555, et fut inhumée aux Carmes avec son mary. La généalogie employée en l'autre part est tirée d'un discours latin estant aux premières feuilles d'un ancien livre de prières in 4°, enrichy de plusieurs images et figures; en la première feuille sont les armes de Surreu cy employées et au dessoubs une seriure [?] qui est, comme je crois, l'anagramme de Jean Surreu, ayeul du dict Robert, conseiller au Parlement. Au mesme livre est transcript un discours françois du mariage du dict Jean Surreu et de Thomas Surreu, père du dict Robert, et de la naissance de leurs enfans et de leurs parrains et marreines. J'y [ai] adjousté plusieurs autres remarques tirées des monumens publics de la ville de Rouen.

L'autheur du dict discours latin, parlant de Nicolas Surreu, qui mourut l'an 1340, dict que : *ex famosa antiquæ nobilitatis propagine ejus nominis de Surreu ortus, quæ multis antea retroactis temporibus militavit armis, inter Nivernenses floruerat.* Au reste, il faut que l'autheur se soit mespris le faisant chambellan de Philippes duc de Bourgongne, car puisqu'il adjouste que Nicolas Surreau mourut l'an 1340 au siège de S. Omer, il faut [au lieu de Philippes lire Eudes] (1), le duc qui

(1) Il y avait d'abord : « Il faut, *au lieu de Philippes, lire Eudes*, etc. » Les six mots soulignés sont très visiblement et volontairement rayés; mais on doit les rétablir, la rature provenant d'un changement de rédaction qui a été abandonné ensuite. Il y a encore d'autres phrases interrompues dans cette notice.

pour lors vivoit se nommoit Eudes et non Philippes, et
mena contre les Anglois 42 banières vers S. Omer en
l'an 1340. (S. M. t. 2 de sa 3ᵉ édition, p. 730.)

Blanchart, au Receuil des officiers du Parlement de
Paris, ne faict nulle mention de Laurens Surreau, ny de
Nicolas Surreau, aussy a il omis tous les officiers receus
à Paris pendant l'usurpation des Anglois, qui est, comme
je crois, que c'est le temps ausquels les dits Laurens et
Robert Surreu furent receus conseillers au Parlement
de Paris, veu que toutte cette famille ayant suivy le party
des Anglois contre la France (*sic*).

L'autheur de ce discours latin, après avoir parlé des
ascendans et collatéraux de Pierre Surreu, thrésorier de
France à Rouen, employés en la page suivante, dict :
*cum de descendentibus a Petri stirpe qui prius in Nor-
mania se contulit tantum agere intendamus, cæteris
omissis, ad eos transeamus.*

Et aussy explique (un mot illisible) la descente des
enfans de Pierre jusques au noms des fils et filles de
Jean Surreu, greffier civil, et ne parle point du mariage
des dictes filles, ny de la mort de leur frère, d'où on peut
juger en quel temps il escrivoit ce discours.

(*Suit la généalogie.*)

Il était fils de Thomas Surreau, né le 18 février 1445, qui avait
épousé en premières noces, en la paroisse Saint-Séverin de Paris,
Geneviève Chapelle, fille du lieutenant civil à Paris, et en deuxièmes
noces, Jeanne Voltes, et mourut le 13 mars 1514. Sa première
femme et lui gisent à Rouen, aux Carmes, ou, selon d'autres Mémoires, en la paroisse Saint-Herblanc.

Le conseiller naquit le 9 juin 1485 et épousa Jeanne Roussel,
nièce de Raoul Roussel, archevêque de Rouen. Il eut deux fils morts
jeunes et une fille. — Sa femme et lui gisent aux Carmes.

Il avait acquis le fief de Quenouville qui fut retiré à droit féodal par messire Louis, seigneur de Graville. (Arrest au Conseil du 13 mai 1502.) (B.)

1523. — Il vend à son collègue J. de Corneilles 40 s. de rente foncière sur une maison à l'enseigne de la Pie, rue Mignote. (*Inv. des Arch. de la S.-Inf.*, G. 6831.)

C'est bien aux Carmes qu'il fut inhumé. Voir son épitaphe dans Farin, VI, 210.

XVII

CHRISTOPHLE DE MARLE, conseiller clerc, sr de VERSIGNY

D'argent à la bande de gueulles (ou sable) chargée de 3 molettes d'argent. Supports : 2 licornes d'argent; cimier : une demie licorne d'argent, avec cette devise : Elle m'a du mal guérie, avec ces lettres : R. T. A. L.

Il fut pourveu du dict office au lieu de Jean Gombault, par lettres du 1 de janvier 1522, et y fut receu le 15 may 1523, registre d'audience où il est nommé licencié ès-loix.

Nous l'avons employé en cet ordre, suivant la liste des registres de 1521, 1524 et 1525, en la première desquelles il est nommé entre Mrs Surreau et Hérouart, et aux autres en l'ordre des clercs entre Mrs Surreau et Fatin.

Il est nommé de Marle aus dites listes de 1524 et 1525, et en celles de 1523 et 1526 et en ses provisions, qui est son vray surnom, et non Le Merle, comme il est employé en la dite liste de 1521, ny de Merle ou de Marly, comme l'a employé M. Chandelier.

En la dite liste, il est fait mention qu'en juin 1527, il fut receu conseiller au Parlement de Paris, ce que M. Le

Chandelier a aussy remarqué, lequel le blasme d'avoir esté trop attaché à la rigueur du droict contre l'équité.

Il résigna son office de conseiller clerc à Me Jean de Corbie, lequel le résigna à Estienne Bernard (voyez cy après XXX et XXXI.)

On dict que ceux de cette famille se nommoient anciennement de la Congne (V. Blanchart, p. 89).

(Suit la généalogie).

Il était fils de Jean de Marle, sieur de Versigny et d'Anne du Drac, fille de Jean, vicomte d'Ay. — Il donna la terre de Versigny, dont il était seigneur en partie, à Christophe Hector, son neveu qu'il adopta par son testament au nom et armes de Marle.

(B.)

XVIII

CHRISTOPHLE HÉROUART, de Chartres, conseiller lay (1).

Il est employé entre Christophle de Marle et Estienne Lhuillier aux listes des registres des enquestes commençans les 12 de novembre 1521 et 12 de janvier 1523, la dernière des quelles porte qu'il estoit conseiller lay.

Il est obmis aux listes des 12 de novembre 1524, 1525, 1526, ce qui faict voir que lors d'icelles il n'estoit plus conseiller.

Monsr Le Chandelier dict que le dict Hérouart s'ennuya en Normendie n'en ayant peu apprendre l'usage et fut depuis Président à Chartres, et que volontiers il voit de tels esprits quiter la province.

(1) Le ms. de M. Le Verdier lui donne pour armes : *d'azur à l'étolle d'or.*

XIX

ESTIENNE LHUILLIER, d'Orléans, conseiller lay.

*D'argent à 3 quintefeuilles de
gueulles poinctées d'or.*

Il fut receu au dict office le 21 d'aoust 1523, (*alias*, le
dernier de juillet), en ayant esté pourveu au lieu de Guillaume Alard, par lettres du 23 de décembre 1522 où il
est nommé advocat au Parlement de Paris (registre d'audience). En décembre 1532, il eut procès contre les fer-
miers des quatriesmes lequel fut renvoyé en la Court des
Aides de Rouen (registre des Aides).

Monsr Le Febvre remarque qu'il espousa sa servante,
et depuis la fit condamner pour adultère. En un arrest
d'audience du 16 de juin 1543 il est demandeur pour
estre resaisy de plusieurs meubles les quels il prétendoit
que demoiselle Marthe Ango sa femme avoit baillés à Es-
tiennette Mauger, sa mère, vefve de Me Robert Ango et
à Me Guillaume Ango.

Il obtint lettres du Roy du 9 de décembre 1554 registrées au Parlement le 10 de janvier 1554, par les
quelles il luy est permis, attendu qu'il estoit d'honneste
naissance de la ville d'Orléans, et pour aucunement le
relever des incommodités de sa vieillesse de porter robes
ou autres habillemens de soye noire ou tannée, hormis
en l'assemblée de la Court, sans que pour ce il peut
estre argué d'avoir contrevenu à l'édict faisant deffenses à
tous autres que gentilshommes de porter soye sur soye
(registre d'audience; M. Le Febvre, t. II, p. 252).

M. Le Chandelier dict qu'il estoit altier et véhément,
bon humaniste; mais mesloit confusément diverses choses
en ses discours.

Il décéda le 26e jour de juin 1561, et gist à Rouen à

S¹ Patrice. Il est fait mention de son déceds en un arrest d'audience du 9 de janvier 1561.

M⁰ ..... Luillier, docteur en droict, qui a longtemps esté professeur à Orléans, lieu de sa naissance, n'estoit point, néantmoins, de cette famille, et portoit *de...*, *à* 3 *olives de.....*; ainsy que j'ay appris du s⁰ Boullaye, conseiller et secrétaire du Roy, son gendre.

Jean Lhuillier, lieutenant du bailly de Caux' (Eschiquier 1336, p. 24).

Pierre Luillier, p. 336, Rouen, Eschiquier 1448.

Il (1) demeuroit en la parroisse de S¹ Patrice, en la maison qui fut à feu M. de Viquemare, et à présent à M⁰ Sanson Vaignon où y ai veu ses armes.

1540. — Il est un des conseillers délégués pour tenir les *grands jours* à Bayeux (Floquet, II, 24).

En 1547, un huissier au Parlement, Jacques Sireulde, auteur de divers poèmes assez intéressants, se permit de faire paraître une comédie ou satire intitulée *l'Asne et l'Asnon*, contre le conseiller Luillier et contre son chapelain Guillaume Goujon. V. sur cet incident et sur ses suites : Ch. de Beaurepaire, *Le Trésor immortel...* par Jacques Sireulde, publié par la Société des Bibliophiles normands, Rouen, 1899, petit in-4⁰. Introd., p. XLIII et s., et P. Le Verdier, *Les abus et superfluitez du monde par Jacques Sireulde*, dans *Précis des travaux de l'Académie ..... de Rouen*, pendant l'année 1887-1888, p. 12-15).

V. son épitaphe dans Farin, t. IV, p. 508.

XX

JACQUES MORISE, conseiller lay, Normand (2).

Il est employé en cet ordre en la liste du 12 de no-

(1) « *Il* » se rapporte évidemment au conseiller.
(2) Le ms. de M. Le Verdier lui donne pour armes, *d'argent à* 3 *meures de pourpre, à la rose de gueules.*

vembre 1526, la quelle nous avons suivie encor que M. Le
Chandelier le mette après Estienne Belot, lequel ne fut
receu qu'en 1529, et la dite liste remarque le déceds du
dict Morise au dernier de mars avant Pasques 1526, et
Jean Odoard succéda à son office en 1527.

Monsr Chandelier dict que le dict Morise entra fort aagé
en cette charge et l'exercea peu de temps.

Colin Morice, escuier, et demoiselle Germaine Mallet,
sa femme. (Rouen?, Eschiquier 1454, p. 435). La dicte
Mallet vefve du dict Morice, escuier (Eschiquier 1456,
p. 462).

Jean de Longaunay, escuier, auteur [? ou attourné] de
Benest Breuil, escuier, fils et héritier aisné de deffuncte
Germaine sa mère, en son vivant femme de Colin Morice
(Eschiquier 1464, p. 538).

XXI

NICOLAS FATIN, conseiller clerc,
thrésorier d'Escouis.

*D'azur au chevron de sable, accompagné
de 6 flesches de mesme posées deux à
deux en sautoir, à sçavoir 4 en chef
et 2 en pointe.*

M. Chandelier luy donne le nom de *Scoianus*, ce
que M. Le Febvre explique assez quand il dict qu'il
estoit thrésorier d'Escouis. Il y a encor près du dict
bourg une famille de gentilshommes du dict nom,
s^{rs} d'Auricher.

Le dict Nicolas Fatin fut receu conseiller le 20 de
juin 1524, selon M. Chandelier, lequel dict qu'il estoit
d'un esprit hardy et sçavoit sa Court, comme y ayant esté

nourry et mourut jeune. Il est employé en cet ordre aux listes icy-après insérées tirées des registres des enquestes commençeans les 12 de novembre 1526, 1528 et 1529, et non en celle du registre commençeant le 16 d'avril après Pasques 1537.

M. Louis Fatin, receu advocat au Parlement le 3 de mars 1580 (voyez plus bas).

A la fin d'un registre des enquestes commençeant en janvier 1523, est cette sentence : *Caput liberum, corpus vero in servitutem redactum;* et au dessoubs est le nom de Fatin.

Il se plaignoit en une Mercuriale du peu de procès qu'on luy distribuoit.

Georges Fatin receu advocat au Parlement, le 6 de febvrier 1586.

Demoiselle Geneviefve Le Grand, vefve, ayant enchéry par décret la terre d'Auricher et autres ayans appartenu à Nicolas Fatin, sr d'Orcher, son mary, conseiller au grand Conseil, prisonnière pour dix mil huict cens l. de l'enchère des dites terres (arrest d'audience du 29 avril 1605) (1).

Demoiselle Anne Langelay ? fille aisnée de Me Hector Langelay?, advocat au Parlement, vefve de Me Louis Fatin, conseiller assesseur en la viconté de Rouen (arrest d'audience du 8 de febvrier 1607).

La dite demoiselle Geneviefve Le Grand, vefve, donne adjonction à Louis Fatin, sr de Colleville, son fils, pour retirer à droict de sang la terre d'Orcher, arrestée sur deffunct Georges Fatin, conseiller au Grand-Conseil, son autre fils, au préjudice de Marie Fatin, demoiselle vefve de François Pairet? de Mouce ? vi-baillif de Gisors (arrest d'audience du [illisible] mars 1607).

(1) D'après la généalogie, c'était une nièce du conseiller.

Il y en a encor dudict nom et famille de nobles et roturiers près Escouis.

Je crois que ce fut Nicolas Fatin, s^r d'Auricher, qui fut
anobly en avril 1571.

(Suit la généalogie.)

Septembre 1529. — Il est commis par l'archevêque de Rouen
pour la levée de la décime à l'occasion de la rançon du Roi (M. de
Beaurepaire).

1531. — Il est député vers le Roi avec le Premier Président au
sujet des évocations de procès dont se plaignait le Parlement (*Inv.
des Arch. municipales*, t. I, p. 140).

XXII

OLIVIER LABÉ, conseiller clerc, s^r de LYVET,
chanoine à Rouen.

D'argent au sautoir d'azur (1).

Je crois qu'il estoit issu de Jaques Labé, anobly en
en 1470, par la charte des francs-fiefs, payant 70 l. t.,
sergeanterie de Pont-l'évesque.

Il y en a aussy un autre du dict nom et surnom en la
sergeanterie de La Londe qui paya 60 l. t. qui est peut-
estre le mesme, d'où est issu Jacques Labé, s^r de la
Roque, demeurant vers Honnefleur, qui a enfans, et a un
puisné, s^r de la Mote, desquels j'ay icy employé les armes
qui sont les mesmes que portent M^rs de La Mote-Labé,
conseillers au Parlement de Rouen, des quels sera parlé
en leur ordre.

Monsr Chandelier dict que le dict Olivier Labé estoit

(1) Le ms. de M. Le Verdier lui donne pour armes : *d'argent au
sautoir de sinople.*

Normand et qu'il fut receu conseiller clerc le 24 de janvier 1525, et le met après les cinq conseillers que j'ay employés cy-après ; mais j'ay suivy l'ordre des listes qui sont aux 4 registres des enquestes commenceans les 12 de novembre 1526, 1528, 1529 et 16 d'avril après Pasques 1537, les quelles sont touttes conformes et le mettent après Nicolas Fatin et devant Jean Quesnel et Jean Morin ; et faut noter qu'au registre de 1526 le greffier avoit premièrement mis Nicolas Fatin puis J. Quesnel, puis O. Labé et J. Morin ; et congnoissant qu'il s'estoit mespris il a escript, en marge, un A à costé du nom de Fatin, un B à costé de celuy de Labé, et un C à costé de celuy de Quesnel ; ce qui, joinct aux listes des registres suivans, faict voir que les dites lettres ont esté apposées pour corriger la transposition des noms, et ainsi M. Chandelier ou le copiste de son livre se sont mespris au date des receptions des dicts Labé, Quesnel et autres conseillers.

M. Chandelier dict que le dict Labé aimoit la vérité et haïssoit les tromperies.

Il estoit chanoine en l'église cathédrale de Rouen (arrest d'audience du 27 de may 1544), et estant mort le 24 de janvier 1545 il eut pour successeur au dict office de conseiller Philippe Remon, selon M. Le Febvre.

Guillaume Labé, conseiller en Court laye, substitué de Michel Daniel, escuier, advocat du Roy à Gisors (registre des Aides, aoust 1592).

Robin Labé dict Ruault, parroisse de Mont-Gardon, élection d'Alençon, condamné garnir son impost (registre des Aides, juillet 1475) ; et depuis condamné par provision (aoust 1480). De luy pouvoit estre issu Guillaume Labé, anobly 1523 parroisse de Mesleraut, s^r de la Rosière et de Portbail, père de Richard et de Philippes s^r de la Rosière et de Montrons ? Richard fut s^r de   , la

Mote et les Austieus, vicomte du Perche et espousa Marguerite Guerrot, dame de la Coudrelle, des Landes-Cor-
belin et du Grand-Fresne et en eut Alexandre, s^r des
Austieux, viconte du Perche; Léon, s^r de S^t   ,
Robert, s^r de Fresne, Eustache, prieur de St Julien-au-
Mont, Philippes s^r des Barres et des Mottes qui espousa
Barbe de Nocey, demeurant en la parroisse de Talon-
nay, élection d'Alençon (arrêt [de] soit informé du 11 may
1623 contre le Procureur général). — Anne, leur sœur,
femme de Jean Maillard s^r de Beaulieu et de Mesnil-Ber-
nart(1).

Andrieu Labé, parroisse de la Haye-du-Puis, élection
de Valongnes, se disant noble, avril 1488, et peu après
condamné par provision; et, en mars 1489, surcéance de
garnissement, et le 25 de febvrier 1490 déclaré roturier.
— Voir sa généalogie.

..... Labé fut père de Jean qui espousa la fille du s^r de
Lithaire et en eut Vincent, sergent hérédital de la Haye-
du-Puis, pere de Robin, aussy sergent, et de Guillaume
qui, de Marie Le Mouton, eut le dict André.

En la recherche de Monfaut, 1463, sont employés
comme roturiers en l'élection de Lisieux, Jaques Labé,
de S. Jean-de-Livet, sergeanterie de Moyaux, et Colin
Labé, de Houtot, sergeanterie de Pont-l'évesque, Jean et
Estienne Labé, s^{rs} de Héroussart et de Livet (arrest d'audience du 23 de novembre et 17 de janvier 1543).

Jean Labey, s^r de Héroussart, et la demoiselle sa femme,
et Jean Labey, son fils, contre Gilles Baignard, s^r des Juets
(arrest d'audience du 10 de janvier 1543).

---

(1) Tout ce paragraphe est en renvoi, en marge, et à peu près
illisible.

Jean Labey, lieutenant du bailly de Rouen en la viconté d'Aulge (arrest d'audience du 5 de may 1544).

Jacqueline de la Rivière, vefve de Guillaume Labé,
sr de Beaufy et de Jorts?, et Hector de Giverville, sr du
lieu, tuteur des enfans sous-aages de feu Jacques Labey,
sr de Beaufy (arrest d'audience du 30 de janvier 1555,
Lisieux).

François Labé, sr de la Roque, ayant espousé demoiselle Anne de Trihan, vefve de Paul Pivain, sr de
S. Pierre (arrest d'audience du 10 avril 1577).

Me Michel Labé, chanoine à Lisieux, archidiacre du
Pont-Audemer (arrest d'audience du 16 de juin 1587).

Ce peut estre de luy [Olivier Labé, conseiller] qu'il est
parlé en la liste du registre des enquestes de l'an 1524,
où il est nommé de Lyvet, fief possédé par ceux de cette
maison et, soubs ce nom, est employé aux délibérations
du mois de novembre 1524.

Demoiselle Anne Labé, vefve de Philippes de Rupierre,
sr de Canappeville (arrest d'audience du 27 avril 1595).

Jean Labé, sr de la Roque-Baignard, a eu 3 fils à sçavoir François, sr de la Roque, Robert, sr de Faverolles,
mort sans hoirs, et Michel, prestre, curé de Rottes (arrest
d'audience du 16 de juin 1595).

Messire Jean Labbé, chevalier, héritier en partie de
Henry Mauconduict, viconte de Blosseville (Eschiquier
1374, p. 51).

Messire Guillaume Labbé, chevalier, viconte de Blosseville (p. 135, 171, Eschiquier 1395).

Jacquet Labbé, escuier (Evreux, Eschiquier 1453?
p. 406).

..... Labé, sr de la Roque-Baignard, conseiller en la
Cour des Aides de Rouen, tué?   en 1655, avoit
espousé..... Gurmont?

Jean, sʳ d'Argouges, ayant espousé Jeanne Labé, partagea en 1464 avec Messire Guillaume d'Auberville, sʳ de Caux, la succession de Louis Labé, escuier, sʳ de Boussigny son beau-père (B. ıı. x.) [*lis.* B. ı. 10].

29 janvier 1536 (v. s.). — Olivier Labbey, conseiller au Parlement, est reçu à un canonicat à Rouen (*Inv. des Arch. de la S.-Inf.*, G. 2155).

XXIII

JEAN QUESNEL, de Rouen, conseiller lay, sʳ du BOIS-LE-VICONTE.

> *De gueule à la face d'argent chargée d'une coquille de sable, accompagnée de 4 besans d'or, 3 en chef et 1 en pointe* (1).

Le registre de la Court des Aides du pénultiesme de juin 1520 porte qu'il fut receu advocat fiscal en la dite Court, au lieu de Mᵉ Jean Maignart ; et au registre du mois d'aoust 1523, y est employé comme advocat du Roy en icelle Court, et en aoust 1524 il prit congé de la dicte compagnie.

Monsʳ Chandelier dict qu'il fut receu conseiller au Parlement le 9 d'aoust 1524.

Monsʳ Le Febvre remarque qu'il fit le serment de commissaire aux requestes du Palais, au lieu de Mᵉ Nicole le Roux, le 20 de may 1554. Il en avait esté pourveu par la résignation du dict Le Roux, par lettres du 30 de novembre 1553, et, en juin ou juillet suivant, résigna son office de conseiller à Guillaume Quesnel, son fils, receu

(1) Cette indication est d'une écriture du xvıııᵉ siècle. — Le ms. de M. Le Verdier donne : *d'or à 3 quintefeuilles de gueules* (p. 95).

en 1556, duquel il sera parlé cy après. Il eut aussy Françoise Quesnel, sa fille, qui fut première femme d'Antoine de Civile, conseiller au Parlement, et en eut enfans ainsi qu'il sera dict cy-après, et laquelle comme héritière de Guillaume son frère, posséda le Bois le Viconte.

En 1577, vivoit une abbesse de Fontaines-Guérard, du dict nom, laquelle portoit *de gueulles à la fasce d'argent chargée d'une coquille de sable, accompagnée de 3 besans d'or* (Ms. A., p. 319).

Laurens Quesnel d'Escales sur Villiers, anobly 1470, par la charte des francs fiefs, paya 20 l. t., sergeanterie de Saint Georges.

Nicolas Quesnel, se disant morte-paye à Granville, contre les parroissiens de S. Louet, élection de Bayeux, registre des Aides, novembre 1496 et janvier 1503.

Guillaume Quesnel, se disant noble comme petit-fils de Laurens, anobly 1470, contre les parroissiens de Tricarville, élection de Caudebec, déclaré roturier le 26 d'avril 1499 (Ibid).

Thomas Quesnel, esleu à Mortain (Ibid., febvrier 1503).

Thomas Quesnel, demeurant à Rouen, anobly par la charte des francs-fiefs 1470, par 40 l. t. sergeanterie de Grainville-la-Tainturière. Je crois que c'est le mesme qui est employé au registre des Aides, avril 1468, soubs le nom de Thomassin Quesnel, pelletier, marchand bourgeois de Rouen.

Jean Quesnel, bourgeois de Rouen, fils de Thomas, anobly 1470, à cause d'un fief assis à S. Martin-aux-Buneaux, déclaré noble contre le Procureur Général par arrest de la dicte Court du 4 d'aoust 1523. Peut-estre que c'est le dict Jean Quesnel, conseiller.

Guillaume Quesnel, demeurant à Boneville (Eschiquier 1391, p. 133).

Messire Jean de Quesnel, chevalier (Caux. Eschiquier 1397, p. 195).

Dom Richard Quesnel, religieux, bailly de S. Ouen de Rouen, p. 385, (Eschiquier 1453).

Martin Quesnel, fermier de l'acquit, travers ou prévosté de Neufchastel, (Eschiquier 1463, p. 489; 1474, p. 630) ?

Jaqueline Auber, femme de Jean Quesnel, s^r du Bois-le-Viconte, en eut Guillaume, conseiller au Parlement, qui espousa Marguerite Auber, fille de Guillaume, s^r de La Haye, conseiller au Parlement, remariée au sieur de Chiffrevast, voyez L.

Les armes cy dessus se justifient par un épitaphe qui est en l'église de Bouville, et par les armes d'une abesse de Fontaine-Guérard que Farin a prises du ms. A., et imprimées avec celles de la ville de Rouen. (1).

1531-1554. — Il est rapporteur d'un procès intéressant les chanoines du St Sépulcre de Rouen. Ils lui envoient du gibier, et lui donnent quittance de ce qu'il leur devait pour des prés sis à Quevillon et à Saint-Georges-de-Boscherville : « *et avons ce fait par contraincte, ou ne aurions pas eu la vuide de ceste matière* ». (*Inv. des Arch. de la S.-Inf.*, G. 9345, 9344.)

25 juin 1549. — Il est dit commissaire de la Cour sur le fait de réformation des faux-monnayeurs de Normandie (M. de Beaurepaire).

Il fut prince des Palinods de Rouen (Guiot, II, 190).

(1) Ce dernier paragraphe est d'une écriture postérieure.

XXIV

JEAN MORIN, d'Authun, conseiller clerc (1).

Monsieur Chandelier dict qu'il estoit petit de corps, mais de grand courage. Il a esté parlé du temps de sa réception cy devant, nombre XXI [*lis.* XXII]. Il est employé en la liste du registre commençeant le 12 de novembre 1528, mais son nom y est rayé et est escript en marge : *Obiit et Requiescat*, ce qui faict voir qu'il est mort avant le temps de la fin du dict registre, qui finit le 16 d'aoust 1532. Son nom est obmis en la liste du registre commençeant le 12 de novembre 1529.

XXV

JEAN DES DORMANS, conseiller lay, de Paris, s^r de NOZAY et de BIEVRE.

> *D'azur à 3 testes de léopard arrachées d'or, lampassées de gueulles.* Aucuns les nomment 3 *dormans.*

Il fut receu le 26 de may 1525 et retourna à Paris en 1530, ayant résigné son office à Charles des Dormans, son frère, selon Monsr Chandelier.

La généalogie qui est en la page suivante est tirée des Mémoires de Mrs de Sainte-Marthe et de ceux du s^r du Buisson, envoyés à M. de Sommesnil.

(*Suit la généalogie.*)

Il était fils de Guillaume des Dormans, sieur de Nozay, Serpont, Saint-Rémy, Saint-Martin, Premier Président au Parlement de Bourgogne, et de Marie Piedefer. Ledit Jean est omis par Blanchart, p. 73.

(1) Le ms. de M. Le Verdier lui donne pour armes : *d'or à 3 meures de gueules* 2 et 1.

XXVI

ANTOINE LE MARCHAND, s^r du GRIPON,
près Avranches, conseiller lay.

*De gueulles à la croix fleuronnée d'or,
cantonnée de 4 trèfles d'argent.* **Autres**
disent *de gueulles à la croix d'argent
pommetée d'or.*

Il fut receu conseiller le 22 de novembre 1525; et, en
1540, fut destitué par arrest des hauts-jours. Isambart
Busquet luy succéda selon M. Chandelier. Aussy, en la
liste du registre commençeant le 16 d'avril après Pasques 1540 et finissant le 4 de novembre 1540, le nom
dudict Le Marchand est rayé et à la fin de la liste
est escript : *Busquet loco du Marchand.*

J'ay veu par les Mémoires de feu mon père que
le dict Le Marchand fit réparation et fut exauctoré publi-
quement le 23 de febvrier 1541, et M. Busquet receu en
sa place; et, en 1559, fut restitué en son estat par arrest
du privé-conseil et du Parlement de Paris, et fut
M. Fumée, conseiller au dict Parlement de Paris, député
pour le restablir (1).

Il fut depuis restably en sa charge et néantmoins le dict
Busquet demeura conseiller, et ainsi d'un office il en fut
faict deux, et est employé comme conseiller en un arrest
du 23 may 1561.

Monsr Chandelier, en ses vers composés avant le dict
restablissement, le taxe d'avarice, et, néantmoins, loue
sa politesse et acortise.

De sa généalogie est parlé en la page suivante.

Il y a, à Caen, une famille du dict nom, de laquelle

(1) Ce paragraphe est en renvoi, en marge.

estoient les s^{rs} d'Outrelaise et S. Manvieu à la quelle je réfères ce qui est aux registres de la Court des Aides en juillet 1484 et avril 1545 [*sic*], et crois qu'elle n'a rien de commun avec celle des s^{rs} du Gripon.

La terre du Gripon, de la quelle ils ont pris le nom depuis peu d'années, a, cy-devant, appartenu aux sur-nommés de Feschal et est en la viconté d'Avranches, ser-geanterie Erault.

Au registre du jour de l'Ascension, 16 de may 1577, il est parlé des s^{rs} du Gripon et de Chavoy, fils du dict Antoine Le Marchant, conseiller, les quels retenoient encor le surnom du Marchand.

M. le Premier Président de Bourdeny se récusa du procès à cause de la première femme du dict Antoine Le Marchand qui estoit sa sœur, quoy qu'il n'en fût sorty enfans, et M. le Président Le Jumel à cause de la seconde femme, et M. Busquet à cause des différens qui avoient esté entre leurs pères.

Jacques Le Marchand, s^r de Rafoville, demeurant en la sergeanterie et parroisse de S. Eny, élection de Carenten, maintenu en sa noblesse en 1599, par les commissaires à ce députés, ainsi que les s^{rs} du Gripon et de Chavoy.

Par 3 arrests d'audience du 27 de may, 28 de juin, 2 de juillet 1552, on voit que le dict Le Marchant ayant esté restably en ses biens par lettres données le 13 de juin 1544, vérifiées au Parlement le dernier du dict mois, le Procureur général du Parlement empescha qu'il ne ren-trast en ses biens, prétendant que partie d'iceux eussent esté réunis au domaine, et releva appel au privé-conseil. Sur quoy temps luy fut donné de poursuivre son appel et recouvrer pièces en la Chambre des Comptes; et, lors des dicts arrests, le dict Le Marchant (qui n'y est point nommé conseiller), poursuit la forclusion contre le dict

Procureur général, lequel, parlant par Le Febvre, advocat du Roy, demande autres délais ; et, le 28 de juillet est, de rechef, donné temps d'un mois au Procureur général de recouvrer pièces et bailler articles.

En un arrest d'audience du dernier de juin 1554, est nommé Me Antoine Le Marchand, s^r du Gripon et de Cavigny.

Me Nicolas du Gripon, prestre, appelant du bailly de Costentin à Avranches (arrest d'audience, 30 may 1570). Messire Jean de Feschal, chevalier, s^r du Gripon (arrest d'audience du 16 de décembre 1502).

Demoiselle Diane Le Marchand, vefve de Jean du Haulsey, s^r de Riy en partie, tutrice des enfans mineurs du dict deffunct et d'elle (arrest d'audience du 23 d'octobre 1570).

Jean Le Marchand, s^r de Raffoville, espousa demoiselle Anne de Guérould, fille de Me Pierre de Guérould, s^r de S. Jean (arrest d'audience du 19 de juillet 1607, Valongnes).

Noël Le Marchand, procureur au bailliage de Rouen (Eschiquier 1464, p. 520).

A. Marchant, receu conseiller au Parlement de Paris après l'an 1400 (Blanchard, p. 13).

Aimery Marchant, receu conseiller au dict Parlement en 1436, (ibid., p. 18) ; et Nicole Marchand, le 31 de décembre 1436, mourut le 20 juillet 1463, gist à S. Germain Lauxerrois.

Et, le 9 may 1442, y fut receu Raoul Marchant, inhumé en la dicte église où sont gravées ses armes, distinctes de celles des s^{rs} du Gripon (p. 23).

(Suit la généalogie).

Son ascendance n'est pas clairement indiquée. Il épousa 1° ....

..... de Bauquemare, sœur du Premier Président de Bourdeny ;
2⁰ .... de Brécé. Il eut deux fils : Louis-Paul, sieur du
Gripon ; Jean-Jacques, sieur de Chavoy, et une fille.   (B.)

Il avait été un des neuf conseillers exclus lors du rétablissement
du Parlement après sa suppression en 1540. Condamné d'abord à la
peine de mort, puis, par grâce, au bannissement pour malversa-
tions dans ses fonctions, dégradé en l'audience publique et solen-
nelle du 21 février 1541, dix-sept ans après il est, cependant, rétabli
en son office, malgré les résistances des gens du Roi et d'une partie
des membres du Parlement (Floquet, t. II, p. 46, 77 à 81).

Voir les détails de l'exécution de la sentence de dégradation dans :
Deux Chroniques de Rouen..., publiées par A. Héron pour la
Société de l'Histoire de Normandie. Rouen, 1900, in-8⁰, p. 161-162.

En 1577, un sieur Le Marchand de Chavoy du Gripon, coupable
d'assassinat, bénéficie du privilège de saint Romain (Floquet, *Histoire du privilège de saint Romain*, Rouen, 1833, 2 vol. in-8⁰, t. II,
p. 432).

XXVII

NICOLAS PANIGAROLE, de Gênes.

Monsʳ Chandelier dict qu'il estoit de Gênes, et, quoy
qu'estranger, n'ignoroit pas l'usage de Normendie.

Il fut receu le 15 de décembre 1525 et mourut le 15
(ou 16) de febvrier 1547.

Monsʳ Chandelier dict qu'il estoit conseiller clerc et,
néantmoins, en la liste du 12 de novembre 1526, il est
employé comme conseiller lay.

1540. — Il est un des conseillers délégués pour tenir les *grands
jours* à Bayeux (Floquet, II, 24).

Il paraît qu'il ne parlait pas le français. Il allait passer ses vacances
en Italie et y restait parfois six mois (Floquet, I, 454-455).

9 août 1549. — Mention de Augustin de Panigarolle, fils de feu

Me Nicole de Panigarolle, en son vivant conseiller en la Cour, léga-
taire universel de ses meubles (M. de Beaurepaire).

XXVIII

JEAN ODOART, Dauphinois, conseiller lay,
s^r de la CHOPILLARDIÈRE

*De gueulles à 3 molettes d'or; au
chef d'or chargé d'un léopard
de sable.*

Il fut pourveu du dict office au lieu de Jacques Morise
et présenta ses lettres le 7 de may 1527, et fut receu le
10 du dict mois, ce que j'ay veu par le registre. De sorte
que M. Chandelier s'est mespris l'ayant mis après les cinq
qui sont cy après insérés en ce receuil.

Monsr Chandelier dict qu'il estoit versé aux langues, et
que ses voyages luy avoient acquis grande expérience; et
que, depuis, il fut transféré au Parlement de Paris.

Pierre Du Four luy succéda au dit office de conseiller
en 1554, selon M. Le Febvre; et fut le dict Odoart, conseiller au Parlement de Paris (arrest d'audience du 8 de
fevrier 1543 et 12 du dict mois).

Le registre de la Court des Aides, novembre 1539,
porte deffenses d'obéir au dict Odoart se disant commissaire du Roy pour la réformation des esleus, jusques à ce
qu'il eût présenté à la dicte Court sa commission.

(Suit la généalogie).

« Il estoit fils de Pierre Odoart, capitaine de Pisances, en Dauphiné, et de Anceline de la Combe. Il épousa M   d'Estats
et eut trois fils : Nicolas, s^r du Hazey et de Bosroger, Jean, et
Georges, s^r de Buy. »   (B.)

XXIX

DENIS DE BRÉVEDENT, conseiller clerc.

*D'argent aux 3 nilles ou fers de
moulin de sable, au chef d'azur
chargé de 5 besans d'or.*

Il fut reçeu le 18 de may 1527, au lieu de Pierre Mélicourt, ainsi que j'ay veu par le registre. Il estoit d'auprés
de Cormeilles en la viconté du Pontaudemer, d'autres
disent de Nogent-le-Rotrou. Il mourut le 12 de juillet
1542, ayant résigné auparavant son office, dès l'an 1537,
à Jacques de Brèvedent, son frère. Il gist à S. Sauveur de
Rouen, dans le cœur, avec épitaphe et effigie. Cette famille
a esté accreue en biens par la protection de Diane de Poic-
tiers, duchesse de Valentinois ; aussy, en la maison de
Jacques de Brèvedent, lieutenant général, située en la
parroisse de S. Sauveur, rue du Vieil-Palais, les armes
de Brézé y sont en plusieurs endroicts. Le dict Jacques
de Brèvedent fut anobly par lettres vérifiées en la
Chambre des Comptes de Rouen le 20 de juin 1552 et en
la Court des Aides le dernier du dict mois et an.

(Suit la généalogie).

Il est qualifié curé de Saint-Spire. Son ascendance n'est pas spé-
cifiée.   (B.)

27 mars 1534 (v. s.). — Le sieur de Saint-Spire, conseiller du
Roi, offre au Chapitre de la Cathédrale, de la part de la veuve du
sénéchal de Brézé, une précieuse chape de drap d'or à champ blanc,
avec armoiries (*Inv. des Arch. de la S.-Inf.*, G. 2154).

1528. — Il achète un tènement de maisons sises paroisse Saint-
Vivien..., charges et conditions du marché. — Il est qualifié au-
monier ordinaire du roi de Navarre et sr de Vanecrot (Id., *Ibid.*,
G. 9000).

Il était seigneur de Vanecroq et abbé de Saint-Spire. V. son épitaphe dans Farin, IV, 293.

XXX

JEAN DE CORBIE, conseiller clerc.

D'or, à 3 corbeaux de sable, membrés et béqués de gueulles.

Il fut pourveu du dict office par la résignation de Christophle de Marle, mais il ne présenta point ses lettres et résigna à Estienne Bernard, qui est ensuite.

Arnauld de Corbie fut Premier Président au Parlement de Paris, puis Chancelier de France soubs Charles VI, en 1393 ou 1402, selon Le Féron, du quel sont tirées les armes icy employées.

Guillaume de Corbie, conseiller au Parlement de Paris en 1458, puis Président au dict Parlement.

(Suit la généalogie).

Il ne paraît pas y figurer, à moins qu'il ne soit un Jean de Corbie, sr de Jaigny, qui épousa Antoinette Le Toillier, dit de Guillebon, dame d'Anguivilliers.

XXXI

ESTIENNE BERNARD, sr de la COURT,
d'Orléans, conseiller clerc.

Il fut pourveu par la résignation de Jean de Corbie, ainsi que le portent ses provisions insérées aux registres de la Court, et fut receu l' 11 de febvrier 1527 (Voyez arrest d'audience du 13 du dict mois et an).

Monsr Chandelier dict qu'il estoit homme de bien et sçavant et mourut jeune.

Il est le dernier conseiller employé en la liste du registre finissant le 17 de juillet 1528, et exerçeoit encor le dict office le 16 d'aoust 1632 [lis. 1532]. Il n'est point employé en la liste du registre commençant le 16 d'avril après Pasques 1537.

Il estoit gendre de M. le Président Feu et fut parrain d'Emery Bigot, Président au Parlement de Rouen.

Pollet Bernard, procureur du Roy à Gisors (Eschiquier 1424).

Gautier Bernard, advocat (Caux, Eschiquier, ibid.).

Thomas Bernard, sergent [?] de bois (1), au bailliage de Caux (Eschiquier 1463).

Comptes de la fabrique de Saint-Laurent de Rouen, 1532-1533. Mention de l'inhumation de feu Me Etienne Bénard, sieur de la Court, et conseiller du Roi (*Inv. des Arch. de la S.-Inf.*, G. 6800).

3 mars 1541 (v. s.). René de Laigle, docteur en médecine, et Allain Bazin, apothicaire, certifient que depuis un an, demoiselle Marie Feu, veuve de Me Estienne Besnard a été continuellement malade d'une emtoricque? (M. de Beaurepaire).

4 juin 1545 et 22 mai 1549, tabellionage de Rouen, meubles. Mention de Marie Feu, sa veuve (M. de Beaurepaire).

XXXII

RAOUL BOULLENC, sr de GRISOLLES,
conseiller clerc, de Rouen.

*De gueulles à la fasce d'argent chargée
de 3 tourteaux d'azur, accompagnée
de 3 pommes de pin d'or.*

Monsr Chandelier dict qu'il estoit fils puisné de Simon Boullenc, conseiller, duquel il imita les actions vertueuses, et frère de Jacques Boullenc, conseiller au Parlement de Paris (Voyez cy-dessus leur généalogie, seconde partie, nombre XVII).

(1) Il semble y avoir au ms. sergt; faudrait-il lire seigneur du Bois ?

Il fut receu, en 1552, commissaire aux requestes du Palais au lieu de Robert de la Masure.

Il mourut à Grisolles, le 29 de may 1553. Claude Boullenc, son nepveu, succéda à son office, selon M^r Le Febvre.

Grisolles (Glisolles, arrondissement d'Evreux, Eure).

6 février 1531. — La cure de Sainte-Marie-la-Petite, de Rouen, est conférée à Raoul Boullenc, conseiller au Parlement, puis, sur sa résignation, elle est conférée, en janvier 1532, à Jacques Valles (M. de Beaurepaire).

Juin 1538. — Mention de Raoul Boullenc, chanoine d'Evreux, conseiller au Parlement (*Inv. des Arch. de la S.-Inf.*, G. 4772).

1540. — Il est un des conseillers délégués pour tenir les *grands jours* à Bayeux (Floquet, II, 24).

1er février 1546. — Le chanoine Masselin est nommé à la cure de Saint-Martin d'Oissel, vacante par le décès [?] de Raoul Boulleng, conseiller du Roy (Id., ibid., G. 2159).

Sur sa harangue aux obsèques du Président Feu (V. Floquet, I, 463).

XXXIII

ESTIENNE PATRIS, docteur ès-droicts, conseiller lay, de Narbonne.

Monsr Chandelier dict qu'il estoit de Narbonne et fit ce qu'il peut pour apprendre l'usage de Normendie.

M^r Le Febvre remarque qu'il estoit docteur ès-droicts et lecteur ordinaire en l'université de Caen et estoit conseiller lay.

Aux registres des Aides, avril 1524, est parlé du dict Patris, docteur ès-droicts, et de Jeane Fournier, sa femme. Et le 21 de novembre 1536, il est parlé d'une information qu'il fit par commission de la dite Court des Aides.

Il mourut la veille ou le jour de Noël 1548, selon Mrs Chandelier et Le Febvre.

Me Claude Patris, advocat en la Court, appelant du bailly de Caen à Bayeux (arrest d'audience du 25 de may 1568).

(Suit la généalogie).

Il épousa Jeanne Fournier, sœur de Robert, baron de Tournebu, et eut un fils, Claude, conseiller au présidial de Caen, et une fille. « On dict que les dicts Fournier estoient de basse extraction et anoblis, et que Jacques père de Robert eut la teste tranchée [?], et avoit espousé......., fille de ...... et de .... d'Arc, de la famille de la Pucelle d'Orléans. »   (B.)

Le cardinal d'Amboise, nommé par le Roy à l'office de garde du scel de la chancellerie du Parlement de Rouen, délégua Etienne Patrys pour exercer ladite charge, aux gage de 100 l. t. par an. Sa veuve, Jeanne Le Fournier, eut plus tard un procès au sujet de cet office avec les exécuteurs testamentaires du cardinal d'Amboise (*Inv. des Arch. de la S.-Inf.*, G. 963).

Sa veuve demeurait sur la paroisse Saint-Nicolas, à Rouen. Le cardinal d'Amboise lui donne, par son testament, 100 écus d'or qui lui étaient dus (M. de Beaurepaire).

23 février 1543 (v. s.). — Il est un des délégués du Parlement à une assemblée du conseil de ville, au sujet de la police des pauvres (*Inv. des Arch. municipales*, I, 157).

XXXIV

ANTOINE POSTEL, s^r des MINIÈRES,
conseiller lay, de Rouen.

D'argent au post ou pilier de synople,
accompagné de 3 trèfles de mesme.

Il fut receu conseiller par la résignation de Thomas

Postel son père, le 24 de novembre 1528, à l'occasion duquel il a esté cy-devant parlé de leur famille. Première partie de ce livre, nombre XXX.

Mons' Chandelier dict qu'il estoit de noble naissance, et qu'ayant imité les vertus de son père, il fût calumnié vers le Roy.

Il fut l'un des commissaires députés par le Roy pour tenir à Rouen la chambre criminelle, lors de l'interdiction du Parlement, en 1540, et y assistr'a encor en novembre au dict an. Touttesfois, en conséquence des informations faictes contre luy, il fut l'un de ceux aus quels l'entrée du Parlement fut interdite lors du restablissement d'iceluy en janvier 1540, et luy fut son procès faict par contumace et il se retira en Allemagne.

Et en 1543, il se présenta au conseil, et fit revoir le dict procès et fut deschargé des dites accusations, et obtint lettres de restablissement en sa charge, causées mesmes des services qu'il avoit rendu au Roy en Allemagne; lesquelles lettres furent registrées au Parlement le 5 de febvrier 1543 les chambres assemblées; et portent les dites lettres (des quelles j'ay une coppie), que ses gages luy seront payés, escheus pendant son interdiction, et taxent M. le Chancelier Poyet de luy avoir osté les moyens de se justifier.

Mons' Le Febvre dict du dict Antoine Postel : *Si ceciderit non collidetur.*

Il fut l'un des parrains d'Emery Bigot, Président au Parlement de Rouen.

Au registre de l'audience du 5 de febvrier 1543, sont insérées les dictes lettres de restablissement, du 26 de janvier 1543, ensemble l'arrest interlocutoire sur lequel elles furent données, du 19 de décembre [Date illisible].

Le dict Antoine Postel fut aussy commissaire aux

requestes du Palais lequel [office] il résigna à Rolland Trexot qui y fut receu en may 1552, selon le registre.

Il fut commis, par arrest du 6 d'avril 1551 avant Pasques, pour, avant que de procéder au registrement des lettres accordées aux habitans de la ville Françoise du Hàvre de Grâce, informer de la commodité ou incommodité de la nouvelle construction de la dite ville.

Par lettres du 25 avril 1556, régistrées le 12 de may au dict an, il fut commis pour le restablissement de la haute justice de Noyon-sur-Andelle faite en faveur du connestable de Montmorency, nonobstant le contredict de la duchesse de Ferrare.

Il est qualifié sieur des Minières, du Cormier, du Colombier et de Sainte-Marthe. Il épousa Isabeau Le Barge dont il eut trois fils : Jean, mort sans hoirs; Guillaume, official à Evreux, et Antoine, qui épousa Charlotte Henry, fille du sieur du Vieux-Conches.

Il git à Saint-Laurent de Rouen.   (B., fo 61).

Sur ses aventures étranges et en partie fabuleuses, V. Floquet, II, 64-76.

Il demeurait rue de l'Ecole, paroisse Saint-Laurent (M. de Beaurepaire).

1558-1559. — Comptes de la paroisse Saint-Vivien. « Pour les aornements qui servirent pour l'enterrement de Monsr Postel et pour la tombe » (M. de Beaurepaire).

XXXV

JACQUES DANIEL, sr du BOISDANEMETS, conseiller lay.

De gueulles à la bande d'or, chargée de 3 molettes de sable, accompagnée de 2 lions d'or, 1 en chef, 1 en pointe.

Il fut reçeu conseiller lay en 1528 ou 1529.

En 1543, le 1ᵉʳ de mars, il fut receu **Président** aux requestes du Palais lors de l'establissement de la Chambre, et eut lettres de dispense de ce qu'il avoit payé pour ce subject au Roy 12 cens escus (registre); et fut depuis Président au mortier en 1555, ainsi qu'il a esté remarqué en son lieu où il a esté plus particulièrement parlé de sa personne et famille.

Par arrest d'audience du 11 d'aoust 1553, le dict Daniel, en qualité de conseiller clerc, opposa à la réception de Denis du Val à l'office de conseiller clerc dont il estoit pourveu au lieu de Louis Bonenfant, s. de Magny.

Il était fils de Jacques Daniel, sʳ du Boisdanemets, conseiller au Parlement de Paris en 1490, conseiller en l'Echiquier de Normandie en 1497, et d'Anne de Mestrecolle.

Il avait épousé Jeanne de Marle, fille de Jean de Marle, conseiller et secrétaire du Roi et général des monnaies. Il eut un fils, Jacques, conseiller au Grand-Conseil et grand rapporteur de France, et deux filles. Il mourut le 11 novembre 1568 et fut inhumé en l'église Sainte Geneviève de Vernon. Il était aussi seigneur de la Heaumière. (B., t. I, f⁰ 56).

5 décembre 1548. — Tabellionage de Rouen (meubles). Il donne procuration à sa femme pour aliéner la moitié par indivis de la seigneurie de la Guesdière à Sérens (M. de Beaurepaire).

En 1529, quoique marié, il est nommé, par dispense, conseiller clerc (Même provenance).

1540. — Il est un des conseillers délégués pour tenir les *grands jours* à Bayeux (Floquet, II, 24).

V., sur les griefs soulevés en 1562, au sujet de ses opinions religieuses, et sur ses explications, Floquet, II, p. 418-421.

XXXVI

ROBERT RAULIN, sʳ de LONGPAON et du fief de la GEOLLE, conseiller lay.

D'argent à la bande de gueulles, accompagnée de 3 molettes de sable.

Il fut receu le 3 d'aoust 1529.

Monsʳ Chandelier dict qu'il fut successeur de l'office et vertus de ses prédécesseurs. Sa généalogie est cy-devant, nombre VII.

En 1540, il fut destitué de sa charge, selon M. Le Febvre, lequel, en 1542, remarque *translationem dominorum* de Manneville, Raulin, et Harnois *in camera Puellarum juxta Rothomagum*. Le dict sʳ Le Febvre remarque qu'il fut restitué à sa charge le 19 d'avril 1543. Les lettres de restablissement, insérées au registre d'audience du dict jour, sont du 29 de mars 1542.

Il mourut le 19 de febvrier 1565, estant lors doyen du Parlement (Registre des enquestes).

Il avoit acquis une maison située à Caudebec, de Nicolas Des Mares, sʳ du lieu et du Bosc-Guillebert, affectée à 30 l. t. de rente vers Gilles des Hayes, sʳ de Tournebu, la quelle depuis fut eschangée par le dict sʳ de Longpaon contre des maisons de la parroisse de S. Laurens de Rouen, appartenans à Christophle Bigot sʳ de la Turgère (V. arrest d'audience du 1ᵉʳ de febvrier 1543).

Par arrest du 23 de janvier 1561 (audience), il fut ordonné, à la réquisition de Damours, advocat général, que la qualité donnée au dict Raoulin de procureur du duc d'Aumalle, seroit rayée, veu que le Roy seul plaide par procureur.

Il vendit audict duc d'Aumalle les terres de Longpaon, la Geolle et autres.

Il gist à Ste Croix-S.-Ouen, en la quelle parroisse sa vefve a faict plusieurs fondations.

Il était fils de Robert Raulin, procureur du Roy au bailliage de Rouen, mort le 13 octobre 1521, et de Laurence de Saint-Laurens, dame de Hartemare.

Il est qualifié sieur de La Geolle, Longpaon, le Plessis et Vibeuf (1), et épousa : 1° Marguerite de Manneville, fille de Nicolas de Manneville, bailli de Dieppe ; 2° ...... du Mouchel ; 3° Anne de Civile, sœur d'Antoine, conseiller au Parlement de Rouen.

Il mourut sans hoirs.   (B., f° 119.)

Il est aussi qualifié sieur de la Motte et de Haltemare. 13 avril 1552, il est exécuteur du testament de Geneviève Aoustin, sa belle-mère (M. de Beaurepaire).

3 avril 1537. — Il est un des délégués qui iront vers le Roi pour solliciter une réduction des contributions demandées à la ville de Rouen (*Inv. des Arch. municipales*, 1, 147).

Février et mars 1544 (v. s.). — Il est chargé d'une enquête au sujet d'un scandale reproché à la confrairie des conards de Rouen (*Inv. des Arch. de la S.-Inf.*, G. 2158).

1548. — Il est délégué par le Parlement, avec le conseiller Bonshoms, pour aller exposer à Boos, à l'amiral d'Annebaut, les griefs du Parlement ; scène très vive, racontée par Floquet, t. II, p. 135 et s.

1562. — Il est encore un des délégués envoyés, après l'assassinat de Mustel de Boscroger, vers le maréchal de Vieilleville, et indignement traités par lui (*Id.*, ibid., p. 494 et s.).

Il était un des membres du Parlement les plus ardents contre les protestants (*Id.*, ibid., p. 295 et *passim*).

1562. — Les religionnaires dévastent et démolissent, à Darnétal, sa maison seigneuriale dont il portait le nom (Floquet, II, 397).

(1) Peut-être : *Ribeuf*, seigneurie qui appartenait, en 1503, aux de Manneville, d'après le *Registre des fiefs du bailliage de Caux*.

XXXVII

ROBERT DE CROISMARE, Sʳ de LIMÉSY, conseiller lay.

D'azur au lion passant d'or ; et, pour briseure, une croisette d'or posée en chef sur la teste du lion.

Le registre des enquestes porte qu'il fut receu conseiller par la résignation de Pierre de Croismare, son père, le 12 (ou 13) de novembre 1529.

Il acquist du sʳ de la Haye, sʳ de Linciot, la terre de Croismare.

Le 27 de may 1549 furent leues lettres du Roy par lesquelles le dict de Croismare et cinq autres conseillers furent tenir le Parlement de Bordeaux et en revindrent au mois de janvier ensuivant. (M. **Le Febvre**, t. II, p. 165.)

Monsʳ Chandelier dict qu'il estoit trop indulgent aux criminels.

Il mourut le 17 de septembre 1561 et fut inhumé à S. Laurens à Rouen.

Il a esté cy devant parlé de sa famille, seconde partie [du livre premier], nombre XXIII.

Il était fils de Pierre de Croismare (dont la notice est plus haut, p. 76).

Il épousa .... Austin, fille de Jean Austin.

Il eut de nombreux enfants : trois fils, dont un, Adrien, sieur de Limésy, conseiller au Parlement de Rouen, puis Premier Président de la Cour des Aides (lesquels trois fils n'eurent pas d'enfants), et plusieurs filles.   (B., t. I, fº 60, vº.)

1537-1538. — Il est un des trésoriers de la paroisse de Saint-Laurent de Rouen. — 1540-1541. — Il est inscrit au nombre des donateurs ; il y est dit sieur de Cailleville. (*Inv. des Arch. de la S.-Inf.*, G. 6800.)

Il paraît avoir été prince des Palinods de Rouen. (Guiot, t. II, p. 218.)

Il fut nommé par la Cour commissaire pour le fait des pauvres et de la peste à Rouen (1543). Nommé par la Ville trésorier des pauvres, il refuse cette charge à raison de ses fonctions de conseiller au Parlement; mais la Ville en réfère au roi pour faire maintenir son choix. (*La Commune de Limésy, Souvenirs......* recueillis par M. Bourel, Rouen, 1899, in-8°, p. 127, et *Inv. des Arch. municipales de Rouen*, I, 161.).

1540. — Il est un des conseillers délégués pour tenir les grands jours à Bayeux. (Floquet, II, 24.)

1544. — Lorsque François Ier fait taxer d'office les membres du Parlement, il est « mis en arrest » comme étant notoirement au nombre des plus riches de la ville. (Floquet, II, 99-100.)

En 1543, 1544, 1555, il est encore activement mêlé, avec le Conseil de Ville, aux mesures relatives à la peste, à la police des pauvres, à l'administration du bien des pauvres. (*Inv. des Arch. municipales*, I, pp. 157, 160, 183 et *passim*.)

V. son épitaphe dans Farin, IV, 379.)

XXXVIII

ESTIENNE BELOT, Auvergnac, conseiller clerc, puis Président aux requestes.

D'azur à la fasce d'argent accompagnée
de 3 roses d'or en chef, et une molette
de   , en pointe.

Il fut receu conseiller clerc le 16 de novembre 1529, selon la liste employée au registre des enquestes. Mons' Chandelier dict qu'il estoit d'Auvergne, qu'il estoit porté à l'espargne, mais à tort accusé de concussion.

Aussy, ayant esté destitué de sa charge en 1540, il y fut restably par lettres du 29 de mars 1542, registrées le 23 d'avril 1543, selon M. Le Febvre.

Le 20 d'octobre 1544, il fut receu à l'office de second Président aux requestes du Palais, de nouvelle création, et luy fut baillé un office de conseiller, *ad effectum* d'obtenir la dite présidence ; et attendu que ses lettres n'estoient seellées en cire verte en forme d'édict, il fut dict qu'elles seroient veues par la Court à la S. Martin, et ne fut receu que par provision, selon M. Le Febvre.

Le 23 (ou 27) d'octobre ou novembre 1555, il opposa à la réception de Nicolas Cavelier, s' d'Espinay, pourveu de l'office de Premier Président aus dictes requestes.

Il mourut en perte d'office peu après, et son office fut restably en faveur de Jacques de Bauquemare, s' du Mesnil, par édict vérifié le 22 de décembre 1575.

Jean Belot, receu conseiller au Parlement de Paris, le 19 mars 1540.

(*Suit la généalogie.*)

1548. — Comptes de la fabrique de Saint-Godard de Rouen. — « De M⁰ Estiénne Belot, conseiller et Président du Roy en la Court de Parlement, à présent propriétaire de la maison qui fut à deffunct noble homme maistre Pierre Vassor, en son vivant receveur commis à la recepte générale de Normendie, 20 s. » — 1558. Il est inhumé dans le chœur ; paiement fait par son neveu et héritier Antoine Belot. (*Inv. des Arch. de la S.-Inf.,* G. 6616.)

Il était prêtre. En 1551, il est mentionné comme propriétaire de l'hôtel qui fut Eude Le Brument, paroisse Saint-Godard, joignant la maison du Patriarche. (M. de Beaurepaire.)

XXXIX

EUSTACHE CHAMBON, s' de SOULLERRE,
de Paris, conseiller lay.

D'azur à la tour d'argent.

Il fut receu conseiller lay le 19 de novembre 1529 et a, depuis, esté conseiller au Parlement de Paris et [a] résigné son office de conseiller au Parlement de Rouen à Nicolas Harnois. (M. Chandelier, registres du Parlement.)

Il exerçeoit encor au Parlement de Rouen le 16 d'avril après Pasques 1537, comme on voit par la liste du registre commençeant le dict jour.

Il fut receu conseiller au Parlement de Paris en 1530 selon Blanchart qui luy donne les armes cy employées, et donne les mesmes à Jean Chambon, receu conseiller au dict Parlement en 1454.

Le dict Eustache espousa Marie Thiboust, fille de Marie (*sic*) Thiboust, conseiller au Parlement de Paris. (Blanchart, p. 130.)

XL

CHARLES DES DORMANS, de Paris, conseiller lay.

D'azur aux 3 testes de léopard d'or
lampassées de gueulles.

Il succéda au dict office à Jean son frère et fut receu le dernier de décembre 1530 selon M. Chandelier, ou le dernier de mars selon M. Le Febvre. Il fut depuis conseiller au Parlement de Paris, et n'est point employé en la liste du registre commençeant le 16 d'avril après Pasques 1537.

En la chapelle du collège de Beauvais, à Paris, est escript en pierre du costé de l'Evangile : Noble homme et sage Messire Charles de Dormans, conseiller du Roy en sa Court de Parlement, en ensuivant la dernière volonté de feu noble homme et sage Messire Guillaume de Dormans, chevalier et premier Président au Parlement de Bourgongne, son père, petit-nepveu de feu Messire Guillaume de Dormans, chevalier, chancelier de France, père de

Messire **Miles**, évesque de Beauvais et Guillaume, archevesque de Sens, inhumés en cette chapelle, a donné 8 l. t.
de rente pour dire à tousiours deux saluts, suivant les
lettres passées devant Nostre ? et Camus notaires au
Chastelet de Paris le 1er jour de janvier 1570 estant au
thrésor de ce collège.

Il épousa Jacquette Le Coq, fille de Nicolas Le Coq, Président
en la Cour des Aides de Paris, et n'eut qu'un fils, Charles, maître
ordinaire en la Chambre des Comptes de Paris.

(B., f° 148.)

XLI

LOUIS PETREMOL, de Rouen, sr de St ENTIN.

*D'azur au chevron d'argent accompagné
de 2 coquilles d'or en chef, et un lion
d'or en pointe.* Ms. A, p. 310.

Il fut receu conseiller clerc le dernier de juin 1531, et,
depuis, conseiller lay le 14 de janvier 1537, et Président
aux enquestes le 27 de mars ou 6 de juin 1543, et Président au mortier le 2 de décembre 1549, comme il a esté
plus particulièrement remarqué au livre I, seconde partie,
nombre XVIII, où il est parlé de sa famille (1).

XLII

ESTIENNE PONCHER, de Paris, clerc.

*D'or, au chevron de gueulles accompagné
de 3 coquilles de sable, l'escu chargé en
poincte d'une teste de more de sable,
tortillée d'argent.*

L'ordre des temps me fait présumer qu'il estoit fils

(1) Ci-dessus, p. 49.

d'Estienne Poncher, receu en 1500 conseiller au Parlement de Paris, auquel Blanchart donne les armes cy employées. Il fut receu conseiller clerc le 22 de novembre 1531, selon M. Le Febvre, ou 1532, selon M. Chandelier.

Il n'est point employé en la liste du registre commençant le 16 d'avril après Pasques 1537, ce qui faict congnoistre qu'il n'exerçoit plus le dict office de conseiller au Parlement ; aussy M. Le Febvre remarque qu'en 1535 Estienne Mifant fut receu en son lieu.

Monsr Le Febvre dict qu'il fut depuis conseiller au grand Conseil ; M. Chandelier dict qu'il fut maistre des requestes de l'hostel du Roy, et le loue de sa naissance et vertu, ce qui, joinct au lieu de son origine, me faict croire qu'il estoit de la famille d'Estienne Poncher, évesque de Paris et archevesque de Sens, garde des seaux de France soubs Louis XI, qui eut pour successeur au dict évesché de Paris François Poncher son nepveu. Le Féron adjouste que le dict Estienne Poncher, garde des séaux, fut aussy chancelier de Milan et de l'Ordre de S. Michel, homme de bonne vie, grande doctrine et expérience, et mourut en grand honneur et réputation soubs François Ier et luy donne les armes qui sont cy employées.

Le roy François Ier avoit engagé le domaine de la viconté d'Orbec à Louis de Poncher, chevalier, sr de Mincy, thrésorier de France, par 40 mil l., dont depuis ils furent remboursés et le dict domaine revendu à titre d'engagement à Me Claude de Hacqueville, maistre des Comptes à Paris, suivant les lettres du Roy, registrées au Parlement de Rouen, le 7 de febvrier 1543.

Estienne Mifant succéda en 1535 au dict office.

La sépulture de cette famille est à S. Germain l'Auxerrois, au costé droict du cœur où sont leurs armes, tant en verre qu'en pierre, avec un tombeau, effigie et épitaphe, le chevron chargé d'une teste de sable.

Estienne Poncher, maistre des Comptes à Paris, espouse .... Hennequin. (B., III, 15.)

Catherine Poncher, femme de Nicolas Herbelot, sr de Ferrières, maistre des Comptes à Paris. (Blanchart, p. 341.)

François Poncher, receu en 1510 conseiller au Parlement de Paris, portoit les armes cy employées, mais il brisoit le chevron en poincte d'une teste de nègre de sable. Il fut depuis évesque de Paris en 1519 et mourut le 12 de septembre 1532; gist à Nostre-Dame de Paris. Peut-estre qu'il estoit frère puisné d'Estienne, conseiller en 1500.

La généalogie contenue aux feuilles suivantes m'a esté donnée par le sieur d'Hozier.

S. M., t. II, p. 344, col. 1 : *Stephanus Poncher, dominus d'Esclimont abbas S^d Petri Vivi Senonensis ex libellorum supplicum ministerio, ad sedem Baiocensem pervenit; post excessum Augustini Trivultii ad sedem Turonensem promoti ??* 1550.

(Suit la généalogie des Poncher, de Paris, sur laquelle le conseiller ne figure pas.)

XLIII

JACQUES MESNAGE, sr de GAGNY, près Caen, conseiller clerc.

D'azur au lion d'argent (ou d'or), au chef d'argent chargé de 3 besans de gueulles ou quilles de sable.

Aucuns le nomment Jacob Mesnage, et d'autres, par erreur, Jean Mesnage. Il estoit docteur à Caen, et fut

receu conseiller clerc le 21 de décembre 1531, selon
Monsr Le Febvre, ou le 23 de décembre 1532, selon
Monsieur Chandelier. Il fut interdict en 1540 et remis en
sa charge par lettres du mois d'aoust 1542, selon le dict
s^r Le Febvre.

Monsr Chandelier dict qu'il fut depuis maistre des requestes de l'hostel du Roy. M^r Le Febvre adjouste qu'il
fut ambassadeur en Suisse, en Escosse et vers l'Empereur,
et Président, ce qui se confirme, en partie, par le registre
de la Court des Aides du dernier de janvier et 10 de
febvrier 1549 où est parlé de ses lettres d'anoblissement
qui confirment ce que dessus.

Il mourut le 7 ou 8 de novembre 1551, selon le dict
s^r Le Febvre, et gist à S. Laurens, selon le livre d'épitaphes qui est chez M. de Sommesnil, auquel il est qualifié maistre des requestes.

Le registre de la Court des Aides du 7 de janvier 1595
[*sic*] porte que Pierre Mesnage, chanoine à Rouen,
fut receu général en la dite Court au lieu de Jean Bohier,
et [il est] aussy employé comme général au registre du
mois de juin 1498; et, en décembre 1506, Jean de Croismare fut receu au dict office par la résignation du dict
Mesnage.

Encor que le dict Jacques Mesnage soit cy-dessus qualifié conseiller clerc, si es ce que, par les lettres de provision de Baptiste Chandelier, receu en 1556 au lieu du
dict Mesnage, il est nommé conseiller lay, et est dict que
le dict office avoit esté supprimé par la mort du dict
Mesnage; et, touttes fois, si il a esté maistre des requestes,
il auroit vaqué non par mort, mais par sa promotion au
dict office de maistre des requestes.

Demoiselle Catherine Mesnage, vefve de Nicolas Roussel s^r de Matonville, en eut, entrautres enfans, Marie

Roussel, héritière en partie de son père, mariée à Jacques Deschamps, s^r de Grandmare. D'un autre mariage, la dite Mesnage eut Thomas de Belleau (arrest d'audience du 10 de may 1607, où il s'agist du décret des héritages de la dite Mesnage poursuivy devant le bailly de Longueville).

Le dit Jacob Mesnage fut ambassadeur en Escosse et traita le mariage de M. le Daufin avec la reine Marie. Il est nommé par M. de Thou *Jacobus Œconomus*.

Lettre du dict s^r Mesnage imprimée dans le recueil du s^r Ribier lieutenant général de Blois (1).

(*Suit la généalogie.*)

« Il avoit espousé Marie de Croismare qui le survescut. » (Arrest d'audience 19 may 1555.) (B.)

Il est inscrit comme donateur aux comptes de la fabrique de Saint-Laurent de Rouen (1540-1541). (*Inv. des Arch. de la S.-Inf.*, G. 6800.)

Il est qualifié sieur de Maromme dans un acte du 15 juin 1538. Il avait été régent en l'Université de Caen, et avocat du roi au Bailliage de Caen, siège de Bayeux. Ses lettres de noblesse sont datées de Fontainebleau, décembre 1549. (M. de Beaurepaire.)

V. son épitaphe dans Farin, IV, 378.

8 janvier 1583 (tabellionage de Rouen, meubles). — Mention de Guillaume Mesnage, sieur de Cany, fils et héritier de feu noble homme Jacques Mesnage, conseiller au Parlement de Rouen et maître des requêtes de l'hôtel. (M. de Beaurepaire.)

(1) Cette phrase est d'une écriture plus récente. La lecture du ms. donne plutôt Ribore que Ribier.

XLIV

PIERRE LE LIEUR, s^r du BOSGOUET,
conseiller lay.

D'or à la croix endentée de gueulles, cantonnée
de 4 testes de léopard d'azur.

Il a esté parlé de sa généalogie à l'occasion de Pierre
Le Lieur, son père, conseiller en 1499, en la première
partie de ce livre, nombre XXVII (1).

Il fut destitué de sa charge en 1540 et restably le
2 d'avril 1543, suivant ses lettres du 18 de mars au dict
an qui portent qu'il avoit esté receu 12 ans auparavant.
Enfin il fut privé de la dite charge à cause de l'aliénation
de son esprit ; et l'ayant résignée à Jean Le Lieur son
fils, il mourut au monastère des Augustins le 13 (ou 14)
de febvrier 1548, selon Mrs Chandelier et Le Febvre.

Le registre des enquestes du 26 avril 1543 porte qu'il
prit congé de la Court pour aller poursuivre la répétition
de ses gages. En la liste du registre commençant en 1537,
il est nommé avant René des Buats, ce que nous avons
suivy, encor qu'en la liste du ms. A, p. 227, il soit nommé
après le dict des Buats.

Il eut plusieurs enfants, au nombre desquels Jean, conseiller au
Parlement de Rouen, en 1549, puis au Parlement de Paris en 1552,
Guillaume, et plusieurs filles.   (B., f° 57.)

Sur Pierre Le Lieur, ses excentricités, sa folie, sa situation pécu-
niaire, voir : *Deux Ventes sur saisie de la seigneurie du Bosgouet au*
XVIe siècle, dans *Précis des travaux de l'Académie des Sciences, Belles-*
Lettres et Arts de Rouen (année 1901-1902). Rouen, 1903, in-8°,
p. 260-269.

M. de Beaurepaire a bien voulu communiquer et permettre de
reproduire ici la procuration, très curieuse et très détaillée, par

---

(1) V. ci-dessus, p. 93.

laquelle le conseiller Le Lieur, interné au couvent des Augustins, résignait, quelques mois avant sa mort, son office en faveur de son frère et non de son fils :

« Nous Guillaume Le Lieur, curé de S. Aignan, frère de Mᵉ Pierre Le Lieur, conseiller du Roy en sa Court de Parlement à Rouen, et Charles Le Grand, sʳ de la Haye, beau-frère dudit Mᵉ Pierre Le Lieur et Richard Brelont et Pierre Houssaye commys pour servir audit Mᵉ Pierre Le Lieur avecques un autre, attestons avoir esté présens, le XIᵉ jour d'octobre 1548, au lieu et relligion des Augustins dudit Rouen où pour lors estoit demourant ledit Mᵉ Pierre Le Lieur, par le consentement et advis de ses parens et amis, à raison de l'indisposition de sa personne, au quel lieu et relligion des Augustins ledit maistre Pierre Le Lieur, de son bon gré et volonté, et de sens bon et rassis, ledit jour à heures de 7 heures de matin, passa procuration pour résigner soubs le bon plaisir du Roy son office de conseiller lay en ladite Court de Parlement de Rouen à Mᵉ Jeh. Le Lieur son frère ; et mesmes attestons que la forme de la résignation feut telle : sçavoir est que ledit maistre Jeh. Le Lieur dict audit Mᵉ Pierre Le Lieur ces parolles : « Mon frère « vous m'avez plusieurs fois parlé de me résigner votre office de « conseiller je me délibère de me retirer en brief en la Court sy « vous y voulez entendre et continuer ceste bonne volunté envers « moy, je vous prierois voluntiers que ce fust avant mon parte- « ment » ; et alors ledit Mᵉ Pierre Le Lieur respondit audit Mᵉ Jeh. Le Lieur telles paroles ou semblables : « Mon frère je congnoy « l'amytié que vous m'avez portée, et que mes paouvres enffans « ont bien besoin de votre aide et que ferez bien cest estat, pourtant « je vous prie envoiez quérir des tabellions. » Lors feurent envoiez quérir deux vieilz tabelions les quels dirent ces parolles audit Mᵉ Pierre Le Lieur : « Monsʳ pourquoy nous avez vous envoiez « quérir ? » aus quels respondit ledit Mᵉ Pierre Le Lieur : « Pour « passer procuration de mon office en la faveur de mon frère maistre « Jehan Le Lieur présent, mais je n'entens rien faire que soubz le « bon plaisir du Roy mon souverain seigneur. » Et davantage dist aus dits tabellions : « Laissez-moy faire, je feray bien la procu- « ration. J'en ay faict d'autres. » Auquel lesdits tabellions dirent :

« Monsr, laissez-nous la faire et puis nous vous la monstrerons pour
« y mettre ou oster ce qu'il vous plaira. » Et alors l'ung des tabellions escripvict et feist ladite procuration. Ledit maistre Pierre
Le Lieur estant assis auprez de luy appuyé sur la table et regardant
escripre ledit tabellion. Puis ladite procuration faicte et accomplie
ledit tabellion dist de rechef audit Me Pierre Le Lieur : « Monsr,
« sçavez-vous bien ce que vous faictes? Vous vous despouillez de
« votre office de conseiller en faveur de votre frère Me Jehan
« Le Lieur. » — « Ouy, dist ledit Me Pierre Le Lieur, je l'entens
« ainsy et ainsy le veulx. » Puis de rechef luy dist ledit tabellion :
« Il vous plaira entendre la lecture et teneur de ladite procuration. »
Et l'ung des dits tabellions luy leust ladite procuration. Puis ledit
Me Pierre Le Lieur, de luy mesmes dist : « Donnez-moy la plume
« que je signe. » Et lors sygna ladite procuration. Puis lesdits tabellions se partirent, et demourasmes plus d'une heure après avecques ledit Me Pierre Le Lieur, le quel nous tint plusieurs bons
propos avecques aussy bonne raison que ung autre qui n'avoit aucune indisposition; et, pour certain, ordinairement l'avons veu plusieurs fois avant disner parler en homme de bonne raison et de bon
propos, mais après disner ayant le cerveau débile ses propos estoient
bien différens à ceux du matin. En vertu de quoy nous avons signé
ceste presente de noz seingz. Fait l'an et jour dessus dits.

« Charles LEGRAND.

« J. LE LIEUR.

« HOUSSEY. »

(Tabellionage de Rouen, meubles). — (Communiqué par M. de
Beaurepaire.)

Lorsque Jean Le Lieur présenta sa requête pour être reçu
(5 juillet 1549), le Procureur général s'opposa, tant à raison d'un
édit de suppressions d'offices, que parce que le cédant n'ayant pas
son bon sens, le pourvu devait prouver qu'il l'avait, au moins, par
intervalles. (M. de Beaurepaire.)

XLV

RENÉ DES BUATS, conseiller clerc, de la
Basse-Normendie, prieur de Cléville-en-Caux.

*D'argent à la bande de gueulles, et
6 merlettes de mesme.*

Il succéda à Guillaume Calenge, le 26 de novembre
1633 [lis. 1533], selon M. Le Febvre.

Monsr Chandelier dict que c'estoit un jeune homme de
grande espérance.

Le 7 de janvier 1550 il luy fut permis de desemparer
pour vaquer aux affaires de l'archevesché de Rouen et
abbaye de S. Ouen, suivant les lettres par luy obtenues.

Voyez les généalogies employées en la page suivante.

Il fut député pour remonstrer au Roy la conséquence
de la création nouvelle de 6 conseillers au Présidial de
Caen et autres jurisdictions de Normendie, laquelle fut
révoquée par lettres du 19 de janvier 1543 faisans
mention de la dite députation, registrées le 4 de mars
1543.

En un arrest d'audience du 21 de juin 1543, le dict
Desbuaz conseiller et Me Jacques des Buaz, viconte de
Falaise, héritiers de Me Antoine Desbuaz. En un autre,
audience du 23 du dict mois, le dict Jacques Desbuas viconte de Falaise héritier de Leonard Desbuaz s^r de
Berjou [?] lequel en un arrest du 26 d'aoust 1552 est employé comme exécuteur du testament de Jacques de Hare-
court abbé de Bellestoille.

Le 19 de janvier 1540, il demande congé d'aller à
Paris pour un procès qu'il avoit au grand Conseil, pour
le prieuré de Baupte. (Registre des enquestes.)

(Suit une généalogie en laquelle il ne figure pas.)

1543-1544. — Mention de René Desbus [*sic*], conseiller au Parlement, curé de Saint-Médard au doyenné de Bacqueville. (*Inv. des Arch. de la S.-Inf.*, G. 132.)

Il fut vicaire général de l'archevêque de Rouen. (Id., *ibid.*, t. I, Introd., p. xxv.)

3 novembre 1536. — Il est un des délégués députés vers le roi pour obtenir la suppression d'offices nouvellement créés. (*Inv. des Arch. municipales*, I, 147.)

1543. — Il est délégué vers le roi pour tâcher d'obtenir réparation de l'interdiction du Parlement en 1540. (Floquet, II, 93.)

Il est encore délégué en janvier 1549 (v. s.) pour la réunion du duché d'Alençon au ressort du Parlement. (*Inv. des Arch. municipales*, I, 169.)

Novembre 1560. — Comptes des Carmes de Rouen : *De conductu consiliarii Desbuas....*, 25 s. (M. de Beaurepaire.)

Sur son ardeur contre les protestants, et les mesures contre eux, dont il prend l'initiative, v. Floquet, II, 295 à 300.

XLVI

JEAN DE BAUQUEMARE, conseiller lay, de Rouen.

D'azur au chevron d'or, accompagné
de 3 testes de léopard de mesme.

Il estoit frère aisné de Jacques de Bauquemare, sⁱ de Bourdeny, Premier Président au Parlement de Rouen, la généalogie du quel a esté amplement expliquée en son ordre. Il fut receu le 18 d'avril 1533 selon M. Le Febvre, ou en 1534 selon M. Chandelier, en quoy il y a point de différence si l'un parle d'avril avant Pasques 1533 et l'autre d'avril après Pasques 1534. Monsⁱ Chandelier dict qu'il promettoit beaucoup, mais mourut jeune.

Il ne fut marié et gist à S. Lo à Rouen en la chapelle de la dite famille.

Monsr Le Febvre remarque que Guy de Cailly luy succéda en 1542, à quoy le registre des enquestes est conforme.

Il était fils de Jean de Bauquemare, avocat célèbre au Parlement de Normandie, et de Huguette du Bosc. Il mourut sans enfants.

(B., t. I, f°s 19 et 21).

1540. — Il est un des conseillers délégués pour tenir les *grands jours* à Bayeux. (Floquet, II, 24.)

XLVII

JACQUES DE BREVEDENT, s^r de SAHUT (1) et du VENEUR.

> *D'argent à 3 nilles ou fers de moulin de sable ; au chef d'argent chargé de 5 besans d'or.*

Il fut receu en 1537 conseiller clerc, au lieu de Denis son frère au quel Monsr Chandelier dict qu'il estoit dissemblable de visage mais semblable en mérite. Il fut depuis conseiller lay selon M. de Galentine, à quoy répugne ce qui sera dict cy-après de Charles Duval, son successeur au dict office en 1555.

Il fut receu lieutenant général du bailly de Rouen le 25 (ou 26) de juin 1547 au lieu de Me Jean Moges, tué peu auparavant (M. Le Febvre). Il fut aussy Président au présidial du dict lieu et exerça les dits offices jusques à son déceds arrivé en 1580, et fut inhumé à S. Sauveur à Rouen. Jean de Brevedent, son fils, qui désia estoit receu aus dites charges en survivance des dictes charges, les exerça peu de temps estant mort jeune.

(1) Sahurs, arrondissement de Rouen.

Il a esté cy-devant parlé plus amplement de leur famille, nombre XXIX.

Il avait épousé Marie Deschamps, fille du sieur du Reel, inhumée avec lui à Saint-Sauveur.

Ils eurent de nombreux enfants, entre autres trois fils : 1º Jean, sieur de Sahurs et du Veneur, conseiller au présidial de Rouen, puis lieutenant-général et Président au présidial, qui épousa Marie Goutren et fut père de Marc-Antoine, conseiller au Parlement de Rouen ; 2º Denis, abbé de la Trappe ; 3º René, sieur de Vanecroq.

Le conseiller est aussi qualifié sieur de Vanecroq.   (B.)

1534. — Il obtient des lettres royales l'autorisant à se marier en restant conseiller clerc. Courageuses paroles du Premier Président au roi à ce sujet. (Floquet, II, 86.)

23 janvier 1546. — Il est administrateur de la léproserie de la Madeleine de Pavilly. (M. de Beaurepaire.)

1569. — Les chanoines de Notre-Dame de Rouen reçoivent de lui le racquit d'une rente due sur une maison de la rue de la Vicomté, paroisse Saint-Vincent, à lui appartenant, à cause de Marie Deschamps, sa femme. Il y est dit conseiller du Roi et président au siège présidial. (*Inv. des Arch. de la S.-Inf.*, G. 4384.)

Sur son rôle comme lieutenant général et les graves événements auxquels il fut mêlé, v. Floquet, t. II, *passim*.

V. son épitaphe dans Farin, IV, 294.

XLVIII

ESTIENNE MIFANT, sʳ de LONGUEUIL, de Dieppe.

D'azur, à 3 testes de femme coiffées d'or.

Monsʳ Le Febvre dict qu'il fut receu au lieu d'Estienne Poncher le 11 de may 1535, mais Mʳ Chandelier dict que ce fut le 13 (ou 14) de juin au dict an.

Le 20 de novembre 1536 il fut receu conseiller lay par

eschange avec M⁰ Jean Le Sueur, selon M. Le Febvre, ce qui fait voir que M. Chandelier s'est mespris l'ayant mis après Nicolas Le Sueur, résignataire du dict Jean. Aussy, en la liste de l'an 1537, Estienne Mifant est devant Nicolas Le Sueur.

Mons¹ Chandelier dict qu'il estoit homme de grand courage et fut proscript par la colère du Roy. Il fut restitué en son office par lettres du 9 de novembre, registrées le 16 de décembre 1542, selon M. Le Febvre (V. le registre), et mourut le 21 d'octobre 1553.

Marie Mifant, vefve de Jaques de Bures (arrest d'audience du 13 de décembre 1543, et Jean Mifant. (Caux, arrest d'audience du 8 de janvier 1543.)

Geoffroy Mifant, tabellion hérédital à Dieppe. (Arrest d'audience du 10 de may 1552.)

Il est parlé en un arrest d'audience du 6 ? de décembre 1561 de demoiselle Marguerite Surreau, vefve d'Estienne Mifant, s¹ de Longueuil, conseiller au Parlement.

Jean Mifant, s¹ de Machonville. (Arrest d'audience du 9 d'aoust 1588). Il fut exécuté à mort et confisqué. Il estoit fils de Nicolas Mifant, lequel avoit espousé en 2ᵉˢ nopces demoiselle Anne Ribault, remariée à Daniel Minge [ou Mirge]. Charles de Saldaigne, s¹ d'Incarville, acheta le dict fief de Machonville. (Arrest d'audience du 1ᵉʳ de septembre 1595.)

Demoiselle Antoinette de Belleville, sa vefve. (Arrest d'audience du 24 de novembre 1604.)

Jeane Mifant, vefve de Charles Rouesse, s¹ de Beusevillette et du Feuguerey, tutrice des enfans mineurs du dict deffunt et d'elle. (Arrest d'audience du 20 avril 1605.)

Demoiselle Perrette Mifant, vefve de Baudouin Eude. (Eschiquier, 1469, p. 180.)

(Suit la généalogie.)

Le conseiller eut deux filles dont sa veuve fut tutrice. (Arrest d'audience du 13 de may 1563.) Elle acquit en 1564 le fief de Ferières en la Marche.　　(B.)

Il était fils aîné et héritier en partie de demoiselle Marie de la Roche, femme de feu n. h. Gieuffroi Miffant, sieur du lieu et de Longueil. (Tabellionage de Rouen, meubles, 10 mars 1548 (v. s.), 17 décembre 1575. — Mention de Marguerite Surreau, veuve d'Etienne Mifant, sieur de Longueil et de Criquebeuf. (M. de Beaurepaire.)

« Un sr Monfaust [*sic. lis.* Mifant?] nommé conseiller en 1535 ; déjà condamné deux fois pour des rixes *sanglants* dans les rues de Dieppe, pour des injures grossières envers une femme veuve et pour des calomnies sur sa conduite au moyen de petits billets contenant des choses infâmes par lui semés dans les rues. » (Registre secret du 11 mai 1535). (*Revue de Normandie*, année 1868, p. 555.)

Exclu lors du rétablissement du Parlement en 1540, il est réintégré plus tard. (Floquet, II, 46-63.)

XLIX

NICOLAS LE SUEUR, de Chartres, conseiller clerc.

D'azur, à 3 soucis d'or feuillés de synople.

Monsieur Chandelier dict qu'il fit revivre la mémoire des vertus de Jean Le Sueur son frère.

Il devint paralitique et quita sa charge à Jerosme Mainet en 1551 selon Mrs Chandelier et Le Febvre.

Encor qu'il fût marié si es ce que la Court le permet d'exercer le dict office de conseiller clerc. (Voy. B. IV, 35.)

Nicolas Le Sueur, receu en 1530, conseiller au Parlement de Paris, portoit les armes cy employées.

Nicolas Le Sueur receu conseiller au dict Parlement, 2 mars 1564.

1540. — Il est un des conseillers envoyés pour tenir les *grands jours* à Bayeux. (Floquet, II, 24 et 236.)

1538-1539. — Il est échevin de la frairie Saint-Pierre, à Saint-Pierre-du-Châtel, de Rouen. (M. de Beaurepaire.)

7 juillet 1543. — Il est un des commissaires du Parlement auprès du conseil de ville sur le fait des pauvres et sur le fait de la peste. (*Inv. des Arch. municipales*, I, p. 160.)

L

GUILLAUME AUBER, s^r de la HAYE et du MESNIL-VARIN, conseiller lay.

De gueulles à 3 trèfles d'or ; au chef cousu de sable chargé de 2 molettes d'or.

Il fut receu au dict office le 8 (ou 18) may 1537 selon M. Chandelier, le quel loue ses bonnes intentions et son zèle au bien de la justice.

Il paya au roy six mil livres lors qu'il fut pourveu du dict office, dont on luy assigna le remboursement sur la recepte des amendes du dict Parlement, comme on le voit par un arrest d'audience du 13 mars 1543, donné sur la poursuite qu'il fit pour estre payé d'une partie de cette somme par Leger Blanchard, receveur des dictes amendes, au quel arrest est nommé noble homme Guillaume Auber, s^r de la Haye, père du dict conseiller.

Il donna 300 l. t. aux pauvres de Rouen, à prendre sur le prix de la vente de certaines maisons de Rouen, ainsy qu'il est porté au registre de la Chambre establie pour la police des dicts pauvres du 24 febvrier 1544, et est référé en un autre registre du samedy 12 décembre 1556.

Il mourut le 22 de décembre 1560, et le lendemain fut

inhumé à Rouen aux Carmes. (Arrest d'audience du 20 mars 1578.)

Sa généalogie est aux pages suivantes dont les premiers degrés sont tirés des Mémoires de la dite famille.

Adrian de Croismare, s^r de Limésy, succéda au dict office en 1563.

(Suit la généalogie.)

Il était fils de Guillaume Auber, conseiller à l'Hôtel-de-Ville de Rouen, mort en 1555, qui avait épousé en premières noces Marie Courant, dont il eut le conseiller, et en deuxièmes noces, Anne de Servaville. — Un Guillaume Auber, peut-être son grand-père, est taxé à 10 l. t. aux francs-fiefs de 1470, de la vicomté de Caudebec, à cause des fiefs de la Haye et du Mesnil-Varin.

Il épousa Jeanne Surreau, dame de Montigny, fille de Jean, sieur de Farceaux. Ils gisent aux Carmes à Rouen. Ils eurent quinze enfants. (B.)

Il est qualifié sieur de la Haye et de Chaumont dans un acte du Tabellionage de Rouen du 13 février 1543 (v. s.). — Sa veuve demeurait au manoir seigneurial de Montigny (1); acte du 24 janvier 1580. (M. de Beaurepaire.)

1534-1535. — Mention de Guillaume Auber, sieur de la Haie, chargé avec Jean du Val du soin des pauvres de la ville. (Inv. des Arch. de la S.-Inf., G. 120.)

1540. — Il est un des conseillers délégués pour tenir les grands jours à Bayeux. (Floquet, II, 24.)

V. son épitaphe dans Farin, VI, p. 210-211.

LI

NICOLAS HARNOIS, s^r d'ESPREVILLE,
conseiller lay.

D'azur au chevron d'or; en poincte, un casce [casque] *et plume d'argent.*

En la liste insérée au registre des enquestes il est après

(1) Montigny, canton de Maromme (Seine-Inférieure).

Guillaume Auber. Et porte le dict registre qu'il succéda à Eustache Chambon.

Il estoit aagé lorsqu'il fut receu, ainsy que le remarque M. Chandelier, lequel ayant composé ses vers après son restablissement en sa charge, dict qu'il fut accusé injustement. Il fut destitué de sa dicte charge en 1540 et relégué à S. Julien près Rouen, ainsy que 2 autres conseillers, comme l'a remarqué M^r Le Febvre. (Voyez B. III, 3, 36.) Il fut restably en sa charge le pénultiesme avril 1544 et mourut le 22 aoust 1550, selon le dit s^r Le Febvre.

Au registre audience du 11 aoust 1553 est la réception au dict office de Louis Bonenfant, s^r de Magny, qui estoit conseiller clerc dès l'an 1543.

(Suit la généalogie.)

Il épousa Marie du Four et eut trois fils : Jean, sieur de Saint-Martin-aux-Buneaux, avocat au Parlement de Rouen ; Robert, sieur de Normanville, et Martin ; et une fille. — Epreville est sur le territoire de la paroisse de Saint-Martin-aux-Buneaux.   (B.)

1er février 1541. — Il demeurait paroisse Saint-Laurent. (M. de Beaurepaire.)

1546. — Me Nicole Harnoys habitait sur la paroisse Saint-Pierre-le Portier. (*Inv. des Arch. de la S.-Inf.*, G. 7550.)

Août 1550. — Compte des Carmes. — *De conductu funebri consiliarii Harnois...*, 30 s. (M. de Beaurepaire.)

LII

ANDRÉ MAILLARD, de Paris, conseiller clerc.

Il fut receu au dict office au lieu de Me Jean Le Lieur, doyen de Nostre-Dame, et depuis fut conseiller au Parlement de Paris, et résigna en 1543 à Louis Bonenfant. Il prit congé du Parlement de Rouen en la chambre des enquestes le 19 de juillet 1543. Sa harangue et la responce de M. le Président Vialard sont insérées fort au long au registre secret. Le dict sʳ Maillard tesmoigne qu'il a esté receu en l'un des 20 offices nouvellement créés au Parlement de Paris, lieu de sa naissance, où l'amour de sa patrie et de ses parens l'a rappellé, quoy qu'il eût grand regret de quiter le Parlement de Rouen. Le reste sont paroles de civilité qui resentent la simplicité du dict siècle. M. le Président Vialard compare cette séparation aux divorces faicts *cum bona gratia* et cite la loy *Cum hic status* (D. *De don. int. vir. et ux.*), harangue que le greffier dict avoir esté en termes beaucoup plus éloquens qu'il ne le peut exprimer. Le sʳ Maillart fut receu au Parlement de Paris le 18 juillet 1543 selon Blanchart.

Au registre des enquestes du 13 de janvier 1540 il est faict mention que le dict Maillart estoit allé en Court *pro agendis curiæ*.

Le ms. A., p. 227, le met après N. Le Roux, en quoy j'estimes qu'il y a erreur au dict ms.

La généalogie qui est en l'autre page est tirée des Mémoires envoyés à M. de Sommesnil par Mʳˢ de Sᵗᵉ Marthe. Les neuf premiers degrés sont tirés d'une ancienne généalogie composée par Hector Maillart, ambassadeur en Espagne, et continuée par ses successeurs. Il la commencea le 6 de may 1480 et l'acheva le 3 de juin 1480.

(Suit la généalogie.)

Une des notes, relative à Hector Maillard, conseiller du Conseil privé de Louis XI et son ambassadeur en Espagne, sʳ de Bellesbat et de Triel, fait remarquer qu'en parlant de lui-même « il énonce que son père et luy ont mangé la plus grande partie de leurs biens au service des Rois leurs maistres et exhorte ses enfans à les imiter en fidélité et générosité, et leur désire un meilleur siècle que le sien ».

Sur l'article d'André Maillard, fils de Gilles, conseiller au Parlement de Paris et lieutenant criminel au Châtelet, lequel André fut aussi conseiller au Parlement de Paris et épousa Magdeleine Sanguin, fille d'un conseiller au Parlement de Paris, et eut un fils et une fille, une autre note du Président Bigot dit : « Je crois que c'est celuy qui a esté conseiller au Parlement de Rouen comme il est remarqué en ce chapitre; car les offices de conseillers clercs estoient souvent encor [possédés] par des personnes laïques. »

(B.)

LIII

GUILLAUME DE BORDEAUX, sʳ du lieu et de la **POUSSINIÈRE**, lay, et depuis, baron de **COULONCES**. (Ms. A., p. 227.)

De gueulles à 3 merlettes d'argent.

Il fut receu conseiller lay le 14 de janvier 1537, selon M. Chandelier ; je crois qu'il succéda à Hugues Le Voix. M. Chandelier dict qu'il imita les vertus de M. le Président de Bordeaux. Il estoit cousin et gendre du dict sʳ Président de Bordeaux, ainsi qu'il a esté remarqué en parlant des Présidens où sa généalogie est expliquée.

Il estoit doyen du Parlement dès l'an 1568 le 17 de mars, comme il fut dict par le Procureur général lorsque Louis de Bordeaux son fils fut receu vicomte de Vire. (Registre d'audience du dict jour.) Jacques Dyel, sʳ de Miromesnil, succéda en 1581 au dict office de conseiller.

Le dict Mᵉ Guillaume de Bordeaux fut nommé par la Court le 1ᵉʳ de septembre 1570 pour succéder à l'office de Président de Jean de Croismare. (A. II, 23.)

Il était fils de Richard, sieur de Bordeaux, et de Marie Payen.

Il épousa, en 1535, Françoise de Bordeaux, fille aînée de François, Président au Parlement de Rouen, et eut plusieurs enfants, notamment Louis, chevalier, sieur d'Estouvy, gentilhomme ordinaire de la chambre du roi.   (B., t. I, f⁰ 48.)

1552. — Il est commissaire pour la réformation de la forêt Verte. (M. de Beaurepaire.)

1559. — Envoyé dans le Cotentin pour informer contre les religionnaires, il est forcé, par leur attitude menaçante, de revenir à Rouen. (Floquet, II, 282-283.)

LIV

NICOLAS LE ROUX, sʳ d'ESCROVILLE, BECDAL et autres terres.

*D'azur au chevron d'argent accompagné
de 3 testes de léopard d'or.*

Il fut receu conseiller clerc le 19 (ou 29) de mars avant Pasques 1537. Monsʳ Chandelier loue sa vertu en l'exercice des charges ordinaires à sa famille. Le 28 de juillet 1553 il fit le serment de la commission de conseiller aux requestes du palais au lieu de Mᵉ Jean du Bosc (selon M. Le Febvre), dont il avoit esté pourveu par lettres du 10 de janvier 1552, et le résigna à Jean Quesnel qui en fut pourveu le 30 de novembre 1553. (Registre d'audience.)

Le 8 de juin 1554, Robert Le Roux, sʳ de Tilly, son nepveu, fut receu conseiller clerc en son lieu (comme il sera dict cy-après), dont il avoit esté pourveu dès le 28 de septembre 1553. Le 4 d'aoust 1554 (autres disent le 5 ou le 9) ses lettres de conseiller honoraire furent vérifiées et fut dict qu'il auroit seulement séance en l'audience et autres lieux d'honneur, ainsy qu'il faisoit avant d'avoir résigné, sans avoir voix délibérative ny entrée au conseil, comme le remarque M. Le Febvre.

Mons⟨r⟩ de Galentine en ses Mémoires dict que cette res-triction fut apposée parce qu'il n'avoit esté que 17 ans conseiller.

Il estoit abbé d'Aumalle par la résignation de Guil-laume Roux, s⟨r⟩ du Bourgtheroude, son frère aisné, et fut aussy doyen de Nostre-Dame de Rouen, prieur du Mont-aux-Malades-lès-Rouen et du Val-Richer, et eut encor d'autres bénéfices.

Il a esté cy-devant parlé de sa famille à l'occasion de Nicolas Le Roux, s⟨r⟩ du Bourgtheroude, Président au Parlement, son petit-nepveu.

Il mourut le 11 septembre 1561 et fut inhumé au Bourgtheroude. (S. M., t. I, p. 612.)

Il y eut procès entre Claude et Robert Le Roux ses nepveux, pour 80 escus de rente que le dict Nicolas deb-voit à René de Bec-de-Lièvre, conseiller. (Arrest d'au-dience du 14 de mars 1563.)

Il était fils de Guillaume le Roux dont il a été parlé p. 74.

La généalogie des Le Roux lui donne une fille naturelle, Nicole Le Roux, mariée à Louis de Creny, qui en eut des enfants dont elle fut tutrice. (Arrêt d'audience du 28 aoust 1579.)

(B., t. I, f⟨o⟩ 85.)

22 octobre 1543. — Il est reçu chanoine. (*Inv. des Arch. de la S.-Inf.*, G. 2157.)

1547-1548. — Il prononce, avec un autre chanoine, Jean Thorel, une sentence contre frère Grégoire Morelet, religieux augustin, convaincu d'héresie. (*Id.*, G. 247.)

1554. — Il vend à n. h. M⟨e⟩ Regné Le Porcher, sieur du Deffends, lieutenant des Eaux et Forêts de la vicomté du Pont-de-l'Arche, certaines maisons rue Boudin, paroisse Sainte-Croix-Saint-Ouen, près du jeu de paume du Héron. (*Id.*, G. 3527 et 8762.)

LV

NICOLAS LE CONTE, sʳ de DRAQUEVILLE.

De synople à 3 molettes d'esperon d'or.

Il fut receu conseiller clerc le 23 de décembre (ou 27 de novembre) 1538, et le 6 de may 1542 furent vérifiées les lettres par luy obtenues pour estre dispensé et permis de se marier, selon M. Le Febvre.

Le 12 de novembre 1544 il fut receu conseiller lay par eschange de l'office de Geoffroy Dupuy (Mʳˢ Chandelier et Le Febvre); lequel office de conseiller lay il résigna, en 1553, à Antoine de Civile.

En 1554, il fut receu maistre des requestes de l'hostel du Roy; et le 13 de novembre 1570 il fut receu Président au Parlement, ainsi qu'il a esté remarqué cy-devant livre I, seconde partie, nombre XXVI, où il est parlé plus particulièrement de sa personne et famille.

Il fut commis, par lettres du 3 de décembre 1551, registrées au Parlement le 17 du dict mois, pour, avec autres commissaires, vendre 40 mil livres de rentes sur le domaine; et, par autres lettres registrées le 2 d'avril avant Pasques 1551, il fut retenu en l'absence du Roy pour, avec le cardinal de Vendosme et autres, tenir conseil sur toutte sorte d'affaires. (Voyez livre I, seconde partie, nombre XVIII).

Le 21 de febvrier 1541, il demanda congé pour 4 jours pour aller voir son père; luy fut dit qu'il le demandast à M. le Président Vialar; et, peu après, rentra le dict sʳ Le Conte et dict que le dict sʳ Vialard le luy avoit permis. (Registre des enquestes.)

« Il gist à Rouen dans le cœur de la parroisse Saint-Lô où est son épitaphe et de son fils et petit-fils.

« Il estoit fils de Jourdain Le Conte tiers (?) esleu d'Arques, sʳ de Draqueville, lieutenant du vicomte de Monville et de Marguerite de Bures ». Il eut un fils, Jean-Paul, sieur de Draqueville, conseiller au Parlement de Rouen et maître des requêtes, et trois filles.

(B., t. I, f° 66 v°).

6 septembre 1547. — Le sieur de Draqueville, conseiller du Roi, demande au chapitre de la cathédrale, pour son père, Jourdain le Comte, sieur de Draqueville, l'office de la vicomté de Martin-Eglise. (*Inv. des Arch. de la S.-Inf.*, G. 2159.)

Il avait épousé Catherine Meignen. — 24 août 1549, Tabellionage de Rouen (meubles). (M. de Beaurepaire.)

V. son épitaphe dans Farin, IV, 141.

LVI

RICHARD MANSEL., d'Evreux, conseiller lay.

Il avoit esté advocat du Roy au bailliage d'Evreux ; et, le 16 d'avril avant Pasques 1540, il fut receu conseiller au lieu de Jean de Cormeilles, sans examen, attendu que la Court l'avoit autresfois esleu au lieu de Hugues Le Voix. (M. Le Febvre.)

Monsʳ Chandelier dict qu'il estoit aagé et de jugement meur lorsqu'il fut receu conseiller.

Il décéda le 8 de febvrier 1547.

1540. — Il est un des conseillers délégués pour tenir les *grands jours* à Bayeux. (Floquet, II, 24.)

Comptes de la Fabrique de Saint-Godard de Rouen, 1548. — Pour l'inhumation de M. Mansel dans l'église, 4 l. 10 s. (*Inv. des Arch. de la S.-Inf.*, G. 6616.)

Il fut prince des Palinods de Rouen. (Guiot, II, 80, 135.)

V. son épitaphe dans Farin, IV, 426.

LVII

ISAMBART BUSQUET, de Valiquerville-en-Caux, conseiller lay.

D'argent à la fasce de gueulles accompa-
gnée d'un cœur de sable et 2 estoilles de
gueulles en chef, et une maille ou aneau
de gueulles en pointe.

Il fut procureur des Estats de Normendie et advocat plaidant au Parlement de Rouen. (Arrest du 16 de décembre 1539.) Et, le 9 de novembre 1542, il fut receu conseiller par la destitution d'Antoine Le Marchand, lequel, néantmoins, fut depuis remis en sa charge et le dict Busquet demeura conseiller et ainsy d'un office on en fit deux.

Monsr Le Febvre remarque que le 10 de may 1553 furent registrées les lettres de provision en survivance du dict office au profit de Me Jean Busquet son fils et ordonné qu'il seroit informé de sa vie, mœurs et aage pour ensuite estre examiné, et, le dix-septiesme du dict mois, le dict Me Jean Busquet fut examiné, receu et installé, les chambres assemblées; et, néantmoins, attendu que le père déclara vouloir encor retenir le dict office, il fut arresté que le fils ne pourroit préférer ceux qui seroient cy-après receus, jusques à ce que son père s'en fût actuellement démis; et, le 26 de may 1554, arresté que si le fils décédoit, le père pourroit retourner à son office.

Le dict Me Isambart Busquet mourut le 25 de may 1561 et fut inhumé à Rouen à S. Patrice, et le dict Me Jean Busquet, son fils, entra en actuel exercice du dict office qui, depuis, [a] esté tousiours exercé par ses descendans desquels la généalogie est en la page suivante. Il fut bailly d'Estoutteville, lequel office ayant vaqué par sa promotion à l'office de conseiller, Jean Busquet son fils y fut receu le 6 de mars 1542, suivant ses lettres de provision du 1 de febvrier au dict an.

Il fut commis pour procureur du Roy à l'instruction des procès faicts à quelques conseillers du Parlement, comme on voit par les lettres de restablissement d'Estienne Mifant, insérées au registre d'audience du 15 de décembre 1542.

Il est employé comme advocat au Parlement aux registres du 15 et 29 de novembre 1528.

Les anciennes armes de cette famille sont : *de..... à la fasce de....., et 3 fers de lance.....* ; et sont en l'église de Villequier.

(Suit la généalogie.)

Il était fils de Robert Busquet et d'Héleine d'Amfreville. Il est père de Jean Busquet qui fut conseiller au Parlement de Rouen en 1553.   (B.)

Sur son ignorance en droit, v. Floquet, I, 377-378, et *Revue de Normandie,* année 1868, p. 546, — c'était, cependant, un des rares conseillers qui sûssent l'italien. (Floquet, I, 456.)

V. son épitaphe dans Farin, IV, 508.

LVIII

GUY DE CAILLY, conseiller lay.

Mons.r Le Febvre remarque que, le 16 de febvrier 1542, il succéda à Jean de Bauquemare ; ses provisions sont insérées au registre d'audience du dict jour, aus quelles il est qualifié advocat au Parlement de Paris.

Et, en 1553, Artus Martel fut receu en son lieu.

Et, le 16 de décembre au dict an, le dict Cailly, peu après avoir résigné, mourut et se tua ; néantmoins fut inhumé en terre saincte, la violence de sa maladie l'ayant porté à se précipiter. (M. Le Febvre.)

Aux registres de la Court des Aides, il est parlé de Pierre de Cailly inquiété en sa noblesse par les parroissiens de Héricourt [Haricourt?], élection de Gisors, et condamné par provision en janvier 1483 et aoust 1484; et, le 13 de janvier 1484, déclaré roturier. En un arrest d'audience du 17 de mars 1555, il est parlé de Mᵉ Aignan de Cailly, héritier du dict Guy de Cailly, conseiller, et d'Estienne Luillier, conseiller, exécuteur du testament du dict Guy.

Mᵉ Pierre Cailly, advocat en la Court (Gisors.) (Arrest d'audience du 22 juin 1557.)

Guy de Cailly fit des legs considérables au Bureau des pauvres de Rouen. (Ch. de Beaurepaire, *Le Trésor immortel...*, par Jacques Sireulde; publié par la *Société des Bibliophiles normands*, Rouen, 1899, petit in-4°. Introd., p. XII.)

Sur son ignorance étonnante et sa réception imposée par le roi, v. Floquet, I, 379, 380, 383.

7 novembre 1548. — Il figure dans un acte du Tabellionage de Rouen comme procureur d'Anne de Pisseleu, duchesse d'Estampes. — Il est qualifié sieur de Saint-Gratien. — Il fit son testament le 17 octobre 1553. — Le 26 février 1554, le procureur des pauvres de la ville de Rouen était en procès avec son exécuteur testamentaire pour lui faire bailler autant de deniers que pouvait monter la vesteure et accoustremens de 50 pauvres que le défunt avait voulu être revêtus pour ses funérailles. (M. de Beaurepaire.)

IVᵉ PARTIE

CONTENANT LES CONSEILLERS CRÉEZ EN 1543, ET AUTRES,
JUSQUES ET NON COMPRIS LA CRÉATION DE L'AN 1568.

1543.	Jean Lallemant, depuis Président	I
	Jean de Bonshons	II
	Jaques de Bauquemare, depuis Premier Président	III
	Christophle Ripault	IV
	Jean Thorel	V
	Louis Le Roux	VI
	Claude le Georgelier	VII
	François Sedile	VIII
	Georges Le Brun	IX
	Jacques Centsols	X
	Robert Le Roux	XI
	Pierre de Médine	XII
	Jean de Quièvremont	XIII
	Robert Briselet	XIV
	Nicolas de la Place	XV
	Claude Jubert	XVI
	Louis Bonenfant	XVII
	Pierre du Four	XVIII
	Constantin de Bures	XIX
	Nicolas de Pay de Cueur	XX
	Nicolas Blancbaston	XXI
	Nicolas Cavelier	XXII
	Jean Garin	XXIII
1544.	Jean du Bosc	XXIV
	Jean Le Febvre	XXV

. . . .

. . . .

1

JEAN LALLEMANT, conseiller lay (1).

Le registre de la chambre des enquestes faict mention que le 2 avril 1543 fut vérifié l'édict de création de huict conseillers lais et 7 clercs entre les quels Jean Lallemant fut receu le premier. Il en fut pourveu par lettres du 13 du dict mois, et y est nommé docteur ès-droicts, et fut receu le 2 de may au dict an.

Les pourveus des dictes charges prestèrent au Roy chacun deux mil escus et furent dispensés du serment de finance.

Les unze premiers furent receus le mesme jour 2 may. L'usage estoit pour lors de les examiner à divers jours, et arrester, s'ils estoient trouvés capables, qu'ils seroient receus, et, néantmoins, différer leur serment jusques à ce

---

(1) Le ms. de M. Le Verdier lui donne pour armes : *d'argent au chevron d'azur, accompagné de 3 molettes d'or ; au chef de gueules chargé de 3 étoiles d'or.*

qu'ils eussent esté tous examinés, après quoy on délibéroit de l'ordre au quel ils feroient le serment. A la quelle délibération il n'y avoit que ceux qui avoient assisté à tous les examens qui opinassent, comme il est justifié par le registre secret de ce qui fut faict à la réception des 4 conseillers créés en l'an 1576.

En 1553, il résigna sa charge de conseiller à Jean Bouchart, et, le 14 aoust au dict an, il fut receu Président au dict Parlement, ayant aussy esté conseiller au Parlement de Paris.

D'après la notice qui lui est consacrée au livre des Présidents, il était fils de François Lallemant, avocat au Parlement de Paris, et de Denise des Frisches [?]. Il avait épousé Lyée Feu, fille de Jean Feu, Président au Parlement de Rouen, et en eut deux filles : Lyée, mariée à François de Vigny, receveur de la ville de Paris, et Marie, femme de Thomas Bragelone, trésorier de France à Paris.

(B., t. I, f° 55.)

Sur la science merveilleuse de Jean Lallemant lors de son examen comme conseiller à Rouen, v. Floquet, I, 375-376.

8 juin 1544. — Pouvoir lui est donné, ainsi qu'à plusieurs autres personnes, de faire tout ce qui sera nécessaire pour la défense de la ville. (*Inv. des Arch. municipales de Rouen*, p. 159.)

1553. — Comptes de la Fabrique de Saint-Laurent de Rouen. — Il exhorte les chapelains chantres à bien s'acquitter de leurs devoirs et à apprendre aux enfants à chanter. (*Inv. des Arch. de la S.-Inf.*, G. 6801.)

II

JEAN DE BONSHOMS, sʳ de COURONNE, conseiller lay.

De gueulles à deux testes de cerf d'or en chef, et une levrette d'argent en poincte.

Il fut receu en 1542 séneschal du temporel et aumosnes

de l'archevesché de Rouen et fit le serment de finance rapporté par Terrien, l. III, ch. 4.

L'indignation du Roy qui avoit interdict, en 1540, le Parlement de Rouen, luy avoit faict prendre résolution de ne plus pourvoir ceux de la dicte ville des charges du Parlement, et, néantmoins, M. Chandelier dict que le mérite de celuy-cy donna lieu au Roy de le pourvoir de l'une des charges de la nouvelle création par lettres du 4 avril 1543, quoy qu'il fût de Rouen, comme on a veu par sa généalogie employée cy-devant. (A. II, 50.) Par ses lettres de provision il est nommé sʳ de Couronne, advocat en la Court, licentié ès-loix, et n'est faicte nulle mention du dict office de séneschal.

M. Le Febvre (t. II, p. 180) remarque qu'il luy fut taxé 60 escus comme compositeur du procès d'entre Guillaume de Balsac, sʳ d'Entragues, et les sʳˢ d'O et de Tillières, sans tirer à conséquence.

Il fut employé en diverses commissions extraordinaires, et j'ay appris de Mʳ le Président de Couronne, son petit-fils, que M. le Cardinal d'Annebaut, parent de son ayeule maternelle du nom d'Annebault, luy procuroit ces emplois, ce qui peut aussy avoir donné lieu de le pourvoir de la dicte charge de conseiller. M. Le Febvre dict qu'il décéda le 11 may 1551, et, néantmoins, par arrest du 7 avril avant Pasques 1551, furent registrées les lettres patentes du Roy par les quelles il est retenu pour estre du conseil du cardinal de Vendosme et, avec luy et autres commissaires y nommés, délibérer de touttes affaires publiques, aus quelles lettres il est, par erreur, nommé Jacques.

Il fut inhumé à Stᵉ-Croix-S.-Ouen de Rouen, avec les sʳˢ de Becdelièvre, en la chapelle qui est à costé du cœur, du costé de l'épistre où est une vitre aux armes de Becdelièvre. Ses prédécesseurs paternels avoient esté inhumés à S.-Estienne-des-Tonnelliers ; j'ay vu leurs armes en une des vitres du cœur.

Son office fut supprimé comme vacant par mort, et depuis fut restably en faveur de Guillaume de Bauquemare, s^r de Branville, receu le 4 aoust 1554.

Il avoit presté au Roy deux mil escus d'or valans 4,500 l. t. pour estre pourveu du dict office, dont n'ayant peu estre remboursé de son vivant, sa vefve présenta requeste à Sa Majesté offrant de prester encor pareille somme dont du tout luy fut donnée assignation pour en estre payée en cinq ans sur les gabelles de Normendie, suivant les lettres du Roy du dernier avril 1557, registrées au dict Parlement le 15 juin au dict an ; les dictes lettres obtenues tant par luy que par Jaques de Bauquemare, s^r de Bourdeny, conseiller au grand conseil, cousin germain de la dicte vefve, et par Jean de Quièvremont et Jean Le Febvre, conseillers au dict Parlement, qui tous furent receus par les dictes lettres à semblables offres. Le registre d'audience du 12 janvier 1551 faict mention d'un procès entre Claude Le Roux, s^r du Bourgtheroude, conseiller en la dicte Court, et Jean de Bonshons, s^r de Couronne.

Du mariage de Thomasse de Bonsons et de Me Charles Le Febvre, greffier aux Eaux et Forests à Rouen, est sorty Magdeleine, femme de Jean de Bois [? ou de Bris], que l'on dict estre morte sans enfans, et Jean Le Febvre, chanoine, et Anne Le Febvre, femme de Thomas de Saldaigne, père de Charles de Saldaigne, s^r d'Incarville, controlleur général des finances, [qui] espousa Isabeau Digard et n'en eut point d'enfans, et Thomas qui espousa Jeanne de Coisset et en eut Thomas, s^r de Bardouville, qui, d'Elizabeth de Valiquerville, a laissé plusieurs enfans.

Isabeau de Bonshons, sœur aisnée de la dicte Thomasse, espousa Jean de la Mare, bourgeois de Rouen, et en eut Guillaume de la Mare, le quel par contract passé devant les tabellions de...... le....... de....... 15.., espousa Isabeau Graffart. De ce mariage sont sortis Guillaume, Alexandre et Marguerite de la Mare.

De Guillaume de la Mare sont sortis Pierre de la Mare et Louis de la Mare, père d'un autre Louis qui espousa... Berthet.

Pierre est décédé sans enfans.

Edouard est allé aux Indes Orientales ?

Louise, femme de Robert Roger, marchand à Rouen.

Alexandre de la Mare, fils de Guillaume et d'Isabeau Graffard. père [?] de Jacques de la Mare qui a laissé Anne de la Mare, femme de Justin Gouets [?], estaimier à Rouen, et Françoise de la Mare, femme de Louis de S. Laurens, tailleur d'habits.

Marie Bonshoms, sœur puisnée des dictes Isabeau et Thomasse Bonshoms, espousa Pierre Lermete, sr de la Pierre [?], par traicté soubs signature privée auquel sont nommés les dits de la Mare et Le Febvre ses beaux-frères. Le traicté est du..... [en blanc]. De ce mariage est sorty Jacques Lermete, escuier, sr de la Prée, advocat au Parlement, qui espousa Geneviefve du Moucel, et en a eu Jacques, sr de la Prée, qui a eu lignée, et Pierre, sr de Clerfeuille, conseiller au présidial de Rouen, qui, de Marguerite Le Masson, fille de Louis, sr de Beignopuis, conseiller au Parlement de Rouen, n'a eu enfans.

Pierre Lermitte, sr de la Prée, espousa en 1res nopces Marie Lachèvre ?, en 2es nopces [en blanc].

Du premier mariage est sorty Jacques Lhermite, sr de

la Prée, esleu en l'élection de Rouen, mary d'Anne Fremin [?], de la quelle il a eu Pierre mort sans hoirs, Charles, qui a eu lignée, Jeanne et Magdeleine, mortes sans hoirs.

Charles Lermite, sieur de la Prée, a espousé Marie Moisson, sœur de   conseiller et secrétaire du Roy, et en a eu Jean Lermite, s' de la Prée, Anne, Marie et Marguerite Lermite.

Le ms. A, page 316, porte qu'aux Augustins de Rouen sont inhumés Messire Guillaume Comin, chevalier, seigneur du Petit-Couronne, qui décéda le 1er de juillet 1403, et demoiselle Luce de Brucourt, sa femme, morte le 18 de décembre 1430. Aucuns disent qu'il estoit Anglois ; toutesfois le mesme ms. faict mention de Bernard Comin, seigneur de Beaurepère et du Bosc, et de Jean Comin, son fils vivans en 1218.

M. de la Champagne, conseiller au Parlement, m'a cy-devant presté un livre ms. contenant le receuil de plusieurs armes, entre lesquelles estoient celles de Messire Jean Comin, s' de la Londe et de Couronne, qui portoit *d'argent à la croix d'azur.*

Une fille du dict nom de Comin fut mariée à. ... Folquette, demeurant près le Bec-Hellouin, et luy porta la dite terre de Couronne, du quel mariage vint une fille héritière de la dite terre, mariée à..... de Valvendrin, du quel nom de Valvendrin il restoit encor, il y a peu d'années, quelques gentilshommes fort pauvres.

Du mariage du dict Valvendrin et de la dite Folquette vint noble homme Me Robert de Valvendrin, escuier, s' du Petit-Couronne, conseiller du Roy, décédé le 15 de novembre 1455, et inhumé aux Augustins de Rouen, avec demoiselle Marie Duval, sa femme, morte le 14 d'avril 1471, selon le dict ms. A, qui porte que le dict Valvendrin portoit un escu à cinq orles chargé au milieu d'un escu croisé, les quelles sont à un ancien lettrain qui est dans le cœur du Petit-Couronne. Je crois que le dict escu croisé sont les armes de Comin dont le dit Valvendrin chargeoit ses armes.

Le dict Valvendrin fut un des conseillers lais commis pour tenir l'Eschiquier de Normendie en 1453.

Jeanne de Valvendrin, qui estoit sa sœur (?), fut héritière de la dite terre de Couronne et fut mariée à Jean Le Prévost sr de Bretaigné (?) qui en eut Robinet Le Prévost, sr du Petit-Couronne, Brétingné et Valvendrin, auquel le dict ms. A., p. 312, donne la qualité d'escuier dès l'an 1467.

En la mesme année, il fut inquiété en sa noblesse par les parroissiens du Petit-Couronne, lesquels, depuis, acquiescèrent et consentirent qu'il fût deschargé de la taille, comme on voit par les registres de la Court des Aides des 29 de janvier 1467, 14 de novembre, 9 et 10 de janvier 1468 : laquelle descharge ne fut pas consentie par le Procureur général. Aussy, en 1470, le dit Le Prevost paya 60 l. t. pour sa taxe des francs-fiefs, et ainsi, sa qualité fut hors de contredict.

J'ay veu en la salle du vieil bastiment de Couronne, à présent démolie, plusieurs escussons de ses armes, tant pleines que mi-parties avec celles de Jean de Bonshoms, sr de Hautonne, son gendre. Il portoit *d'argent à la croix d'azur* qui sont les armes de Comin. Il fut père de Bernard [?] Prevost, qui espousa [blanc] d'Anebault et en eut Guillemette Le Prevost, femme du dict de Bonshoms, sr de Hautonne, auquel elle porta la dicte terre de Couronne. De leur mariage vint Jean de Bonsoms, sr de Couronne, conseiller au Parlement, ayeul de Robert de Bonshoms, à présent sr de Couronne, conseiller au dict

Parlement, lequel estant environ le dixiesme descendant des dicts Comin, m'a dict n'avoir aucun parent dans le 7ᵉ degré auquel le dict fief eût peu retourner, si il fût décédé sans hoirs.

Néantmoins, après la mort d'Alexandre de Bonshons son fils, Estienne d'Ouainville [?] m'a apporté sa généalogie en 1670, se disant issu de Guillaume Le Prevost, frère du dict David, ayeul maternel de Jean de Bonshoms, conseiller au dict Parlement; que le dict Guillaume Le Prevost avoit eu pour partage le fief ou aisnesse du Valvandrin en la parroisse de Bonneville-la-Louvet près le Bec, et avoit esté père de Guillaume, Pierre et Adrien Le Prevost, le dict Guillaume II, père de Adriane, mariée à Clément (?) Huet, frère de Françoise Huet, femme de Chrestophle d'Ouainville, du quel elle avoit eu le dict Estienne d'Ouainville, qui possédoit encor le dict fief du Valvendrin et y demeuroit (1).

Le dict fief [de Couronne] est relevant du Roy, et du quel dépend presque toutte la parroisse; et, outre, il s'estend au Grand-Couronne, Moulineaux, Grand et Petit-Quevilly.

Il y a en la mesme parroisse, un autre fief noble qui a peu de teneure, mais relève du Roy et est la sergeanterie à garde de la forest. Il fut vendu par Alonce de Civile à Hugues Le Voix, conseiller au dict Parlement, sur le manoir duquel fief il fit bastir une maison à présent démolie en la quelle j'ay veu ses armes en pierre et celles de Marguerite de Bonshoms, sa femme, la quelle estant vefve, acheta des héritiers de son mary le dict fief, ensemble un vignoble situé à S. Pierre de Longueville près

(1) Tout ce paragraphe est une addition marginale; de sorte que, au paragraphe suivant, le fief en question est celui de Couronne et non celui du Valvendrin.

Vernon et s'estant remariée à René de Becdelièvre, conseiller au dict Parlement, il jouit du dict fief au droict de
sa femme ; et, en la maison bastie par le dict Le Voix
receut M^r le Chancelier Poyet, lorsqu'il vint à Rouen, en
1540, pour l'interdiction du Parlement ; et est le registre
du Parlement chargé que le dict de Becdelièvre prit congé
de la Compagnie pour aller à Couronne recevoir M. le
Chancelier. Ce fief fut ensuite possédé par le s^r de
Bréauté ayant espousé Marie de Becdelièvre, fille et héritière du dict de Becdelièvre, et, la dicte de Bonshoms et
icelle morte sans enfans, retourna à Pierre de Bonshoms,
s^r de Couronne, Président en la Chambre des Comptes,
ainsy que le dict vignoble.

Guillaume Le Prévost, seigneur du Valvandrin, vassal de la baronnie de S. Philbert-sur-Risle (arrest d'audience du 25 de janvier 1543). En l'arrest du 29 du dict
mois, y a Guillaume Prévost et J. du Vauvendrin, et en
l'arrest du 24, Guillaume Prévost du Valvendrin (je crois
que c'estoit l'oncle de la dite Guillemette Le Prévost).

Procès entre Jean de Bonsons, s^r de Hautonne et le
vicaire du Bosgouet, pour sçavoir si les bois de Hautonne
sont exempts de disme (arrest d'audience du 15 de décembre 1545).

En un arrest d'audience du 10 de may 1546, Me Jean
Ferey, lieutenant de l'admiral au siège de Dieppe, désad-
voue le mot de concussion employé en un relief d'appel
du dict de Bonsoms ; ordonné que le dict relief sera réformé.

Fieffe faicte en 1560 par les eschevins de Rouen de
2 acres de pré, situées à Couronne, par 10 l. t. de rente,
confirmée par arrest d'audience du 14 may 1596.

Le conseiller Jean de Bonshoms était fils de Jean de Bonshoms
et de Guillemette Le Prevost, fille de David Le Prevost, sieur de
Couronne, qu'il épousa en 1505. Depuis son mariage il acquit le

fief de Hautonne. En 1524 il se remaria en secondes noces avec Françoise Binet.

Jean, le conseiller, épousa Françoise de Bec-de-Lièvre, fille de René, conseiller au Parlement de Rouen ; il est père de Pierre, sieur de Couronne, Président en la Chambre des Comptes de Rouen.... et grand-père de Robert, Président au Parlement en 1651.

(B., t. I, f° 101, 102.)

Le père du conseiller était bourgeois marchand à Rouen ; ayant prêté à son beau-père David Le Prevost de l'argent que celui-ci ne put lui rendre, il devint ainsi propriétaire de la seigneurie du Petit-Couronne. (Registres du Tabellionage de Rouen, 9 mars 1505. — V. *Revue de Normandie*, année 1868. p. 543.)

1518. — Vacations payées à Jean Bonshons, sénéchal et garde du temporel et aumosnes de l'archevesché pour avoir procédé au jugement des contrevenants et à la réformation de la forêt de Craudalle. (*Inv. des Arch. de la S.-Inf.*, G. 934.) — Il exerçait encore ces fonctions lorsqu'il fut nommé conseiller, et l'on pourvut alors à son remplacement. (Id., *ibid.*, G. 961.)

Il est prince des Palinods de Rouen en 1528. (Guiot, I, 123.)

Lors d'un grave débat du Parlement avec l'amiral d'Annebaut (1548), il est un des députés du Parlement qui ont, à Boos, une entrevue orageuse avec l'amiral. (Floquet, II, 135-141.)

III

JACQUES DE BAUQUEMARE, s^r de BOURDENY, conseiller lay.

D'azur au chevron et trois testes de léopard d'or.

Il est le troisiesme receu en 1543 aux charges de nouvelle création, selon le registre et l'ordre remarqué par M. Le Febvre, son beau-frère et résignataire en juin 1544, lequel, en ce regard, nous avons suivy comme plus exact que M. Le Chandelier, duquel l'ordre ne convient point avec les listes des registres du Parlement, et s'est souvent mespris au temps des receptions; mais je n'ay encor rien remarqué de contraire à l'ordre du s^r Le Febvre.

M. Chandelier, qui met le dict de Bauquemare sixiesme des conseillers de la dicte création, dict qu'il fit revivre la mémoire des mérites de son deffunct frère, ce qui se doibt entendre de Jean de Bauquemare, conseiller en 1533. Le dict Jacques de Bauquemare fut depuis conseiller au grand conseil et Premier Président au Parlement de Rouen, ainsi qu'il a esté remarqué en la première partie du livre I, où sa famille est plus amplement expliquée.

Ses lettres de provision au dict office de conseiller au Parlement sont du 8 d'avril 1543, aus quelles il est nommé licencié ès-loix.

Il avoit presté au Roy 3,600 escus à 45 s. revenans à 8 mil cent l. (je crois que c'estoit tant pour le dict office de conseiller au Parlement que de conseiller au grand conseil) dont il luy restoit deub, en 1557, 6 mil 40 l. t. Et, suivant l'offre par luy faicte, il fut receu à prester encor au Roy pareille somme dont du tout luy fut donnée assignation sur les cinq années ensuivantes du revenu des gabelles de la généralité de Rouen, par lettres du dernier avril 1557 registrées au Parlement le 15 de juin au dict an (Voyez cy-dessus, de Bonshoms).

En 1548, il présenta ses lettres de provision de l'office de Président à luy résigné par Jean Vialard, mais il n'y fut pas receu (Voy. A., II, 16).

« Il avoit espousé Catherine de Croismare, fille de Jacques de Croismare, s^r des Alleurs et de Catherine Ango. Il mourut en juin 1584 et fut inhumé en la parroisse de S. Lo à Rouen en la chapelle de sa famille où se voit sa représentation, en la quelle parroisse sont célébrées par chacun jour plusieurs messes et autres prières fondées par lui et ses prédécesseurs. »

(B., t. I, f°s 19 et 21).

Jacques de Bauquemare avait à peine trente ans lorsqu'il traita de la charge de Président de J. Vialard, en 1548.

Le Parlement s'opposa à cette cession. De Bauquemare se défendit lui-même devant le Roi et devant le chancelier, et attribua l'opposition du Premier Président au refus qu'il avait fait d'épouser sa fille (Floquet, II, 129).

Il laissait plusieurs enfants dont l'aîné, Jean, sieur de la Rivière, conseiller du Roi en son grand conseil, succéda à son père dans la possession des seigneuries de Bourdeny et Varangeville-sur-Mer ; l'autre, nommé Jacques, qui avait eu pour marraine la veuve de Jean Ango, devint gentilhomme ordinaire de la chambre du Roi et capitaine du Vieux-Palais de Rouen ; un troisième, Claude, avait été reçu chanoine de Rouen le 9 mai 1572 et obtint le prieuré de Sausseuse (Ch. de Beaurepaire, *Les Harangues prononcées par le Président de Bauquemare aux États de Normandie*, de 1556 à 1583, dans *Précis des travaux de l'Académie de Rouen*, année 1871-1872, p. 257-307).

10 février 1597. — La veuve de Jacques de Bauquemare baille à ferme la terre de Bourdeny (M. de Beaurepaire).

IV

CHRISTOPHLE RIPAULT, de Paris, conseiller lay.

> *De gueulles au saultoir eschiqueté d'argent et d'azur de 2 traicts, accompagné de 4 fleurs de lis d'or.*

Il est le 4ᵉ conseiller de nouvelle création receu en 1543 selon Mʳˢ Chandelier et Le Febvre. Encor qu'il soit obmis en la liste du registre des enquestes commençant le 12 de novembre 1545, si es ce qu'il exercea le dict office jusques au 1ᵉʳ de juillet 1552, jour auquel Raoul Bretel, son résignataire, fut receu, ayant esté, par arrest du 22 de juin au dict an, permis de continuer le dict exercice, encor que le dict Bretel eût présenté ses lettres, jusques à ce qu'il fût actuellement receu comme le remarque M. Le

Febvre, ce qui est conforme à l'usage de ce Parlement et contraire à celuy du Parlement de Paris.

Le dict Ripault, en ses lettres de provision du 10 d'avril 1543 est nommé licencié ès-loix. Il fut receu conseiller au Parlement de Paris le 13 de juillet 1552.

Le 14 janvier 1642 fut receu conseiller au dict Parlement, Charles Ripault, auquel Blanchart donne les mesmes armes.

Jean de Paillart, sʳ de Jumeauville, espousa demoiselle Gillette Ripault, fille de Guillaume Ripault et de demoiselle Jeanne Boucher (Blanchart, p. 12).

Charles Ripault, sʳ de Vély, espousa Anne du Texier, fille d'Amos du Texier, sʳ de Briis, de Maisons et de Boischevert, et de Françoise Hurault (Généalogie de Hurault, p. 34).

Il avait prêté au Roi 2,000 écus. — 9 août 1547, Mandement pour son remboursement (M. de Beaurepaire).

V

JEAN THOREL, de Rouen, conseiller clerc, sʳ de HENOUART

D'azur aux 4 cotices d'or; au chef de gueulles chargé d'un taureau d'or.

Il est le 3ᵉ conseiller de nouvelle création receu en 1543, selon M. Chandelier, et le 5ᵉ selon M. Le Febvre, du quel j'ay suivi l'ordre conforme aux registres du Parlement.

En ses provisions du 9 d'avril 1543, il est qualifié prestre licencié ès-droicts.

Monsʳ Chandelier dict qu'il estoit jeune lorsqu'il entra

en cette charge. Son nom est employé en la liste du registre des enquestes commençant le 12 de novembre 1545, mais il est rayé, ce qui faict voir qu'il cessa de servir en la dite chambre des enquestes avant la fin du dict registre auquel ne sont les noms des conseillers de la grande chambre.

L'ordre des temps me faict juger qu'il estoit fils de Jean Thorel, receu Procureur général en la Court des Aides en 1500, à la charge du quel Me Jean d'Irlande ayant esté receu le 19 de febvrier 1533, le dict Thorel demanda place pour s'asseoir et postuler durant l'audience, veu qu'il désiroit encor fréquenter et postuler en la dite Court comme on voit par le registre d'icelle.

Le receuil de Mr de Marescot, conseiller en la Court des Aides, porte que le dict Thorel, Procureur général, fut anobly pour services en payant 50 escus d'aumosne, par lettres du mois d'octobre 1550, vérifiées en la Chambre des Comptes le 22 d'aoust 1551, et en la Court des Aides le 3 de septembre ensuivant et qu'il a eu pour fils Jacques Thorel, sr des Granges, bourgeois de Rouen. Le fief du poids de la viconté de Rouen est à présent possédé par un du dict nom et famille.

Richard Thorel, conseiller en l'Eschiquier d'Alençon (arrest d'audience du dernier de juin 1556).

Guillaume Thorel, sr de S. Martin, tuteur principal de Gédéon Thorel, mineur (arrest d'audience du 27 de janvier 1578. Le dict sr de S. Martin, appelant du bailly de Caux (audience, 11 octobre 1588).

Jean Thorel, sr de l'Espiney, contre Guillaume Thorel (arrest d'audience du 21 de novembre 1581).

Me Robert Thorel, receu advocat au Parlement, le 15 de septembre 1587.

Il est [le conseiller] nommé Harouart au registre des enquestes du 2 de may 1543.

(Suit la généalogie).

11 mars 1545. — Il est reçu chanoine à Notre-Dame de Rouen ; il était archidiacre du Grand-Caux (M. de Beaurepaire).

27 août 1550. — Il procède, en vertu de lettres royales, à l'inventaire, au château de Gaillon, des meubles appartenant à l'archevêque de Rouen (*Inv. des Arch. de la S.-Inf.*, G. 868).

Mai 1559. — Compte des Carmes. « *De portatione corporis et cereorum domini de Hanouart, consiliarii parlamenti, 12 s. 6 den.* » Il était curé du Hanouard (M. de Beaurepaire).

Il est inhumé en la Cathédrale de Rouen (A. Deville, *Tombeaux de la Cathédrale de Rouen*, p. 272).

VI

LOUIS LE ROUX, conseiller lay.

Il est le 5ᵉ conseiller lay de nouvelle création receu en 1543 selon M. Chandelier, et le 6ᵉ selon M. Le Febvre et [le] registre (ses lettres sont du 9 d'avril 1543), le quel [M. Le Febvre] dict qu'il décéda le 25 de may 1551 du travail du chemin, estant allé à Bayeux en commission. Le dict sʳ Chandelier dict qu'il estoit laborieux et studieux.

Il espousa Catherine Garin, fille de Richard, sʳ de Sermonville, advocat du Roy en la Court des Aides, ainsi que j'ay appris de M. Le Carpentier, conseiller au Parlement, qui avoit espousé la petite-fille du dict Louis Le Roux.

Encor que ses descendans aient possédé quelques héritages vers Louviers et en Caux, si es ce que cette famille n'a rien de commun avec celle des sʳˢ de Becdal, du

Bourgtheroude et de Tilly cy-dessus employée, ny avec celle des s^s d'Ouville et de Touffreville, insérée cy-après en son lieu.

Le dict Louis Le Roux est employé comme advocat plaidant en un arrest d'audience du 14 de décembre 1542. Il eut pour successeur au dict office de conseiller Gabriel de Rupierre, receu en 1556.

(*Suit la généalogie*).

Il était fils de Pierre Le Roux, avocat au Parlement.

Il eut plusieurs enfants. Son petit-fils Guillaume Le Roux, élu à Caudebec, fut anobli par lettres de novembre 1578.

Une note de la généalogie dit qu'on voit « par un arrest d'audience du 9 de janvier 1578 qu'il y eut procès entre Louis Le Roux fils aisné et Guillaume second fils du conseiller, pour héritages à eux escheus, situés à Venables et se voit qu'ils avoient d'autres frères. » Cependant, la généalogie ne lui donne qu'un fils, Robert.

(B.)

1554. — Il est trésorier de la fabrique de Saint-Laurent.

1556. — Il y est inhumé (*Inv. des Arch. de la S.-Inf.,* G. 6801).

VII

CLAUDE LE GEORGELIER, s^r du BOIS,
conseiller lay.

D'argent à 3 cloches de gueulles
avec un battant de sable.

Il est le 8e conseiller de nouvelle création selon l'ordre de M. Chandelier, et le 7e selon M. Le Febvre (1), du quel il avoit espousé la sœur, ainsi qu'il sera justifié par sa généalogie qui est en la page suivante. Les lettres de provision sont du 10 d'avril 1543.

(1) Ajouté en interligne : « et le registre ».

Mons᷒ Chandelier dict qu'il entra jeune en cette charge.

Il décéda l'11 de mars 1573, comme j'ay veu par le registre secret.

Ceux de la dicte famille disent qu'elle est venue de Bretagne et qu'il y en a plusieurs de leur nom au dict païs de Bretagne, du nom de Kergorly, qui portoient *vairé.*

Le dict Claude Le Georgelier plaida, le 14 de décembre 1542, la cause de demoiselle Colette Bigot, sa mère.

J'ay appris de ses descendans qu'il avoit presté au Roy 2 mil escus pour le dict office dont il fut remboursé sur la forest de Brothonne.

Par arrest du Parlement de Rouen séant à Louviers, du 20 aoust 1562, il est faict mention de la retraicte du Parlement au dict lieu à cause de la rébellion des habitans de Rouen; et par sentence du bailly de Rouen du mois de janvier au dict an, il est adjugé restitution au dict s᷒ Le Georgelier de 2,000 l. t. sur les nommés en icelle, à cause des pertes par luy souffertes pendant la dicte rébellion, et acte de sa plainte de la perte des titres concernant la noblesse de Rolland [?] et Henry Le Georgelier, chevaliers, ses prédécesseurs, dont il fut informé le 6 aoust ensuivant.

Il obtint lettres de conseiller honoraire le 13 de décembre 1572.

(Suit la généalogie).

Il était fils de Pierre Le Georgelier, sieur du Bois, et de Colette Bigot, fille d'Antoine Bigot, sieur de Fontaines, et sœur de Laurens Bigot, avocat général au Parlement de Rouen.

Il épousa en premières noces Marguerite Le Febvre, sœur du conseiller Jean Le Febvre, sieur d'Escalles, en 1545 ; en deuxièmes noces, Geneviève de Bauquemare, sœur du Premier Président Jacques de Bauquemare, de laquelle il eut Claude Le Georgelier, sieur du Bois, vicomte de Rouen.   (B.)

Il signait Le Georgelyer, et, dans un acte du 18 août 1565, est porté comme héritier pour moitié de Colette Bigot, dame du Jarrier et de la Noë, veuve en secondes noces de noble homme Antoine Le Carbonnier. — Il était propriétaire des quatrièmes du Neubourg et de Saint-Georges-du-Vièvre (Cour des Aides, 15 février 1568, expéditions). — (M. de Beaurepaire.)

1563. — Il est un des trésoriers de la fabrique de la paroisse Saint-Laurent de Rouen (*Inv. des Arch. de la S.-Inf.*, G. 6801).

1559. — Il est, à Caen, l'objet de manifestation hostile de la part des religionnaires qui l'assiègent, ainsi que l'avocat du Roi, Damours, dans l'hôtellerie où ils étaient descendus (Floquet, II, 283-284). Déjà, en 1542, il avait été envoyé en cette ville, avec l'avocat général Péricard, pour informer contre les religionnaires (*Id.*, ibid., p. 265).

VIII

FRANÇOIS SEDILE, de Paris, conseiller clerc.

Mons' Chandelier loue sa science et dict qu'il fut depuis conseiller au Parlement de Paris, lieu de sa naissance. Ses lettres de provision sont du 11 d'avril 1543.

Mons' Le Febvre dict qu'en 1544 il résigna son office à Claude Auvray.

Il sera parlé cy-après de Claude Sedile qui fut receu conseiller en 1577.

En un arrest d'audience du 2 de may 1544, est parlé de Claude Sedile, marchand, ayant loué une maison à Rouen de l'abbé de S. Georges-de-Boscherville dont le prevost de Paris vouloit retenir la connoissance.

Il y a arrests d'audience des 7, 13 et 15 de may 1546 entre le dict Sedile, conseiller au Parlement de Paris, et Claude Auvray, conseiller au Parlement de Rouen. Le dict François Sedile fut receu conseiller au Parlement de

Paris le 30 de juin 1544. Le dict Claude [*sic*] Sedile, conseiller, eut pour héritiers Mathieu Hallé, procureur au dict Parlement et Robert Hallé, petit-fils de demoiselle Isabeau Chesneau, ce qui fut contesté par Me Artus Boullenger, advocat, et Ambroise Mare, procureur en la dicte Cour, au droict de Laurence et Catherine Hallé, leurs femmes, et Raoul Hallé, sr de Beauregard (registre de l'édict, 15 avril 1602); et le dernier avril le dict Raulin Hallé, receveur de l'Hostel de ville de Rouen, Jean Chesneau, etc... [*sic*].

IX

GEORGES LE BRUN, conseiller clerc, de Rouen.

> *Couppé d'or et de gueulles, au lion de gueulles sur or, et d'or sur gueulles.*

Il est le 9e conseiller de nouvelle création receu en 1543 selon Mrs Chandelier et Le Febvre. Ses lettres sont du 11 d'avril 1543.

Encor qu'il fût conseiller clerc, si es ce qu'il fut marié, chose fort ordinaire au dict temps.

Sa généalogie est en la page suivante.

Il décéda en octobre 1567, comme j'ay veu en un registre des enquestes, et fut inhumé à Saint Lo avec Catherine Le Chandelier, sa femme. Il y a fondations de leur famille. Il demeuroit en la maison qui est près de la dicte église, en la quelle demeure encor à présent Jean-Baptiste Le Brun, conseiller au Parlement, son petit-fils.

(Suit la généalogie).

Il était fils de Guillaume Le Brun, sieur du Boscguillaume, du Mesnil-Ango et Saint-Jore, avocat au Parlement, sénéchal des hauts jours de l'archevêché de Rouen et de Laurence Maillard.

Sa succession fut partagée par contrat reconnu aux requêtes, le 10 avril 1570.

Il eut plusieurs enfants, dont l'un, Jean-Baptiste, fut conseiller au Parlement de Rouen.   (B.)

1543. — Lors de son examen, Jean [*sic*] Le Brun, sieur de Boisguillaume, « avoit esté trouvé foible et débile » (Floquet, 1, 375).

6 novembre 1553. — Un de ses enfants est baptisé dans l'église Saint-Lô de Rouen (M. de Beaurepaire).

X

JACQUES CENTSOULZ, conseiller clerc, de Caux.

Monsʳ Chandelier dict qu'il estoit aagé lorsqu'il entra en cette charge. Ses lettres de provision sont du 11 d'avril 1543; il mourut en octobre 1566.

Selon la liste employée au registre des enquestes, il eut pour frère et héritier Gautier de Centsols, sʳ du Breuil, conseiller aux eaux et forests en la table de marbre du Palais à Rouen (1), qui espousa Anne Postel, fille d'Antoine, sʳ des Minières, conseiller au Parlement de Rouen, et en eut 3 filles, à sçavoir : Isabeau, femme en 1ʳᵉˢ nopces de Martin Hébert, sʳ de Crasville, en eut 1 fille ; en 2ᵉˢ nopces, espousa le sʳ d'Odigny ; Marie de Centsols,

----

(1) En note est écrit le paragraphe qui suit : « Arrest d'audience du 22 de febvrier 1567 où il s'agit de partages en douaire entre le dict Gautier et Marie Monfault, vefve du dict Jacques Centsols, conseiller. Par le déceds du dict Gautier de Centsols, Jacques Boullemer, notaire de la Court, fut receu au dict office le dernier de septembre 1578, suivant ses lettres du premier d'aoust au dict an. »

femme du s^r de la Motelle, guidon de la compagnie du s^r de Maintenon [ou Mantenon, mot surchargé] ; et Magdeleine de Centsolz, femme du s^r de S. Ouen-en-Caux.

Aux registres de la Court des Aides est parlé de Jean de Centsols, se disant noble et d'Appeville [sic] en Picardie, imposé à la taille par les parroissiens de Gonsseville, élection de Caudebec, en 1498, sur quoy y eut procès en mars 1503 et juin 1512 ; et, enfin, par arrest du 17 d'aoust 1520, il fut déclaré roturier.

Le dict Jacques de Centsols, conseiller, fut commis pour informer de ceux qui, par fraude, avoit [sic] enlevé hors le royaume des marchandises prohibées, dont la congnoissance fut attribuée à la chambre des enquestes, comme on voit par les lettres du Roy, employées au registre d'audience du 27 d'aoust 1546 (1), et par autres lettres registrées le 26 de juin 1554.

Il mourut avant le mois de février 1566, arrest d'audience du 3 du dict mois où il s'agist de la dicte commission.

Il avoit espousé Marie Monfaut, fille de Pierre, Président au Parlement.

Jean Centsolz, héritier de Robert Centsolz et tuteur des enfans de Jacques Centsols son frère (arrest d'audience du 13 de décembre 1605).

Lors de leurs examens de réception, Centsols, Briselet et Le Roux, sieur de l'Esprevier, « avoient été médiocres ou nuls à l'envi » (Floquet, I, 375).

19 mars 1563. — Pillé par les protestants pendant les troubles, il réclamait contre eux 17,323 livres. Il se qualifiait sieur des Mesnils et de Breteuil, à Gonseville (M. de Beaurepaire).

Il fut prince des Palinods de Rouen (Guiot, I, 169).

(1) Date surchargée, il y avait, d'abord, 1556.

1570-1571. — Comptes du Collège de la commune à Rouen. Il
est fait mention de ses héritiers (*Inv. des Arch. de la S.-Inf.*,
G. 4660).

XI

ROBERT LE ROUX, sr de LESPREVIER,
conseiller clerc.

D'azur au chevron d'argent, accompagné
de 3 testes de léopard d'or ; et pour
briseure, un esprevier d'argent posé
sur la pointe du chevron.

Sa généalogie est cy-dessus expliquée (livre I, seconde
partie, nombre XXXV).

Monsr Chandelier dict qu'il entra jeune en cet office,
et que les charges du Parlement semblent affectées à sa
famille.

Ses lettres sont du 11 d'avril 1543. Il l'a employé le
14ᵉ conseiller de nouvelle création receu au dict an 1543 ;
mais M. Le Febvre l'employe l'unziesme, aussy est-il
employé en cet ordre aux listes du registre des enquestes
commençant le 7 de janvier 1565 et finissant le 18 de
juillet 1569. En la seconde des listes du dict registre, son
nom [est omis] par ce qu'il avoit esté ordonné par arrest
du Parlement du 3 de janvier 1568, que son nom et
de quelques autres conseillers cy-après remarqués seroit
rayé du tableau, et qu'ils seroient privés de leurs charges
pour estre de la nouvelle religion, comme le remarque
M. Le Febvre. Il fut depuis restably en sa charge, et le
dict sr Le Febvre remarque que le 17 de janvier 1571 (1),

(1) Il faut suppléer ici : « lors des plaintes pour injures respectivement portées par... ». Autrement, la phrase n'a pas de sens.
(Voir plus bas (p. 246) la notice sur Jean de Quièvremont).

M. le P. Vialard (qui avoit esté fort sévère à la recherche de ceux de la nouvelle religion) et M. Mainet conseiller, (qui avoit aussy esté exclus de sa charge à cause de la dicte religion), furent récusés le dict Le Roux, s^r de l'Esprevier, et autres qui avoient esté exclus de leurs charges à cause de la dite religion.

Il continua, néantmoins, de faire profession de la dite nouvelle religion, et se retira en sa terre de l'Esprevier, près Louviers, laquelle fut ravagée par les catholiques et les fils du dict s^r de l'Esprevier tués dans les dites guerres, de sorte que sa fille, mariée dès auparavant à Joachim du Jardin, viconte de Conches, devint héritière de la dicte terre.

Il demeuroit, ainsy que ses prédécesseurs, en la parroisse de S. Vincent de Rouen, en la quelle, et en celle de S. Eloy, ils ont fait quelques fondations, et leurs armes sont aux vitres de la dicte parroisse de S. Vincent.

Monsr Le Febvre, t. II, p. 165, remarque que le dict s^r de l'Esprevier fut envoyé en may 1549, avec cinq autres conseillers, tenir le Parlement de Bordeaux suivant la commission du Roy, et en revint en janvier ensuivant.

Il fut commis par arrest donné les chambres assemblées, le 7 de juillet 1545, pour, avec M. le Président Petremol et quelques chanoines et bourgeois, régir et administrer l'Hostel-Dieu de Rouen.

Par son déceds, Nicolas de Croismare fut pourveu du dict office de conseiller en 1578.

Il était fils de Claude Le Roux, dont la notice se trouve ci-dessus, p. 151.

La généalogie des Le Roux, par le Président Bigot, s'exprime sur lui en ces termes : « Robert, s^r de Tilly, Becdal et autres lieux, conseiller au Parlement de Rouen, qui décéda le .. d'octobre 1583, et gist à S. Estienne-des-tonneliers à Rouen ; espouse 1º Magdeleine Valles, fille de Pierre, sᵣ d'Esnanville [Emanville], conseiller en la Court des Aides, et de Colette Boullenc; 2º Barbe Guiffart, là quelle en 2ᵉˢ nopces, espousa Claude Groulart, Premier Président au dict Parlement, de la quelle il eut, entre autres enfans, Robert, sᵣ de Tilly, Becdal, Mesnil-Jourdain, conseiller au Parlement et au paravant Président aux requestes du Palais. »   (B.)

Lors de leurs examens de réception, Centsols, Briselet, Le Roux, sᵣ de l'Esprevier, « avoient été médiocres ou nuls à l'envi. » (Floquet, I, 375).

XII

PIERRE DE MÉDINE, de Rouen, conseiller lay.

Couppé d'azur à la fleur de lis d'or, et d'argent au renard de sable appuyé contre un chesne de synople. L'escu flanqué de 2 girons d'or chargés de deux lions de sable affrontés, un lion sur chaque giron.

Monsᵣ Chandelier dict qu'il estoit originaire d'Espagne. Sa généalogie est en la page suivante.

Il mourut en octobre 1572, comme on voit par la liste employée au registre des enquestes commenceant le 2 de may 1572.

Le registre secret de la grand Chambre du 14 de novembre 1572 faict mention qu'après son décèds et de M. Briselet, leurs gages furent, par lettres patentes, attribués par augmentation à Mᵣˢ de la grand Chambre, ce qui me fait croire que lesdits deux offices furent supprimés. Ses lettres de provision du dict office de conseiller sont du 11 avril 1543, auquel office il fut receu le 5 de may au dict an selon le registre.

(*Suit la généalogie.*)

Il était fils de ......, Espagnol habitué à Rouen, et de ......
Petit, de Paris.

Il épousa en premières noces Marguerite de Quintanadouenes, fille de Jean, sieur de Brétigny et d'Isabeau de Civile, et en secondes noces, ... du Val, fille de Raoul du Val, sieur de Couppeauville, conseiller en la Cour des Aides (B., VIII, 18), et eut deux fils ; Adrien, conseiller et secrétaire du roi ; Jean, lieutenant particulier du bailli de Rouen, et une fille. (B.)

Mention de Barbe Duval, sa veuve (26 août 1577), et de leurs enfants : Jean, lieutenant au Présidial de Rouen, et Adrien, grenetier pour le roi à Dieppe (22 novembre 1575). (M. de Beaurepaire.)

XIII

JEAN DE QUIÈVREMONT, sr de HEUDREVILLE, conseiller lay.

D'argent à 4 fasces de gueulles, au lion d'or brochant sur le tout.

Il est le 13e conseiller de nouvelle création receu en 1543, selon M. Le Febvre, et le 12e selon M. Chandelier. Il en fut pourveu le 9 d'avril 1543 et y fut receu le 5 de may 1543. (Registre.)

Il fut ordonné, par arrest du 3 de novembre 1568, que son nom et de quelques autres conseillers de la nouvelle religion seroit rayé du tableau des appeaux (aussy est-il rayé en la 2e liste du registre des enquestes du dict temps) ; et, par arrest du 10 d'avril 1570, il fut privé pour ce subject de son office auquel il fut depuis restably, et, le 17 de janvier 1571, fut récusé de plaintes pour injures respectivement présentées par M. le Président Vialard et M. Mainet, conseiller, ainsi qu'il a esté dict en parlant de Robert Le Roux, sr de l'Esprevier (M. Le Febvre) (1).

(1) V. plus haut, p. 243-244.

Et, le 18 de juin 1575, Me Jean Piperey fut receu conseiller par la résignation du dict s^r de Heudreville.

Il a esté cy-devant parlé de sa généalogie en la seconde
partie de ce livre, nombre III (1).

Il avoit presté au Roy deux mil escus pour parvenir au
dict office revenans à 4,500 l t.; et, en 1557, presta
encor pareille somme dont du tout il fut remboursé les 5
années ensuivantes sur le revenu des gabelles de la généralité de Rouen, suivant ses lettres du dernier avril 1557
registrées au Parlement le 15 de juin 1554 [*sic*]. Voyez
cy-dessus, II, III..... (2).

Il était fils de Nicolas de Quièvremont, conseiller en 1518, voir
p. 132.

Il épousa, en premières noces, Jeanne Valles (avant 1543); en
secondes noces, en 1548, Marie Le Roux, fille de Claude Le Roux,
conseiller au Parlement, sieur du Bourgtheroude et de Tilly; en
troisièmes, Catherine Le Gras, veuve de Nicolas La Vieille, sieur de
Montigny.

Il n'eut qu'un fils (de Marie Le Roux), François, qui épousa
Claude de Pardieu et « porta les armes pour le party de la
R. P. R. »   (B., t. II, f° 72.)

Sur son ignorance du droit et de la pratique des affaires,
v. Floquet, I, 375.

XIV

ROBERT BRISELET, s^r de SAINT-GERMAIN (3), de Rouen, conseiller lay.

Il est le dernier des conseillers de nouvelle création
receus en 1543, selon M. Le Febvre, qui est l'ordre de

(1) V. ci-dessus, p. 106.

(2) V. ci-dessus, p. 225 et 232.

(3) Le Président Bigot avait d'abord écrit s^r d'Ionville, puis il a rayé
Ionville et écrit en interligne : Saint-Germain.

la liste du registre des enquestes 1572, la quelle fait mention qu'il mourut en octobre au dict an 1572.

En un arrest d'audience du dernier d'aoust 1568, il est parlé du dict Briselet, conseiller, s^r de S. Germain. Je crois que son office fut supprimé après son déceds. (Voyez ce qui a esté dict cy-dessus, XII.) (1).

Il fut pourveu du dict office le 9 d'avril 1543, et receu le 5 de may 1543 selon le registre, et ainsi doibt estre avant Nicolas de la Place. Il est nommé s^r de S. Germain près le Pont-de-l'Arche en un arrest d'audience du 27 de febvrier 1563 (2).

(Suit la généalogie.)

Il était fils de Jean Briselet, sieur d'Ingremare, commis du greffier de la seconde Chambre, mort le 5 mai 1546. Il épousa la veuve de Jean Ribaut, sieur de Ronfeugère (arrêt d'audience du 19 avril 1561 avant Pâques), et eut trois filles. Il mourut en octobre 1572.   (B.)

Son examen avait été peu satisfaisant. (Floquet, I, 375.)

Dans un acte du tabellionage de Rouen du 18 juillet 1544, il est qualifié sieur d'Ionville. Les lots de sa succession se trouvent à la date du 23 juin 1575. (M. de Beaurepaire.)

(1) V. ci-dessus, p. 245.

(2) Cette notice portait primitivement le chiffre XV ; et, en effet, elle figure au ms., au folio 194, c'est-à-dire après la notice consacrée à Nicolas de la Place, inscrite au folio 192, primitivement sous le n° XIV, qui a été rayé et remplacé par le n° XV.

XV

NICOLAS DE LA PLACE, de Rouen,
conseiller lay (1).

D'azur à 3 molettes d'or (ms. A., p. 210). (2.)

Il estoit jeune lorsqu'il entra en cette charge, selon
M. Chandelier, lequel le met le dernier des conseillers de
nouvelle création receus en 1543. Mais M. Le Febvre le
met le 14ᵉ et le nomme devant M. Briselet, ce à quoy se
rapportent plusieurs listes que j'ay veues dans les registres
du Parlement.

En may 1549, il fut commis par le Roy pour aller
tenir le Parlement de Bordeaux, mais il en fut excusé par
maladie selon M. Le Febvre (t. II, p. 165). Encor qu'il
est obmis en la liste du registre des enquestes commençeant le 12 de novembre 1545, peut-estre qu'il estoit
desia de la grand Chambre, et en la dite liste il n'y a que
les conseillers des enquestes employés. Il n'estoit plus
conseiller en 1565, comme on voit par la liste du registre
commençeant le 7 de janvier au dict an.

Il fut receu au dict office le 10 de may 1543, en ayant
esté pourveu le 11 d'avril au dict an, et ainsi, en ce regard,
l'ordre de M. Chandelier est meilleur que celuy de
M. Le Febvre.

On avoit assemblé pour sa réception dès le 5 may au
dict an, mais il ne fut pas receu. (Registre des enquestes.)

(1) Sur le classement primitif de cette notice et de la précédente,
v. la note 2, p. 248.

(2) Il y avait d'abord : *3 estoilles.* Une des notes qui suivent la
généalogie dit que les divers membres de cette famille ont beaucoup
varié leurs armes.

Blanchart donne les armes de cette famille cy employées à Jean de la Place, receu conseiller au Parlement de Paris le 23 janvier 1475, en quoy il se mesprend.

(Suit la généalogie.)

Il était fils de Nicolas de la Place, élu à Rouen, et de ... . de Quièvremont.

Il est qualifié sieur de Saint-Suplis et de Saint-Etienne et épousa Louise Thibout, fille de Robert Thibout, Président au Parlement de Paris, qui fut tutrice de ses enfants (arrêt d'audience du 13 janvier 1567). Il eut un fils, Nicolas de la Place, qui fut conseiller au Parlement de Paris.   (B.)

Il était peu instruit. (Floquet, I, 375.)

23 décembre 1554. — Il achète de Pierre de la Place, chanoine de Rouen et conseiller au Parlement, le fief de Saint-Etienne-du-Rouvray, quart de fief de haubert qui avait été à Isabelle de Saint-Etienne et depuis à plusieurs dénommés Dampont, enfin à Loys des Haies, sieur du Boscguéroult. (M. de Beaurepaire.)

1559. — Il avait été envoyé dans le pays de Caux « pour procéder contre les prédicants et dogmatisants....... » (Floquet, II, 281.)

1561. — Compte des Carmes : *De conductu M. Nicolai de la Place, consiliarii parlamenti ac domini Sancti-Sulpitii*....... 30 s. (M. de Beaurepaire.)

XVI

CLAUDE JUBERT, sr de VÉLY, conseiller lay.

Escartelé au 1 et 4 d'azur à la croix d'or ; au 2 et 3, d'azur aux 5 fers de lance, 3 et 2.

Il fut pourveu du dict office vacant par le déceds de Guillaume Jubert son père, et fut receu le 14 de juin 1543 ; et parcequ'il avoit presté 2 mil escus au Roy il

eut lettres de dispense du serment de finance. (Registre
d'audience.)

Leur généalogie est expliquée cy-dessus, seconde partie,
n. VIII. [Voir p. 111.]

Marie, Anne et Magdeleine ses filles furent en la tutelle
de Jean Jubert sʳ du Marais-Vernier leur oncle. (Arrest
d'audience du 19 de juin 1563 ?)

Il était fils de Guillaume Jubert et de sa seconde femme, Catherine Blancbaston.

Il avait épousé .... Remon, fille de Pierre Remon, Premier
Président au Parlement, et eut trois filles.   (B.)

12 mars 1547. — Mandement du roi pour le remboursement de
4,500 escus qu'il avait prêtés au roi. (M. de Beaurepaire.)

Il est question de son maître d'hôtel dans un acte du 25 juillet
1555. (M. de Beaurepaire.)

V. son épitaphe dans Farin, IV, 380.

XVII

LOUIS BONENFANT, sʳ de MAGNY,
conseiller clerc.

*De gueulles à la fasce d'argent, accom-
pagnée de 6 roses d'or, 3 en chef, et 3
en orle et en pointe.*

Monsʳ Chandelier dict qu'il estoit de Rouen et petit-fils
de M. le Président de Villy.

Il fut receu au lieu d'André Maillard, le 8 d'aoust
1543, comme il est porté par ses lettres de provision,
insérées au registre du dict jour après celles de Mᵉ Pierre
dú Four.

J'ay icy employé une généalogie tirée de la recherche
des nobles faicte en 1624, et, en la page suivante, est

celle des sieurs de Magny-Freulle que j'estimes estre de mesme famille, veu que lors de la descharge qu'ils obtindrent en 1599, ils sont tous deschargés veu leurs titres et Monfaut, le quel n'a remarqué qu'un seul noble du dict nom, nommé Jean Bonenfant, demeurant à Méry.

Le dict Louis Bonenfant est nommé sr du Breuil en un arrest du 3 de septembre 1557. Il n'est point employé en la liste du registre commençeant le 7 de janvier 1565. Au registre d'audience du 11 d'aoust 1553, il est faict mention que le dict Bonenfant ayant esté receu conseiller lay au lieu de Nicolas Harnois, résigna son office de conseiller clerc à Me Denis du Val à quoy opposa Jacques Daniel, conseiller clerc, Président aux requestes, ce qui fut en 1551, comme on voit par les provisions du dict du Val insérées au registre du 29 de mars 1556.

(Suit la généalogie.)

Son ascendance n'est pas nettement indiquée ; il y est qualifié en outre sieur du Breuil.   (B.)

7 mai 1568, Tabellionage de Rouen, meubles. — Il avait laissé pour seul héritier son frère, Jean Bonenffant, sieur de Maigny, demeurant à Maigny, vicomté de Neufchâtel. (M. de Beaurepaire.)

XVIII

PIERRE DUFOUR, sr de S. JACQUES, conseiller lay, de Rouen.

D'azur à 3 croissans d'or.

Il fut receu au dict office le 8 aoust 1543, en ayant esté pourveu par le déceds de Jean Odoart, comme l'on voit par ses lettres insérées au registre d'audience du dict jour.

On voit par le registre des enquestes qu'il décéda le 13 juin 1569, ce que M. Le Febvre confirme, et dict qu'il estoit lors aagé de 63 ans. Adrian Toustain succéda au dict office le 17 mars 1571. J'ay appris que le dict s^r Du Four refusa la tutelle de ses nepveux, et depuis son déceds, ses enfans et descendans ont esté peu assistés, et sont tombés en pauvreté. Dès son vivant, ses maisons estoient saisies par décret. (Arrest d'audience du 28 de juillet 1568.)

Sa généalogie est aux pages suivantes, laquelle il faut revoir et corriger.

(*Suit la généalogie.*)

Il était fils de Pierre Dufour, sieur de Saint-Jacques, et de Laurence Nagerel.

Il eut un fils, Robert, qui renonça à sa succession (arrêt d'audience du 16 juin 1570), et une fille.

« Compromis fait sur Mrs R. Le Roux, le jeune, G. de Bauquemare et Ph. de Nocey, conseillers, entre M. Nicolas Chérie, advocat, ayant espousé la fille et héritière de Jean du Four, s^r des Marettes, advocat du Roy en l'élection de Rouen, et Mr Me Pierre du Four, conseiller au dict Parlement (arrest d'audience du 21 febvrier et 19 mars 1567). »   (B.)

1554-1555. — Il est trésorier de la fabrique de Sainte-Croix-Saint-Ouen de Rouën.

3 août 1557, 1er février 1558, Tabellionage de Rouen, meubles.— Il était fils de Jacques Dufour, sieur de Saint-Jacques. Sa fille Catherine accepta sa succession sous bénéfice d'inventaire. —. 24 mai 1572. — Mention de Marie du Bosc, veuve de Pierre Dufour, conseiller au Parlement. (M. de Beaurepaire.)

XIX

CONSTANTIN (1) DE BURES, de Dieppe, lay, docteur ès-droicts.

D'azur à la bande d'or ouvragée, dicte de payellé, accompagnée d'une merlette d'or en chef, et 2 estoilles d'or en pointe.

Monsr Le Febvre le nomme Constantin et dict qu'il fut receu l'11 de febvrier 1543. M. Chandelier le nomme David. Il est nommé Constantin en ses provisions que j'ai veues au registre d'audience.

Il estoit de la mesme famille de David de Bures, conseiller en 1519, et fut receu à l'une des 6 charges de nouvelle création contenues en l'establissement des requestes.

Encor que son nom soit obmis en la liste du registre des enquestes de l'an 1545, si es ce qu'il exerçoit encor le dict office, puisqu'en may 1549, il fut, avec cinq autres conseillers du Parlement de Rouen, tenir le Parlement de Bordeaux, don (*sic*) ils revindrent en janvier ensuivant. (M. Le Febvre, t. II, p. 165.)

Son nom n'est point employé en la liste du registre commençeant le 7 de janvier 1565.

Il presta au Roy deux mil escus dont il eut lettres de dispense, employées au registre du dict jour 11 de febvrier 1543.

D'après un acte du Tabellionage de Rouen du 11 janvier 1554, Constantin de Bures, sieur du Bosc-Robert, habitant alors Paris, était héritier de n. h. Guillaume de Bures, grenetier à Dieppe, son ayeul.

(1) Il y avait d'abord David, mais ce prénom a été effacé et remplacé par celui de Constantin.

Il avait épousé Cécile Myffant qui était veuve lors d'un acte du 11 mai 1557. (M. de Beaurepaire.)

Son collègue Le Chandelier vante son talent pour la poësie. (Floquet, I, 469.)

XX

NICOLAS PAY DE CŒUR, de Rouen, conseiller lay.

De gueulles au chevron et trois cœurs d'argent.

Il fut receu à une des charges de nouvelle création l'11 de febvrier 1543, et décéda le 10 de may 1553, selon M. Le Febvre.

Les armes de cette famille sont en plusieurs vitres de la parroisse S. Laurens de Rouen, en laquelle ils demeuroient en la rue de l'Escureur.

(*Suit la généalogie.*)

Il était fils de Guillaume Pay de Cœur, postulant en Cour laye.

(B.)

Il habitait paroisse Saint-Sauveur et est mort en mai 1553. (Compte des Carmes.)

Dans un acte du Tabellionage de Rouen (26 juin 1553), il est fait mention de sa veuve, Françoise Quesnel, fille de Jean Quesnel, conseiller au Parlement. (M. de Beaurepaire.)

XXI

NICOLAS BLANCBASTON, de Dieppe, conseiller lay.

De gueulles au baston d'argent posé en pal, accompagné de 4 fleurs de lis d'or ; et, pour briseure, un lambeau d'argent en chef.

Il fut receu l'11 de febvrier 1543 et mourut le 21 de juin 1550, selon M. Le Febvre, lequel aussy remarque

(t. II, p. 165), que, le 5 de may 1549, il fut envoyé, avec cinq autres conseillers, tenir le Parlement de Bordeaux, et en revint en janvier ensuivant.

Par ses provisions, insérées au registre d'audience du dict jour 11 de febvrier 1543, il est qualifié docteur en droict civil et est pourveu d'un des offices nouvellement créés en conséquence de l'establissement de la Chambre des requestes.

Son office fut supprimé par son déceds, et depuis fut restably, et en fut pourveu Nicolas Rassent en 1554.

(Suit la généalogie.)

Il était fils d'un autre Nicolas, décédé avant 1527.   (B.)

Sa mère s'appelait Marie Sureau, et sa femme Jeanne de Prestreval. (Ms. de M. Le Verdier.)

9 mars 1546 (Tabellionage de Rouen, meubles). — Mention de Nicole Blancbaston, conseiller au Parlement, et de Girard, son frère, fils et héritiers de R. [?] Blancbaston, écuyer, sieur du Bosc-Renoult. (M. de Beaurepaire.)

XXII

NICOLAS CAVELIER, sr d'ESPINAY,
conseiller lay, puis Premier Président aux requestes du Palais.

D'argent à la bande de gueulles, accompagnée de 6 losanges de mesme posées en orle, 3 en chef, 3 en pointe.

Il fut receu conseiller lay l'11 de febvrier 1543, selon M. Le Febvre, lequel aussy remarque, t. II, p. 165, qu'en aoust 1549, il fut envoyé par le Roy tenir le Parlement de Bordeaux au lieu de Nicolas de la Place, excusé par maladie, et en revint en janvier ensuivant.

Le 27 d'octobre 1555 il fut receu Premier Président aux requestes du Palais par la résignation de Jaques Daniel, sr du Boisdanemets, son beau-père, et fit le serment au barreau et non au parquet comme le remarque le dict sr Le Febvre (t. II, p. 244 v). Et le 1er de novembre ensuivant il fut arresté qu'il jouiroit des mesmes honneurs, préséances et prérogatives dont jouissoit le dict Daniel. (Ibid. Voyez la fin de cette page.)

Il mourut de la peste à la Magdeleine le pénultiesme de may 1568 et fut inhumé à S. Maur où il fut porté dans le chariot selon le dict sr Le Febvre. Le temps de son déceds est confirmé par la liste du registre des enquestes du dict temps.

Par le registre d'audience du 11 de febvrier 1543, on voit que le dict Nicolas Cavelier, licencié-ès-loix, fut pourveu du dict office de conseiller lay de nouvelle création en conséquence de l'establissement de la Chambre des requestes. Et le 18 de mars 1543, il fut receu commissaire aux requestes du Palais suivant ses lettres de commission du 19 de décembre 1543.

Robert Cavelier, sr de la Lequeraye, vassal de la baronnie de S. Philbert-sur-Rille. (Arrest d'audience du 24 et 25 de janvier 1543.)

Robert Cavelier, sr de Villequier, thrésorier des pauvres. (Arrest d'audience du 13 de mars 1543.)

Le registre d'audience du 2 de décembre 1555 contient un arrest par lequel Me Estienne Belot fut débouté de son opposition pour empescher le dict Cavelier de le précéder au Conseil; au quel touttes fois il accordoit la préséance en audience, et fut dit que le dit Cavelier jouiroit des mesmes gages, honneurs, préséances dont jouissoit le dit Daniel, sans touttes fois qu'il peut prendre la qualité de Premier Président. Ensuite sont insérées ses lettres de provision du dict office, du 7 de septembre 1555, et autres lettres du dict jour contenant dispense de ce qu'il en avoit payé 15 cens escus d'or qu'il avoit baillés au dict Daniel pour aider à payer les 10 mil livres pour sa charge de Président au Parlement.

(*Suit la généalogie.*)

Il était fils de « Guillaume Cavelier, « b. m. » [bourgeois marchand] de Rouen, qui acquit 100 l. t. de rente sur les aides de Rouen, le 1er de juin 1519, du quel contract je suis saisy comme la rente m'ayant esté transportée ». Il épousa Magdeleine Daniel, fille de Jacques Daniel, sieur du Boisdanemets, Président au Parlement, et de Jeanne de Marle. Ils ont eu deux fils : Nicolas, sieur de la Lesqueraye ; Jacques, sieur d'Espinay, avocat au Parlement, et une fille.   (B.)

Son père est qualifié sieur de Villequier dans un acte du Tabellionnage de Rouen, du 25 février 1544. — Il présente un enfant au baptême devant le ministre protestant, le 15 février 1564. — 29 mai 1568. — Nicolas Cavelier, sieur de la Lequerays, Président aux requêtes du Palais, donne procuration pour résigner son office en faveur de son fils Nicolas, étudiant en l'Université, ou autre. (M. de Beaurepaire.)

XXIII

JEAN GARIN, sr de MOULINEAUX et du LENDIN, conseiller lay.

De gueulles à deux coquilles d'or en chef,
et un cœur aussy d'or en pointe.

Il est le dernier officier mentionné au receuil de M. Chandelier lequel, par erreur, le nomme Guérin et dict qu'il estoit aagé lorsqu'il fut receu conseiller et qu'il avoit auparavant exercé d'autres charges aux jurisdictions inférieures.

Il avoit esté lieutenant du viconte de Rouen l'espace de 25 à 26 ans, ainsi que le portent ses lettres de provision par les quelles il est dispensé de ce qu'il n'estoit ? ? l'un des anciens conseillers du Parlement. Mons' Le Febvre remarque qu'il fut receu conseiller et commis- saire aux requestes du Palais le 1er de mars 1543, et mourut le 27 de mars avant Pasques 1551, et que Gilles de Hastes, sr de Susay, succéda, en 1552, au dict office de conseiller sans que cela luy préjudiciast pour son estat des requestes. (Registre.)

Sa généalogie est amplement traitée aux pages suivantes, qui a esté baillée par Georges Garin, sr de Sermonville, fils de Louis Garin, sr de Sermonville, conseiller aux re- questes du Palais, que j'ay corrigée et augmentée en plu- sieurs articles.

Sa succession fut partagée entre ses deux fils, le 17 de septembre 1552, les quels partages j'ay veus au procès d'entre les abbé et religieux de Jumièges et Mathieu Le Roy, sr du Lendin, où estoient aussy les pièces justi- ficatives de la postérité du dict Jean Garin conseiller, du quel procès j'estois rapporteur.

Mons' du Rombosc a faict représenter en la chapelle de sa maison de Moulineaux les trois de ce nom de Ga- rin qui ont possédé ce fief, avec leurs femmes et armes, à sçavoir : Jean Garin, conseiller en Court laye ; Carados Garin, advocat général en la Court des Aides, et ce Jean Garin, conseiller au Parlement, en quoy il diffère de la généalogie insérée aux pages suivantes.

Le dict sr Garin conseiller, ayant esté pourveu du dict office de lieutenant général du viconte de Rouen par la promotion de Me Mathieu Raulin, sr de Vertbois à l'office de conseiller, fut, le 12 de novembre 1519, receu au serment du dict office non-obstant l'opposition de

Mᵉ Mathurin de Lèveville (1), escuier, viconte de Rouen, et sans préjudice de leur procès.

(Suit la généalogie.)

Il était fils de Jean Garin, conseiller en Cour laie, seigneur de Moulineaux et de Saint-Nicolas, qui acquit le fief du Lendin, et, par contrat du 3 septembre 1484, devant les tabellions de Rouen, celui de Moulineaux.

Il eut deux fils : Jean, sieur de Moulineaux et du Lendin, conseiller et secrétaire du roi, et Pierre, sieur du Lendin.

« Jacques Garin, procureur du Roy en la Table de marbre du Palais, à Rouen, estant advocat au Parlement, vendit à n. h. Estienne Bigot moitié de mes maisons de S. Erblanc, par contract devant les tabellions de Rouen, le 26 mars 1544, et par autre devant les dits tabellions, du 20 may 1549, le dict Jacques et Guillaume, curé de Flancourt, luy vendent le reste des dictes [ou des deux] maisons. »

« Jean Garin, anobly par les francs-fiefs, 1470, bailliage d'Evreux, viconté de Bretheuil, paya 30 l. t... Les héritiers de Pierre Guérin, pour leurs fiefs et pour la sergeanterie du bailliage de Rouen, payèrent 120 l. t. »   (B.)

Dans la chapelle du manoir de Moulineaux, le conseiller est représenté en robe rouge avec ses armes sur le montant de son prie-Dieu. L'on sait qu'il fut un des bienfaiteurs de l'Hôpital de Rouen, appelé alors la Madeleine. (F. Bouquet, *La Chapelle du manoir de Moulineaux près Rouen*. Rouen, 1895 in-8°, p. 26-28.)

1547-1550. — Il est un des paroissiens de l'église Saint-Nicolas de Rouen et assiste à la réception des comptes de la fabrique. — Aux comptes de la fabrique : bande de fer, avec bahut, où l'on serre les ornements laissés par Maître Jehan Garin, conseiller au Parlement, 4 s. (*Inv. des Arch. de la S.-Inf.*, G. 7328-7329.) — Sa femme s'appelait Belonne Graffart (Tabellionage de Rouen, meubles, 5 février 1544). (M. de Beaurepaire.)

---

(1) Farin l'appelle de Letteville, t. II, p. 380.

XXIV

JEAN DU BOSC, Sr d'EMENDREVILLE,
conseiller lay.

*De gueulles à la croix eschiquetée d'argent
et de sable, cantonnée de 4 lions d'or.*

Il fut receu conseiller lay et commissaire aux requestes du Palais le dernier de juin 1544, selon M. Le Febvre. Le 26 de janvier 1552 il fut receu second Président en la Court des Aides de Rouen au lieu de Henry Jubert, et ne fut point examiné attendu qu'il avoit esté conseiller au Parlement (registre des Aides), ce qui faict voir qu'il est obmis par erreur en la liste du registre des enquestes du 12 de novembre 1545. Pierre Fresnel fut receu au dict office de conseiller le 27 d'avril 1552, et Nicole Roux (1), sr d'Escroville, conseiller clerc à la dite commission des requestes, en juillet 1553, comme le remarque M. Le Febvre. La quelle le dict Du Bosc avoit continué d'exercer depuis la résignation de son office de conseiller au dict Fresnel, comme il y estoit réservé par les lettres de provision du dict Fresnel.

Il fut décapité en octobre ou novembre 1562, après la prise de la ville de Rouen.

Il a esté cy-dessus parlé de sa famille (première partie [du livre II] nombre VII). M. de Villequier dict qu'il fut mauvais mesnager, que ses terres furent décrétées pour ses debtes.

En un arrest d'audience du 20 de décembre 1563, il est dict, à la poursuite de Me Jean Le Febvre, conseiller, que les sacs dont le dict Du Bosc, conseiller, avoit esté saisy, et trouvés, après la prise de la ville, en la maison

(1) Le Roux.

de Me Jean Romé, chanoine, seroient mis au lieu cy-
devant servant à la beuvette de la tournelle où seroit mis
un loquet à deux clefs dont Dutertre, notaire, auroit une
clef et Houel, greffier criminel, l'autre clef.

7 décembre 1546. — Son père Louis du Bosc, sieur de Radepont,
lui laisse par avancement d'hoirie la terre de Radepont, le subrogeant
à son frère Robert. (M. de Beaurepaire.)

Sur son rôle dans les troubles des guerres de religion, sa con-
damnation et son supplice, v. Floquet, II, 447-454.

XXV

JEAN LE FEBVRE, s^r d'ESCALES, conseiller lay.

De gueulles à trois coquilles d'or.

Monsr de Galentine l'employe devant Me Jean Du Bosc,
s^r d'Ementreville. Ils furent tous deux receus le dernier
de juin 1544, et fut le dict s^r Le Febvre pourveu du dict
office par la résignation de Jacques de Bauquemare, s^r
de Bourdeny, son beau-frère, comme luy-mesme le remarque en son receuil souvent cité cy-devant et cy-après.

Il remarque aussy estre né le 14 de juillet 1505 et avoir
eu pour parrain Jean Du Bosc, s^r de Coqueréaumont,
conseiller en l'Eschiquier, son ayeul maternel.

Charles Le Febvre, s^r de la Gaillarde, luy succéda au
dict office de conseiller le 26 de novembre 1573.

Leur généalogie est en la page suivante.

Il presta au Roy 5,400 l. t. en 2,400 escus à 45 s. pour
parvenir au dict office ; et, en 1557, presta encor pareille
somme dont du tout luy fut donnée assignation sur le
revenu des 5 prochaines années des gabelles de la Généralité de Rouen, suivant ses lettres du dernier avril 1557

registrées au Parlement le 15 de juin 1557. (Voyez B, II, III, XIII) (1).

Il fut administrateur de l'Hostel-Dieu et en fit le serment le 10 de décembre 1562, ayant esté esleu avec Charles Du Val, conseiller, Jean Bigues, archidiacre, et Jean Le Sueur, chanoines, Georges Langlois et Raulin Halley, bourgeois.

(Suit la généalogie.)

Il était fils de Nicolas Le Febvre, sieur d'Escales, et de Marguerite Du Bosc, fille de Jean Du Bosc, sieur de Coqueréaumont, conseiller en l'Echiquier. D'après un arrêt d'audience du 14 décembre 1543, « le dict Nicolas avoit laissé unze cens l. de rente en fonds et unze mil cinq l. en meubles, des quels meubles il disposa au préjudice de son fils aisné et donna à ses puisnés [?] la propriété du tiers de Caux ».

Le conseiller avait épousé..... de Bauquemare, fille du Premier Président, et eut trois fils, dont l'un fut Charles, conseiller au Parlement de Rouen, qui épousa..... de Mucy, sœur de la femme de Pierre de Moges, sieur de Buron, conseiller au Parlement, et fille de Guillaume, sieur du Haullage ; — et trois filles.

21 juin 1549. — Il donna, conjointement avec sa femme, Anne de Bauquemare, 30 l. de rente viagère comme dot à sa fille Jeanne lors de son entrée au monastère des Emmurées.

26 avril 1554. — Mention de son frère Robert Le Febvre, docteur en médecine, et de sa sœur Anne Le Febvre. — Il décède le 10 juin 1571, après vingt-huit ou vingt-neuf ans de services, et est enterré à Saint-Maclou de Rouen, à quatre heures, le 12 juin. La Cour est invitée à ses obsèques. (M. de Beaurepaire.)

(1) V. ci-dessus, p. 225, 232, 247.

XXVI

JACQUES MUTEREL, sr de FAUVILLE,
conseiller lay.

D'argent à l'aigle esployée de sable.

Monsr Le Febvre remarque qu'il fut receu conseiller lay le 13 (ou 15) d'aoust 1544. Il fut envoyé par le Roy en may 1549 avec 5 autres conseillers tenir le Parlement de Bordeaux et en revint en janvier ensuivant selon le dict sr Le Febvre (t. II, p. 165). Ainsi on voit que, par erreur, il a esté obmis en la liste du registre des enquestes commençeant le 12 de novembre 1545, en la quelle il y a plusieurs autres semblables obmissions cy-dessus remarquées.

Me Jean Muterel, lieutenant général du viconte de Conches (arrest au conseil du 1 de juillet 1502). Me Jean Le Musterel, sr du Boscregnoult. (Arrest du 19 de janvier 1539.)

. Demoiselle Marie Muterel, poursuivie pour recognoistre à son seing [?] (1) apposé à un traicté de mariage d'entre elle et Me Robert La Boucque. (Arrest d'audience du 13 de may 1544.)

(Suit la généalogie.)

Il était fils de Simon Muterel, Procureur général au Parlement de Rouen, et de..... Jubert, fille de Guillaume Jubert, conseiller en l'Echiquier (2).   (B.)

---

(1) L'abréviation qui est au ms. donnerait aussi bien le mot : *fait.*

(2) Il était porté d'abord comme ayant épousé Barbe de Chambray; puis le Président Bigot a reporté cette mention à son fils René, sieur de Fauville.

XXVII

PIERRE DE LA PLACE, sr de S. ESTIENNE,
conseiller clerc.

D'azur à 3 molettes d'or.

Il estoit chanoine à Nostre-Dame de Rouen dès le 27 de may 1544, comme on voit par un arrest d'audience du dict jour.

Le 13 d'aoust 1544, il fut receu conseiller clerc au lieu de Guillaume Tulles, selon M. Le Febvre.

Le mardy 14 d'aoust 1576, le Parlement fut invité à son inhumation comme j'ay veu par le registre secret du dict jour.

La liste délivrée par Bradechal à M. de Galentine porte qu'en 1588..... Le Gras succéda à son office. Aussy le registre d'audience fait voir que Jean Le Cousturier succéda au dict office et le résigna à Jean Le Gras, qui le résigna à François Cabart.

Il a esté cy-dessus parlé de sa généalogie à l'occasion de Nicolas de la Place, son frère aisné (1).

Il estoit curé de Raffetot et fut parrain de Pierre Bigot, fils de Laurens, advocat général.

La généalogie porte qu'il mourut en août 1588 et était alors doyen du Parlement. — Voir une note le concernant p. 250.

1576. — Conductum atque legatum spectabilis viri magistri de la Place, canonici atque curati de Raffetot, insimulque regis consiliarii in suo parlamento, sepulti in Nostra-Domina..., 11 l. (M. de Beaurepaire.)

(1) Voir plus haut, p. 249.

· XXVIII

CLAUDE AUVRAY, conseiller clerc,
puis conseiller lay.

Monsr Le Febvre (t. II, p. 94) remarque qu'il fut receu le..... d'octobre 1544 au lieu de François Sedile. Et (t. II, p. 154), il remarque que le 5 de mars 1547 furent vérifiées les lettres du Roy par les quelles il supprimoit le dict office de conseiller clerc et l'érigeoit en office de conseiller lay, au serment du quel le dict Auvray fut receu et fit serment de n'avoir payé deniers pour ce changement et garda le rang de sa première réception, attendu que sa personne n'avoit mué ny changé, mais seulement le nom et qualité du dict office.

Il décéda le 24 d'avril 1566 selon la liste employée au registre des enquestes. Le registre secret de la grand-chambre, du 5 de juin 1576, porte que sur les exclamations de la demoiselle vefve de feu Mr Auvray, conseiller, fut advisé la faire entrer, ouis sur ce les gens du Roy; à elle demandé pourquoy elle ne veut point que M^r Le Roux soit commissaire en sa cause, a dict qu'il est suspect et récusable; interrogée les quels elle veut, a dict ceux qu'il plaira à la Court; qu'elle voudroit bien Mrs de Martinbos et de Bauquemare, ce qui luy fut accordé.

Jean Auvray le jeune, s^r de Tuville (Caux). (Arrest d'audience du 8 de janvier 1543.)

En 1555, l'office de conseiller clerc du dict Auvray fut restably et y fut receu Charles Duval, chanoine à Evreux.

Blanche Fouet (ou Fovel), vefve de Tristan Auvray, chevalier s^r de Bonnechose, duquel relevoit la baronnie d'Oullye. (Arrest d'audience du 21 de may 1563.)

Me Robert Auvray, vivant lieutenant général du bailly d'Evreux. (Arrest du 11 et 14 de febvrier 1502.)

Me Nicolas Auvray receu advocat du roy à Avranches le 13 avril 1581.

Demoiselle Magdeleine Auvray, dame de la Poincte-lière, femme de Robert de la Masure, s^r du Chesney.] (Voyez B, III, 8.)

Mre Simon Auvray, chevalier, et dame Roberde de la Ferière sa femme. (Eschiquier 1453, Costentin.)

Jean Auvray procureur?, receveur fermier de la baronnie de Vertbosc. (Eschiquier 1469.)

Me Jean Auvray, porteur de doléances. (Eschiquier 1474, Caux.)

Me Jean Auvray, prestre, curé de Néville en Caux. (Id.)

10 mars 1546, Tabellionage de Rouen, meubles. — Le conseiller est mentionné comme naguères vicomte et receveur ordinaire de Neufchâtel. — En 1549, il habite paroisse Saint-Lô. — 31 mai 1578. Mention de Catherine Deschamps, sa veuve. (M. de Beaurepaire.)

Il y eut des difficultés au sujet de sa réception. — V. registre secret, 14 août 1544.

XXIX

BERNARDIN DE BULLIO, conseiller clerc.

D'or au sautoir ancré d'azur(1).

Il estoit natif de Quiers, en Piedmont (autres lisent d'Eginet), en quoy je crois qu'ils se mesprennent.

Monsr Le Febvre (t. II, p. 108 ^v), remarque qu'il fut receu le 14 d'avril après Pasques 1545, et attendu qu'il n'estoit né dans le royaume, on fit difficulté de le rece-

(1) Ecriture plus récente.

voir; mais attendu que par ses lettres de provision à l'office de conseiller au Parlement de Chambéry à luy donné par le Roy, il avoit exprimé le lieu de sa naissance, il fut trouvé que le Roy l'avoit taisiblement dispensé si dispense y estoit nécessaire.

Il décéda le 1er de may 1558 (ou 1559) et gist à Rouen, aux Célestins, en la chapelle de Graville, où est son épitaphe en pierre.

V. son épitaphe dans Farin, VI, 273.

1er août 1559. — Mention de Thomas de Bullio, son frère et héritier. (M. de Beaurepaire.)

XXX

JEAN DE CROISMARE, sr de la BLANDINIÈRE, conseiller lay.

D'azur au lion d'or; et, pour briseure, une croisette d'or en chef sur la teste du lion.

M. Le Febvre remarque que le 12 de juin 1545 il présenta ses lettres de conseiller lay au lieu de René de Becdelièvre par les quelles il estoit dispensé de tenir le dict office encor que Robert de Croismare son frère aisné fût conseiller au dict Parlement, attendu qu'il estoit de la première chambre et qu'il en avoit esté ainsi usé au Parlement de Paris. Il fut receu le dernier de juin (ou 6 de juillet) 1545.

Le 16 de décembre 1567 il fut receu Président au Parlement, comme il a esté dict en son lieu où il a esté parlé de sa famille.

Il résigna le dict office de conseiller à Nicolas Romé, sr de Frequiennes.

Il était fils de Jean de Croismare, s^r de la Blandinière. Il épousa
…….. Gombaut, morte en 1616, et fut inhumé avec elle à Saint-
Laurent de Rouen. Il eut trois filles. (B, t. I, f° 60.)

XXXI

ROLLAND TREXOT, conseiller clerc,
s^r de BALLEROY.

M. Le Febvre dict qu'il fut receu le 13 d'aoust 1545.
Il dict aussy que le 24 de febvrier 1552, la Court assemblée pour la délibération [sur les lettres] de provision du
dict office obtenues par Olivier de Quierville par la résignation du dict Trexot, il fut ordonné, suivant la coustume ancienne, que le dict Trexot seroit faict entrer pour
sçavoir si il persiste à la dite résignation.

Le 16 de may 1552, le dict Trexot fut receu commissaire aux requestes du palais par la résignation d'Antoine
Postel et nonobstant l'opposition de Raoul Boullenc qui
prétendoit se faire recevoir à semblable office et préférer
le dict Trexot, lequel fit le serment *de non numerata
pecunia*. (Registre.)

Jacques Trexot, chanoine à Bayeux. (Arrests d'audience du 2 et 9 de décembre 1552.)

En un arrest d'audience du 2 de may 1554, il est parlé
d'un appel relevé d'une ordonnance du dict Trexot, commissaire député pour fieffer les terres vaines et vagues des
bailliages de Caen et Costentin, par lettres du 25 avril
1548, sur quoy les parties sont renvoyées au Roy. Au dict
arrest il n'est point dict que le dict Trexot fût décédé, ny
qu'il eût esté cy devant conseiller, mais est dict seulement conseiller, ce qui me faict croire que la résignation
faicte au dict de Quierville avoit esté révoquée. La dite

commission fut depuis adressée à la chambre des enquestes par lettres du 12 de novembre 1554, registrées le 18 de décembre au dict an. Mais plus évidemment on voit que le dict Trexot garda le dict office par un arrest d'audience du 12 de mars 1555 entre le dict Trexot, sʳ de Balleroy, conseiller au Parlement et commissaire aux requestes du Palais à Rouen, et Hector de Quierville, sʳ du lieu. Et, par arrest du 22 avril après Pasques 1552, il se voit qu'il s'agissoit entre les dicts Trexot et Hector de Quierville du payement d'une sédule de 3 mil l., du 15 de janvier 1553, pour pur et loyal prest et autres causes.

Il estoit obligé en 300 l. t. de rente vers François Roger, sʳ du Lyon, père de Robert Roger, sʳ du Lyon, arrest d'audience du 23 de juin 1578, donné après le déceds du dict Trexot, conseiller, aux qualités duquel arrest est employé Jacques Trexot, chanoine à Bayeux. Les dicts Jean et Jacques, frères du dict Rolland, conseiller. (Arrest d'audience du 19 de novembre 1578.)

27 janvier 1558 (v. s.). — Il est qualifié maître des requêtes de la reine. (M. de Beaurepaire.)

XXXII

PHILIPPE REMON, conseiller clerc.

D'azur au lion d'or ; semé d'estoilles d'or.

Il fut pourveu du dict office, vacant par le déceds d'Olivier Labé, par lettres du 23 de janvier 1545, et eut aussy lettres de dispense du 24 du dict mois, pour y estre receu, nonobstant qu'il fût frère de Pierre Remon, Premier Président au dict Parlement ; et y fut receu le 26 de may 1546, les dites lettres insérées au registre d'audience.

En un arrest d'audience du 12 de décembre 1555, il est employé comme exécuteur du testament de Henry Clutin, et en cette qualité appelant du bailly de Caen.

Il est qualifié, dans divers actes du tabellionage de Rouen, curé d'Allouville, doyen du Saint-Sépulcre de Caen, abbé de Sainte-Croix de Guingan en Bretagne, prieur du prieuré de Caigny. — Le 5 décembre 1548, il loue pour trois ans sa cure d'Essay et de Pontlaville. (M. de Beaurepaire.)

XXXIII

JEAN LE LIEUR, conseiller lay, de Rouen.

D'or à la croix endentée de gueulles cantonnée de 4 testes de léopard d'azur.

Il fut receu le 6 de septembre 1549 (M. Le Febvre), au lieu de Pierre Le Lieur, son père. En avril 1552, Jean du Fay, s' du Taillis, luy succéda.

Il a esté parlé cy-dessus de sa généalogie en la première partie [du livre II], nombre XXVII.

Par un arrest d'audience du 7 de juin 1553, on voit que le dict Le Lieur estoit lors conseiller au Parlement de Paris, en laquelle charge il avoit esté receu le 21 de décembre 1552 (1).

(1) Les indications données en divers endroits par le Président Bigot, au sujet de la généalogie et de la parenté des différents conseillers du nom de Le Lieur, toutes concordantes entre elles, se concilient mal, en ce qui concerne ce Jean Le Lieur, avec la résignation que nous avons transcrite plus haut (p. 201). D'après cette résignation, le résignataire de Pierre Le Lieur II° du nom, aurait été non son fils, mais son frère.

XXXIV

LOUIS THIBOUT, conseiller lay.

Il fut receu le 18 de juin 1550 selon M. Le Febvre. René Le Moine, conseiller aux requestes, fut pourveu de l'office de conseiller lay du dict Thibout, vacant par son déceds, par lettres du 20 de janvier 1563.

Lucas Thibout, parroisse de S⁰ᵉ Marie-de-Fresnes, élection de Bernay, maintenu comme anobly par le Roy Louis....., par arrest du 27 de may 1499. (Registre des Aides.)

Robert Thibout, conseiller au Parlement de Paris, conseiller lay en l'Eschiquier 1453 (p. 333). Jean Thibout prétend droict au fief de Bérengeville-la-Campagne, bailliage d'Evreux. (Eschiquier 1463, p. 492.)

Girard Thibout, escuier, gardain d'Emon de Bréouze, sous aagé. (Caen, Eschiquier 1474, p. 649.)

Blanchart, p. 128, descript amplement la généalogie de Robert Thiboust, Président au Parlement de Paris, mais ce Louis Thibout ne s'y trouve employé ; aussy la dernière syllabe est partout sans S en tous les registres du Parlement de Rouen.

Louis Thiboust, receu le 13 octobre conseiller au Parlement de Paris, omis en la dicte généalogie, comme aussy y est omis Thomas Thiboust, receu conseiller au dict Parlement le 20 novembre 1545, décédé le 16 octobre 1554, inhumé à S. Germain l'Auxerrois.

Il avoit esté pourveu du dict office par la résignation de Louis Petremol et fit le serment de finance, les chambres assemblées, le 10 juin 1550 (Registre secret).

M. le Président Petremol déclara que lorsque le Roy luy avoit donné la charge de feu Mᵉ le Président Feu, il luy fut dict par plusieurs de Mʳˢ du Privé-Conseil et, signamment, par Mʳ le Cardinal de Lorraine et Laubespine, secrétaire des commandemens, que c'estoit à la charge qu'il résigneroit son office de conseiller, ce qu'il avoit faict avant que Mʳ le Chancelier seellast ses lettres de Président. (Registre secret.)

Il fut arresté que le dict sʳ Thibout seroit examiné non seulement sur la loy et chapitre, mais aussy sur l'ouverture fortuite de chacun volume de droict et sur la pratique suivant l'édict du Roy [deux mots illisibles....] (Registre secret.)

14 mai 1551, Tabellionage de Rouen, meubles. — Il avait épousé Florimonde Feu, fille du Président Jean Feu et de Catherine de Laubespine. — Il était fils de Louis Thibout, conseiller au Parlement de Paris. (M. de Beaurepaire.)

Il était un des rares conseillers qui entendissent l'italien. (Floquet, I, 456.)

1559-1560. — Comptes de la Fabrique de Saint-Vivien : enterrement, service et tombe de M. Thiboult....., 7 l. 10 s. Même année, il était un des donateurs à l'occasion de la bénédiction de la grosse cloche. (*Inv. des Arch. de la S.-Inf.*, G. 7755.)

LIVRE III

DES ADVOCATS ET PROCUREURS GÉNÉRAUX, GARDE DES
SEAUX DE LA CHANCELLERIE, GREFFIERS, NOTAIRES ET
AUTRES MOINDRES OFFICIERS DE L'ESCHIQUIER ET PARLE-
MENT DE ROUEN.

Après avoir traicté, au Premier Livre, des Presidens de
l'Eschiquier et Parlement de Rouen, au second, des Conseillers, reste de parler en ce dernier livre de tous les
autres officiers qui composent la mesme Compagnie.

Ce livre contiendra plusieurs parties : la I sera des
premiers advocats généraux du Parlement; la II des
seconds advocats généraux; la III des Procureurs généraux ; la IV des gardes des Seaux de la Chancellerie ; la
V des greffiers civils; la VI des greffiers criminels; la VII
des notaires; la VIII des receveurs des amendes; la IX des
payeurs des gages (1).

Nous avons compris en ce recœuil les garde des seaux
parce que l'establissement en a esté faict par la mesme
charte d'érection de l'Eschiquier, ainsi que la Chancellerie, à laquelle ils président et laquelle a esté instituée
en considération du Parlement pour servir à seeller les

(1) On remarquera plus loin que le Président Bigot a complète-
ment changé le numérotage de ces diverses parties.

arrests qui y sont donnés et les lettres royaux qui servent à l'instruction des procès qui s'instruisent dans le ressort du Parlement. Aussy, en quelques cérémonies, ils marchent avec les secrétaires dans le corps du Parlement et leurs gages et ceux des officiers du dict Parlement sont assignés sur le mesme fonds, et payés par les mesmes payeurs et se sont quelquefois faict recevoir au dict Parlement, quoy que rarement.

Quant aux secrétaires de la Chancellerie, ils sont en si grand nombre que je n'en ay peu receuillir la liste. Aussi sont ils institués en autres temps et pour autres causes, plusieurs d'entr'eux servans à la grande Chancellerie, et en touttes les petites chancelleries de la France. Ils ont leurs droicts, gages et priviléges de nature toutte différente, et, pour parler d'eux exactement, il faudrait un livre et receuil tout particulier.

Pour les Commis des greffes, il en sera quelquefois faict mention en parlant des greffiers soubs lesquels ils ont servy; sans touttes fois nous engager à parler de tous les dicts Commis; mais seulement des plus considérables, veu mesmes qu'ils ne sont pas officiers mais seulement commissionnaires.

Les huissiers sont du corps du Parlement; mais le peu de considération de leurs charges a faict que je n'ay voulu m'arrester à en receuillir la liste, la quelle seroit de trop longue déduction pour le peu d'importance du subject.

PREMIÈRE PARTIE

DES PREMIERS ADVOCATS GÉNÉRAUX DU PARLEMENT

Encor qu'à présent la différence des advocats généraux soit entièrement abolie et dont il reste peu de vestiges, si es ce que j'ay creu debvoir traicter avec distinction de ceux qui, par la qualité de leur charge, ont tenu rang de premiers et de ceux qui ont succédé à la dite charge, et ensuite de ceux qui ont exercé la charge de second advocat général et de leurs successeurs.

La charte d'érection de l'Eschiquier du mois d'Avril 1499 faict mention de Mes Robert Le Lieur et Pierre Raulin, advocats généraux, sans exprimer à l'un ny à l'autre la qualité de premier ny second.

Ils estoient au paravant advocats du Roy au bailliage de Rouen, ausquelles charges il semble que la qualité de premier dépendoit de l'antiquité, ainsi qu'on peut voir par les registres des Eschiquiers de Normendie.

En Décembre 1499, Mathieu Aubert succéda au dict Le Lieur; et, en 1505, Nicole Caradas succéda au dict Aubert, mais je n'ay peu sçavoir quel rang ils ont tenu avec Pierre Raulin (qui estoit receu dès l'érection, comme nous avons dict), attendu que je n'ay veu aucune liste des officiers du Parlement faicte pendant les dites années; et, en 1507, l'office du dict Raulin fut supprimé.

En 1523, l'office de second advocat général fut restably, mais M. Le Febvre remarque que ce fut avec condition [que celui?] qui en estoit pourveu ny ses successeurs ne pourroient prétendre aucune préséance au préjudice du premier ny de ses successeurs au dict office.

Ainsy, en 1527, Laurens Bigot, succédant à l'office du dict Caradas, fut maintenu en la qualité de premier advocat général.

Pareillement, M. Le Febvre remarque que, le 14 de juillet 1570, par arrest du Parlement, Hémery Bigot, fils et résignataire du dict Laurens Bigot fut receu, par provision, à exercer le dict office en qualité de premier, au lieu et place de son père, au préjudice de Nicolas Damours; et, sur la définitive, ils furent renvoyés au Conseil; et l'11 d'Aoüst 1570 fut registré l'arrest du Conseil et lettres du Roy obtenues par le dict Hémery Bigot par les quelles il estoit permis de se dire premier advocat général et prendre le premier lieu d'honneur au préjudice du dict Damours (M. Le Febvre).

Le 2 de septembre 1570, ledict Damours obtint lettres patentes par les quelles le Roy vouloit que, vacation advenant de l'office de premier advocat général, par mort, résignation ou autrement, celuy qui se trouveroit pourveu et exerceant l'autre estat d'advocat général entrast en la place du premier. Surquoy, par arrest du 30 d'octobre 1570, inséré au registre de l'audience, il fut dict que ledict Bigot, lequel avoit déclaré empescher l'entérinement des dites lettres en auroit communication; et furent commis Mes Romain Colombel et Robert Cornier, advocats, pour requérir en ce regard pour le Procureur général du Roy, duquel l'office estoit lors vacant par mort.

Je n'ay point veu le règlement qui intervint sur les dites lettres, mais Guillaume Vauquelin ayant depuis esté receu en la charge du dict Damours, il préféra, comme le plus ancien, **Nicolas Thomas**, résignataire dudict Bigot, ce qui a tousiours esté depuis pratiqué.

Monsr du Viquet, résignataire du dict Thomas, ayant opposé à la réception de M. Le Guerchois, advocat général (qui estoit alors fort jeune), il l'obligea de luy bailler un escript par lequel il consentoit, en cas que, dans ... ans, le dict sieur du Vicquet décédast ou résignast son office, que son successeur fût premier advocat général au préjudice du dict sieur Le Guerchois. Mais le temps porté par l'escript est expiré il y a fort longtemps sans que la dite condition soit escheue. Nous avons traicté ailleurs d'un semblable différent entre les Présidens de la Chambre des requestes du palais à Rouen : A quoy aussy se peut référer la question agitée pour la préséance entre les advocats généraux de la Court des Aides de Rouen.

Comme aussy entre les advocats du Roy des sièges inférieurs. En un arrest d'audience du 27 avril 1579 il est faict mention de la contestation arrivée entre Mes Grégoire de la Serre, se disant premier advocat général du Roy à Caen, et Jacques Quesnel, ancien advocat du Roy audict siège, ayant obtenu relèvement de l'escript par luy baillé à Me Pierre du Hamel ayant résigné au dict de la Serre, par lequel escript il se contentoit de la qualité de second advocat du Roy.

Par arrest d'audience du 14 de Janvier 1586, Me Jean Tiremois fut maintenu par défaut en la qualité de premier advocat du Roy au bailliage de Rouen, comme ancien, au préjudice de Me Tanneguy Basire, pourveu à l'office de deffunct Me Thomas Maynet, premier advocat du Roy au dict siège, lequel prétendoit succéder à la qualité de premier ; quoy que par concordat faict entre les dits Tiremois et Basire, du 10 de décembre 1585, il eût esté arresté qu'eux et leurs successeurs auroient la préséance selon l'ordre de réception.

[Au verso de ce f°, en bas et comme ayant été omise lorsqu'on a commencé le f° suivant « I. Robert Le Lieur, etc..... » est la table ci-dessous].

I

ROBERT LE LIEUR

D'or à la croix endentée de gueulles, cantonnée de 4 testes de léopard d'azur.

Il est employé comme advocat au bailliage de Rouen aux Eschiquiers 1464 (M. p. 519, 543; 1469, p. 563).

Il fut receu en 1482 advocat du Roy au bailliage de Rouen (registre des aides) ; et en cette qualité, il comparut aux Eschiquiers tenus en 1484, 1485, 1490, 1497, auquel il proteste du nombre effréné des conseillers en iceluy (M. p. 670).

Il exerçoit au mesme temps l'office d'advocat du Roy en la Court des Aides de Rouen, mesmes en juin 1498.

En l'Eschiquier 1497, p. 26ᵛ, il y a un différent remis sur honorables hommes et sages Mᵉ Robert Le Lieur, advocat du Roy à Rouen, et Jean Cadiot, et, pour tiers, haut et puissant seigneur Messire Jacques d'Estoutteville, chevalier, prévost de Paris.

Par l'érection faicte en Avril 1499 de l'Eschiquier de Normendie, tous les gens du Roy furent pourveus aux offices des gens du Roy dudict Eschiquier, ainsi ledict Le Lieur fut pourveu dudict office d'advocat général ; mais il mourut peu après, n'estant point employé en l'acte du serment presté par les officiers du dict Eschiquier le 1er d'Octobre 1499.

Il a esté parlé de sa famille cy-dessus en la première partie du livre II, nombre XXVII.

Son ascendance n'est pas indiquée. — Il avait épousé Jeanne Banté [lis. Bonté], dame de Brametot, et est inhumé avec elle aux Cordeliers de Rouen (Ms. A, p. 322). Il est le père de Jacques Le Lieur, sr de Brametot et-du Boscbénard, mort le 11 juin 1545, l'un des personnages les plus connus de Rouen au commencement du xvie siècle.

(B. t. II, 1re part. fo 57 vo).

II

MATHIEU AUBERT, sr de MONTIGNY

D'argent aux 3 marguerites ou roses de gueulles, pointées d'or à la tige de synople (V. ms. A, p. 319).

Il est employé comme advocat du Roy en la Court des Aides au registre d'icelle, du mois de mars 1499, peut-estre au lieu de Me Robert Le Lieur ou de Me Pierre Raulin.

Par la charte du 21 de décembre 1499 (souvent citée cy-devant), il fut pourveu de l'office d'advocat général en l'Eschiquier vacant par le déceds du dict Le Lieur.

Il fut depuis Premier Président en la Court des Aides de Rouen, et est mentionné aux registres d'icelle des mois de mars 1505, décembre 1506 et mars 1511, où se voit qu'il fut commis pour faire des enquestes.

Cette famille est différente de celle des s^rs de Biéville et Landemare [ou Caudemuche] comme on voit par la diversité des armes.

La généalogie qui est en l'autre page est tirée des Mémoires de Mr de Sommesnil.

Le dict Aubert, s^r de Montigny, mourut en 1512 et gist à S. Eloy (Ms. A. p. 319). *

(*Suit la généalogie*).

Il était fils de Thomas Aubert, s^r de Montigny-sur-Avre près Verneuil, et de Marie..... (B.)

III

NICOLE CARADAS

D'azur à 3 croissans d'argent.

J'ay icy employé les véritables armes de cette famille quoyque, à présent ceux du dict nom les portent différentes; (V. B. IX [lis. VI], 2, où toutte la généalogie est expliquée).

On dict que Me Nicole Caradas estoit advocat du Roy en la Court des Aides de Rouen en mars 1502.

Si cela est, il auroit succédé audict office à Me Mathieu Aubert son oncle, auquel aussy il succéda en 1505 à l'office d'advocat général en l'Eschiquier.

Il est employé en la charte d'augmentation des gages des officiers du dict Eschiquier du 17 de mars 1507 et en la charte de l'an 1514 contenant la confirmation des officiers du Parlement en 1514.

Il mourut en 1527 et fut inhumé à S. Michel, à Rouen.

Il était fils de Michel Caradas, sieur Longuelune, du Chapelet, de Monthean et des Landes, anobli par les francs-fiefs, 1470, vicomté de Conches et de Breteuil, qui paya 5 livres. — Il était seigneur de Longuelune et du Chapelet. Il épousa en premières noces Florentine de La Perruche; en secondes noces Anne de Cuverville, veuve de Guillaume Auber, sieur de Daubeuf. Il eut quatre fils et une fille.

(B., t. II, 1re part., fos 322 vo et 323).

Sur la généalogie qui suit la notice précédente, on voit que Mathieu Aubert aurait eu une sœur, Marie Aubert, mariée à Richard Caradas, avocat du Roi à Verneuil, et qu'ils n'auraient eu que trois filles; mais la généalogie leur donne en plus deux fils.

Voir aussi la notice suivante concernant Laurens Bigot.

V. son épitaphe dans Farin, IV, 283.

IV

LAURENS BIGOT, sr de TIBERMESNIL

D'argent au chevron de sable accompagné de 3 roses de gueulle.

Il a esté cy-devant parlé de sa généalogie (A., II, 29). Il espousa Marie Auber, fille de Guillaume, sr Daubeuf et d'Anne de Cuverville, laquelle de Cuverville estoit pour lors remariée à Nicolas Caradas, premier advocat général au Parlement, lequel, en faveur de ce mariage, luy résigna son office, auquel il fut receu la mesme année 1527.

Lors de l'interdiction du Parlement en 1540, il fut l'un des commissaires députés pour les grands jours de Bayeux.

Il fut aussy commis par lettres du Roy pour assister à l'instruction des procès criminels de quelques conseillers, comme on voit par le restablissement d'Estienne Mifant, employé au registre d'audience du 15 de décembre 1542.

Monsr Le Febvre, conseiller au Parlement, remarque que le 21 de janvier 1544 fut publiée et omologuée au Parlement la paix et appointement entre François Ier et Charles V pour la paix d'entreux, après avoir envoyé par le Roy, procuration spéciale à Me Laurens Bigot avec dispense de serment.

En 1551, il résigna sa charge à Hémery Bigot son fils, à condition de survivance; les lettres du 1er de novembre audict an font mention des services du père, rendus tant en sa charge qu'autres offices où le Roy l'avoit employé.

Encor que ces lettres eussent esté registrées au Parlement le 21 aoust 1552, si es ce qu'il continua d'exercer le dict office jusques à son déceds.

Monsr Le Febvre remarque qu'il mourut le 13 de juillet 1570, à 6 heures du soir, aagé de 73 ans, et dict qu'il estoit homme de grande expérience et modestie.

Il fut inhumé à S. Laurens avec son père et ayeul, et laissa entrautres enfans Hémery Bigot son fils aisné, successeur dudict office.

Il fut souvent député par la Compagnie vers le Roy pour les affaires du Parlement et soulagement de la province et promeut grand nombre de bons règlemens pour le bien de la justice et discipline du palais, dont les registres du Parlement sont remplis.

Il fut fort généreux à maintenir l'honneur et la dignité de sa charge. On voit par un arrest du 14 de febvrier 1555, comme il réprima les entreprises des substituts que Jean de Lantier, Procureur général, avoit introduits au parquet; et par un autre arrest du 2 de mars 1556, donné les Chambres assemblées, on voit comme, encor que Jean Péricart, second advocat général, déclarast ne vouloir empescher l'effect des lettres obtenues par le dict de Lantier, Procureur général, pour estre réglé *ad instar* du parquet de Paris, si es ce que le dict Bigot s'y opposa et fut ordonné que le règlement faict par le Parlement pour la fonction des gens du Roy, le 9 de febvrier 1556, seroit suivy. Ce qui a eu lieu jusques en l'an 1640 (Registre d'audience). Voyez ce qui est dict cy après du dict Lantier.

Laurens Bigot était fils d'Antoine Bigot, sieur de Fontaines, Courcelles et autres terres, lieutenant général du bailli de Rouen et d'Alison Porée. Il était né en 1497.

Il eut seize enfants, dont l'un, Hemery, fut avocat général, puis Président au Parlement.

(B., I, fos 69 vo et 70).

Sur le rôle important qu'il a joué au Parlement, V. Floquet, II, p. 116-118, 125, 135, 145-6, 190, 265, 272, 348-9, 368, 410, 415 et *passim*).

V. son épitaphe dans Farin, IV, 376.

SECONDE PARTIE

DES SECONDS ADVOCATS GÉNÉRAUX DU PARLEMENT

. . . .

. . . .

I

PIERRE RAULIN

*D'argent à la bande de gueulles accompagnée
de 3 molettes de sable.*

Il fut pourveu du dict office d'advocat général par la charte d'érection de l'Eschiquier du mois d'avril 1499, et en fit le serment le 1ᵉʳ d'octobre 1499 avec les autres officiers du dict Eschiquier.

Son office ayant vaqué par sa mort, il fut supprimé en 1507.

De sa famille il a esté parlé cy-devant B. III, 7.

Il était fils de Pierre Raulin, sʳ de la Geolle et de Longpaon, et de sa première femme, frère de Mathieu Raulin, conseiller en

1519 (1). La généalogie ne lui marque ni femme ni enfants.
(B. t. II, 1re part., fos 118 vo et 119.)

II

PIERRE MONFAULT

D'azur à la bande d'or chargée de 3 dards
ou fers de lance de sable.

Il fut receu second advocat général le 17 de juillet 1523,
l'office ayant esté restably à condition que luy et ses
successeurs céderoient le 1er lieu d'honneur à Me Nicole
Caradas et ses successeurs, et ne leur disputeroit les prérogatives de l'Hostel-de-ville et autres lieux, ne plaideroit
autres procès que ceux du Roy (M. Le Febvre). Ce concordat est référé en un arrest du 14 de juillet 1570.

Le 24 d'aoust 1524 fut faict le concordat entre les dits
sieurs de Caradas et Monfault, le quel fut accepté jouxte
le réfert de Monsr le Président et le tesmoignage de Morelon, clerc commis au greffe (M. Le Febvre).

En 1528 il fut receu Président au Parlement, comme
il a esté dict cy-dessus (A. II, 15) où est expliquée sa
généalogie (2).

L'édict de restablissement du dict office de second
advocat général est du 18 de juin 1523, et porte qu'il
jouira des mesmes droits que l'ancien advocat général,
tant au Parlement, siège de la table de marbre, Hostel
commun de la ville de Rouen, etc. ; et par le mesme édict,
le dict Monfaut est pourveu du dict office (registre d'audience du 18 juillet 1523).

(1) Voir p. 149.
(2) Voir p. 43.

III

NICOLAS HARNOIS

D'azur au chevron d'or, au casce et plume d'argent en pointe.

Il fut receu à l'office de second advocat général par la résignation de Pierre Monfault, le 3 de mars 1528 (registre d'audience).

Ce qui faict voir que Le Mercier s'est mespris lorsqu'il a employé en ses Mémoires que Pierre Harnois succéda à Jacques Cormeilles, résignataire de Pierre Monfault et que Nicolas Harnois succéda au dict Pierre, son frère, le 3 de mars 1527.

Il est aussy employé comme second advocat général en la liste du registre des enquestes commenceant le 12 de novembre 1529.

Il légua dix escus sol aux pauvres de Rouen par son testament du quel fut exécuteur Me Jean Harnois son frère, advocat général en la Court des Aides de Rouen (arrest de la Chambre des pauvres du 3 de febvrier 1556).

De sa famille voyez cy-devant B, III, 51.

Il est à remarquer que, malgré le renvoi, il ne figure pas à la généalogie. (Voir B., t. II, 1re partie, fo 172.)

IV

JACQUES DE CORMEILLES, sr de MALLEMAINS

De gueulles à la tour d'argent.

Il succéda à l'office de Nicolas Harnois, second advocat général. Il mourut peu avant l'interdiction du Parlement de l'an 1540 (registre des enquestes du 9 de novembre 1540).

De sa famille voyez B. II, 10.

Il estoit frère de Jean de Cormeilles, conseiller au Parlement de Paris (1).

Il était fils de Jean de Cormeilles, reçu conseiller en 1504 (2). — Il n'eut qu'une fille mariée à François de Montgommery.

(B., t. II, 1ʳᵉ part., fᵒ 84 vᵒ.)

V

JEAN DE LONGUEJOUE, de Paris.

De gueulles à un rainseau de vigne d'or avec son fruict. — Autres disent *de gueulles à 3 pommes de pin d'or,* ou plustost, *3 grappes de raisin d'or.*

Le 15 de janvier 1540, il fut receu second advocat général pour le décéds de Jacques de Cormeilles (M. Le Febvre ; registre des enquestes).

En la mercuriale du....., il y a plainte de ce qu'il négligeoit de se rendre assidu à sa charge.

Il fut commissaire pour l'establissement des notaires de nouvelle création, et depuis, estant conseiller au Parlement de Paris, luy fut substitué Monsʳ Petremol par lettres du 11 de janvier 1543 (registre d'audience). Le 1 de mars 1540, lettres pour l'augmentation des gages des Présidens et second advocat général.

(1) Immédiatement à la suite, sans alinéa, on lit : « du 8 d'aoust 1569 donné les Chambres assemblées, cité par M. Le Febvre. » (Addition destinée à un autre passage, ici inscrite par erreur.)

(2) Voir p. 114.

La généalogie qui est en l'autre page est tirée des Mé-moires de Mᵣˢ de Sᵗᵉ Marthe.

Aux Mémoires du sieur Loisel, p. 5o4, il est employé entre les advocats plaidans au Parlement de Paris.

Philbert de Longuejoue, advocat au dict Parlement (*ib.*, p. 53o).

(Suit la généalogie.)

Au nom d'un Jean de Longuejoue, fils de Guillaume de Longue-joue, conseiller en la Cour des Aides de Paris, le Président Bigot a écrit : « Je crois que c'est luy qui fut advocat général au Parlement de Rouen. Espousa Jeane du Drac, fille de Jean, vicomte d'Ay, pré-vost des marchands à Paris. » (Blanchart, p. 39.)

VI

JACQUES LE FEBVRE

D'or à 3 cornillots de sable, armés de gueulles.

Le Mercier en ses Mémoires dict qu'il estoit de Rouen ; autres disent qu'il estoit du Pont-Audemer. Il fut receu le 12 d'aoust 1543 selon M. Le Febvre et succéda à Jean de Longuejoue.

Il décéda [rayé] le 24 de febvrier 1555 ; et fut arresté qu'il ne seroit nommé personne à son office, et que c'estoit au Roy seul de choisir son advocat (M. Le Febvre).

Il eut pour frère et héritier Mᵉ Robert Le Febvre (arrest d'audience du 24 de juillet 1555), lequel estant mort sans hoirs, sa succession fut divisée entre ses héri-tiers paternels et maternels. Les paternels estoient Ma-thias Le Febvre, Roger Du Four et Jean Pay de Cœur, conseiller du Roy et général en sa Court des Aides de Normendie (1).

Les maternels estoient Mes Nicole, Jean et Michel Malherbe, enfans de Marthe Belengues, sœur de Magdeleine Belengues, mère des dits Jacques et Robert Le Febvre (arrest d'audience du 16 d'aoust 1563).

J'ay appris de Monsr Me Richard du Moucel, s^r de Richemont, conseiller au Parlement, que cette famille estoit tombée en filles dont une avoit espousé..... Dumoucel, s^r du Mesnil-Paviot, son ayeul, dont estoit issu M. de Mellemont son père et une autre fille mariée à... Foubert, dont estoit sorty le commis au greffe de la Court des Aides. Peut-estre qu'elles estoient filles du dict Mathias Le Febvre. Le dict s^r de Richemont m'a dict que les armes de cette famille estoient celles que j'ay icy employées. Une autre de ce nom estoit mère de Louis Le Masson, s^r de B... (*sic interrompu*).

(*Suit la généalogie.*)

L'ascendance du conseiller n'est pas clairement indiquée. Il est dit seulement qu'il est mort sans enfants.

(1) Renvoi en marge : « Il faut peut-estre lire Guillaume. Voyez B., V, 2 ; IV, 20, où est parlé de Pierre Pay-de-Cœur, s^r de Groffy, ayant espousé Marie Le Febvre. »

TROISIESME PARTIE DU LIVRE III.

DES PROCUREURS GÉNÉRAUX DU PARLEMENT

. . . .
. . . .

Il n'appartient qu'au Roy d'avoir un Procureur général, de sorte que, par arrest donné les Courts de Parlement et Aides assemblés, le 16 d'aoust 1577, il fut faict
deffenses à Arondel de se dire procureur général de la
Reine mère du Roy, mais seulement procureur de la
Reine. Touttesfois on a depuis souffert à Me François Arondel, advocat au Parlement, son fils aisné, de
plaider tant en la Chambre des enquestes qu'en la grande
Chambre en la qualité de procureur général de la Reine
mère du Roy Louis XIII.

Quoy qu'il en soit, nous n'entendons icy parler que
des Procureurs généraux du Roy ; car les autres ne sont
pas officiers du Roy, ny du corps du Parlement.

I

GUILLAUME GOUEL, sʳ de POVILLE

De synople à 3 roses d'argent.

Aucuns, par erreur, le nomment Houel.

Il fut pourveu de la charge de Procureur général par la charte d'érection de l'Eschiquier du mois d'avril 1499, et en fit le serment avec les autres officiers le 1ᵉʳ d'octobre au dict an.

Entre les officiers du bailliage de Rouen compareus en l'Eschiquier 1497 est employé Mᵉ Guillaume Gouel, escuier, sʳ de Poville, Procureur du Roy au dict bailliage ; je crois que c'est le mesme du quel il est icy question.

Le dernier de septembre 1503, Mᵒ Guillaume Jubert (depuis conseiller) fut substitut du Procureur général au bailliage de Rouen et fut présenté par le dict Gouel, Procureur général, selon un registre secret qui est chez M. du Héron. La première femme du dict Jubert se nommait Gouel. En l'Eschiquier 1497, p. 45ᵛ, procès entre Guillaume Gouel et Jean Lancelin, escuier.

Guillot et Jean Gouel (arrest du 13 de mars 1502).

(Suit la généalogie.)

Il était fils de Roger Gouel, avocat à Rouen, bailli de Maulévrier, sʳ de Poville, qui comparaît en l'Eschiquier de 1469 comme sénéchal de l'archevêque de Rouen, « et ensuite eut séance au banc des advocats du Roy, non à cause de son office, mais à cause de sa personne qui estoit fort notable et sans tirer à conséquence. Aucuns disent qu'il avoit apporté l'aneau du quel le Duc avoit espousé la Normendie. »

Il n'eut qu'un fils, Guillaume Gouel, père de Roger Gouel, Premier Président à la Cour des Aides.   (B.)

II

·ROBERT DE VILLY

D'argent à l'aigle de sable.

Il est employé comme Procureur général au Parlement en la charte de confirmation du Parlement du 25 de janvier 1514, et aux listes des registres d'audience des 12 de novembre 1515 et de l'an 1518.

Il fut l'un des commissaires députés par lettres du 1 de juin 1519 pour vendre des rentes sur le domaine du Roy et gabelles de Normendie.

En 1522 il fut receu Président au Parlement (voyez A. II, 13) (1).

III

SIMON MUTEREL, sr de FAUVILLE

D'argent à l'aigle esployée de sable.

Il fut receu Procureur général le 7 de janvier 1522 et décéda le 3 (ou 20) d'octobre 1541, selon M. Le Febvre et registre d'audience.

Sa généalogie est cy-devant B, IV, 26.

Il fut pourvu dudict office de Procureur général par lettres du 16 de septembre 1522 aus quelles il est nommé licencié-ès-loix. (Registre d'audience.)

L'ascendance du Procureur général Muterel n'est pas clairement indiquée. Il était peut-être fils de Jean Muterel, mentionné anobli par les francs-fiefs, en 1470, en payant 30 l., vicomté de Beaumont-

(1) Voir p. 37.

le-Roger. « Je crois [dit Bigot] que ce fut à cause du fief de Bosregnoult. »

Il épousa une fille de Guillaume Jubert, conseiller en l'Echiquier, et de ...... Gouel. Il gît à Sainte-Croix-Saint-Ouen. (Ms. A, p. 326).

Il laissait un fils, Jacques Muterel, conseiller au Parlement [v. p. 264] et une fille.

(B., t. II, 1ʳᵉ partie, fᵒ 210.)

IV

FRANÇOIS MORELON

Estant advocat au Parlement de Paris, il fut nommé par le Roy et Monsʳ le Chancelier, à la nômination de la Court du Parlement de Paris au dict office de Procureur général et pour ce subject fut receu sans examen le 10 (ou pénultiesme) de janvier 1541, comme l'atteste M. Le Febvre. Autres disent qu'il fut receu le 3 de febvrier 1541.

Il mourut le 12 d'avril après Pasques 1553 selon ledict sʳ Le Febvre.

Le Mercier dict qu'il estoit de Berry.

Par les listes insérées en ce receuil, on voit que Mᵉ Antoine Morelon estoit, dès l'an 1521, commis au greffe de la Chambre des enquestes et le fut jusques en 1537, au quel temps ou peu après il fut commis au greffe civil de la grand Chambre, et l'estoit encor en 1543.

Le dict Mᵉ Antoine Morelon fut aussy controlleur des deniers communs de la ville de Rouen et eut pour héritier Mᵉ Pierre Morelon son frère, le quel fut père d'Antoine Morelon, le quel fut poursuivy en la Chambre des pauvres pour le testament dudict Antoine son oncle le

25 de janvier 1556, dont il fut deschargé le 15 de may 1557. (Registre de ladite Chambre.)

Mᵉ Geoffroy Morelon. (Arrest d'audience du 29 avril 1568.)

23 octobre 1542. — Il présente des lettres patentes contre les luthériens et en demande l'enregistrement. *(Arch. de la S.-Inf., G. 2157.)*

21 avril 1553-3 mai 1573. — Tabellionage de Rouen, meubles : mention de Charles de la Mesnardière, sieur de Montagu, maître d'hôtel de Mgr le duc d'Aumale, héritier, à cause de sa femme, de Marguerite Morelon, de Mᵉ François Morelon, sieur de Montagu, et de Perrette Bougnier, sa femme. (M. de Beaurepaire.)

IVᵉ PARTIE

DES SUBSTITUTS DU PROCUREUR GÉNÉRAL DU PARLEMENT

Je ne prétends pas icy receuillir les noms des advocats et Procureurs du Roy les quels exercent leurs charges aux sièges inférieurs, encor qu'ils soient substituts du Procureur général et qu'antiennement ils fussent nommés par le Procureur général comme il a esté dict en parlant de Guillaume Gouel, Procureur général en 1499. Ce receuil seroit trop long et de difficile recherche et est hors de mon dessein qui est seulement de parler des officiers du corps du Parlement de Rouen.

Il est souvent faict mention aux registres de la Court des Aides que les Procureurs généraux d'icelle ont nommé des substituts pour exercer en leur absence, ce qui entr'autres a esté pratiqué par Pierre Tuvache, Jean Renard, Louis Le Picart et Jean Thorel, Procureurs généraux en la dite Court des Aides soubs Louis XI, Charles VIII, Louis XII, François Iᵉʳ.

Au Parlement, la perte des anciens registres secrets faict qu'il est difficile de congnoistre si les dites substitutions ont esté pratiquées du règne des dits Rois.

Quoy qu'il en soit, tels officiers n'estoient pas officiers pourveus en titre par lettres du Roy, mais seulement porteurs des procurations des Procureurs généraux qui les révoquoient quand bon leur sembloit, et ainsi ils n'estoient pas du corps des compagnies aus quelles ils exerceoient les dites charges de substituts non plus que les advocats les quels souvent sont commis par la Court de Parlement pour l'absence des gens du Roy pour requérir dans l'intérest du Roy et autres causes publiques. De tous les quels je n'entends point parler en ce receuil.

Quant aux substituts en titre d'office, par l'érection de l'Eschiquier il n'en a esté créé aucuns en ce Parlement. Au contraire il semble que le nombre de 3 officiers au Parquet fût excessif, car, en 1507, le Roy supprima l'office de second advocat général le quel, néantmoins fut restably en 1523, comme il a esté dict cy-dessus.

· Aussy la parole et la plume estans communes au Parquet entre les advocats et Procureur général, le Procureur général n'a point eu besoin d'estre soulagé par des substituts, l'estant assez par les advocats généraux des quels le travail, outre qu'il est gratuit, est encor d'autant à préférer à celuy des substituts qu'ils les précèdent en qualité et mérite et que, de nostre temps, ils ont esté fort esloignés de l'infamie de la concussion.

Me Jean de Lantier, transféré du Parlement de Grenoble à la charge de Procureur général en ce Parlement, avoit dessein de régler le Parquet de Rouen *ad instar* de celuy de Paris comme il a esté remarqué cy-devant C. III, 5 ; et, soubs luy, Mrs Jacques du Buz et Robert Vauquelin exercèrent la charge de substituts. Nous parlerons d'eux en ce traité.

Je crois que la fonction des dits substituts cessa par le moyen de l'arrest donné les Chambres assemblées le 9 de febvrier 1556.

On a depuis souvent proposé au Parlement des édicts portans création de substituts, lesquels ont esté refusés, jusques à ce qu'enfin les commissaires tenans le Parlement ont vérifié l'édict de restablissement du Parlement pour servir par semestres par lequel sont créés 4 substituts en titre d'office lesquels si cet édict a lieu seront adjoustés à cette IV° partie (1).

Des dits 4 substituts il y en a deux supprimés par édict du mois d'octobre 1643 registré au Parlement en novembre ensuivant; et pour les 2 restans il n'y avoit point encor esté pourveu par le Roy jusques au mois de septembre 1645. Mais en septembre 1645 les dits deux offices supprimés ont esté restablis ainsy que tous les autres offices créés avec le semestre.

En 1640 et 1641, les officiers du Parlement de Paris tenans le Parlement de Rouen, ... Bichot et ...... Chopin exercèrent par commission la dite charge de substitut.

En octobre 1643, les dits officiers du Parlement de Paris registrèrent les lettres de commission accordées à Mes Jacques Godefroy et Nicolas Maurry, advocats au Parlement de Rouen, pour exercer les dites charges de substitut ce qu'ils ont fait jusques en septembre 1645 sans touttesfois que le Parlement les aye voulu recongnoistre en cette qualité ; mais depuis le restablissement du semestre fait en septembre 1645, ils ont cessé de faire la fonction.

(La liste des substituts qui suit ne commence qu'en 1556 par Jacques du Buz.)

(1) Ces cinq derniers paragraphes, depuis : « Quant aux substituts, etc.... », sont compris dans une accolade au ms.; et, en marge, on lit ces mots : « Au traité du Parlement, chapitre VIII. » En effet, ils se retrouvent, en substance, au *Traicté de l'Eschiquier et Parlement de Normendie*, dont le ms. autographe est à la Bibliothèque municipale de Rouen, fonds Martainville, Y. 23 ; f. 20-21, chapitre VIII.

CINQUIESME PARTIE DU LIVRE III

CONTENANT LES GARDES DES SEAUX DE LA CHANCELLERIE DU PARLEMENT DE ROUEN.

I

GEORGES D'AMBOISE, cardinal légat en France, archevesque de Narbonne, puis de Rouen, gouverneur de Normendie.

Pallé d'or et de gueulles.

Par la charte d'érection de l'Eschiquier de Normendie du mois d'avril 1499, il fut pourveu de l'office de garde des seaux de la chancellerie du dict Eschiquier lequel il garda jusques à son déceds arrivé le 25 de may 1510. (Ms. A, p. 297.)

La vie et actions principales de ce prélat ayant esté remarquées par les historiens, je m'arresteray seulement à faire icy mention de celles qui regardent le Parlement ou Eschiquier de Rouen.

Estant cardinal et archevesque de Rouen il fut pourveu par le Roy Louis XII du gouvernement de Normendie, et, en cette qualité, présida aux Estats de Normendie tenus à Rouen le 20ᵉ jour de mars 1498 où assista, entre les commissaires députés par le Roy, Louis d'Amboise, évesque d'Alby, son nepveu, lequel a depuis esté cardinal ; et encor que lesdits sᵣˢ commissaires eussent pouvoir du Roy de pourvoir sur les plainctes des députés de la dicte province touchant l'usage qui jusques alors avoit esté observé pour la tenue des Eschiquiers et qu'ils peussent changer la forme d'iceux, si es ce qu'ils se contentèrent d'en dresser les articles les quels furent présentés au Roy signés du greffier des Estats ; sur lesquels articles Sa Majesté donna ses lettres du mois d'avril après Pasques 1499, portant establissement de l'Eschiquier permanent en la forme par nous remarquée ailleurs. Ce que dessus est énoncé en la dicte charte d'érection du dict Eschiquier.

Il est facile à juger que ce changement fut faict principalement par l'advis de M. le légat d'Amboise auquel Sa Majesté commettoit la direction des plus importantes affaires de son royaume.

Par la mesme charte le Roy, considérant la dignité cardinale en la quelle [estoit] constitué ledict G. d'Amboise et que, par cydevant, du vivant du feu Roy Charles VIII, et depuis son advènement à la couronne il avoit toujours eu l'authorité superintendante et administratrice de la couronne de France et affaires du païs de Normendie, et qu'il ne seroit décent ny convenable lorsqu'il sera audict païs et luy plaira aller en la dicte Court, [qu']il fût postposé aux Présidens d'icelle, pour ces causes, ayant regard à la dicte dignité cardinale et honneur deub à icelle et au Saint-Siège Apostolique, et généralement aux très grandes et recommandables vertus et mérites estans en sa personne, veut et ordonne et luy plaist, de sa grâce, puissance et authorité, que quand le dict cardinal d'Amboise sera en la dicte Court il aye lieu et place au dessus de tous les Présidens présens et advenir, qu'il puisse présider, appoincter, déterminer et juger des causes et matières qui, en sa présence, seront déduictes et délibérées en la dicte Court, et généralement y faire tous actes et autant que les dits Présidens, le tout sa vie durant et sans que ce puisse tourner à conséquence cy-après à l'advenir en quelque manière que ce soit.

Mons' Le Febvre, t. II, p. 172ᵛ, et t. III, p. 91, remarque que par édict donné à Bourges en avril 1507, vérifié le 3 du dict mois, le Roy, pour les grandes et très nobles vertus et mérites de Georges d'Amboise, archevesque de Rouen et légat en France, et Antoine Bohier, abbé de Sᵗ Ouen de Rouen, les créa, eux et leurs successeurs, conseillers-nés en l'Eschiquier de Rouen depuis nommé Parlement. De quoy nous avons parlé ailleurs (1).

La généalogie de Mʳˢ d'Amboise est insérée aux pages suivantes, tirée de Mʳˢ de Sᵗᵉ Marthe, t. II, p. 1054.

(Il est à noter que celte généalogie n'est pas transcrite; quatre pages, destinées à la recevoir, sont restées blanches.)

---

(1) Voir *Le Traicté de l'Eschiquier et Parlement de Normendie.* Bibliothèque municipale de Rouen, fonds Martainville, Y. 23, fᵒ 58.

II

GEORGES D'AMBOISE, cardinal archevesque de Rouen.

Pallé d'or et de guculles de 6 pièces.

Il fut garde des Seaux de la chancellerie de Rouen après le déceds de son oncle, mais les garda peu d'années.

Il fut lieutenant général pour le Roy au gouvernement de Normendie.

Son inhumation fut faicte le 17 de septembre 1550, des cérémonies de la quelle nous avons parlé ailleurs (1).

(1) Voir le ms. cité à la note précédente, fᵒ 62.

En raison de son intérêt nous reproduisons ce passage. Ajoutons qu'il est curieux de constater, en collationnant ce texte avec le récit du ms. du conseiller Le Febvre, t. II, p. 185, que le Président Bigot se borne à le copier presque littéralement. Il s'y réfère, d'ailleurs, à deux reprises, avec une parfaite sincérité.

« Le mercredy 17 de septembre 1550, le corps du feu cardinal d'Amboise fut porté à Nostre-Dame, alias jusques à la rue du Grand Pont ([M. Febvré?] t. III. p. 91), avec grande pompe, et la court s'y trouva en corps en robes noires et furent les coings du drap portés par deux Conseillers et deux chanoines attendu qu'il n'y avoit aucuns Evesques suffragans pour les porter ; et envoya M. le Connestable, un procureur gentilhomme de sa maison, et M. l'Admiral d'Annebaut, le sʳ de Tollye (je crois qu'il faut lire le sʳ de Tillières Jean Le Veneur), son parent, pour y assister, les quels voulurent précéder la court ; mais sachant qu'elle estoit en corps, quoy qu'on leur laissast libre de marcher à dextre ou senestre, se contentèrent de marcher du costé gauche.

« Et le jeudy fut le corps porté à Sᵗ Ouen par les chanoines de Nostre-Dame, sans estre accompagné de la Court.

« Et le vendredy fut porté, au convoy de la Court, à Sᵗ Amand, après avoir composé avec les religieux de Sᵗ Ouen des draps de dessus le corps qu'ils disoient leur appartenir et fut le signet du dict sʳ Archevesque rendu à l'abbesse de Sᵗ Amand, et de là le corps

III

RENÉ BEC DE LIÈVRE (1), conseiller en l'Eschiquier et Parlement de Rouen.

De sable aux 2 croix d'argent fleuronnées au pied fiché; à la coquille d'or en poincte.

En novembre 1512, il fut receu conseiller clerc en l'Eschiquier de Rouen, et, le 25 de may 1516, conseiller lay, comme nous avons remarqué ailleurs. (B, II, 22.)

J'ay appris qu'il succéda à M. le cardinal d'Amboise en la charge de garde des Seaux de la chancellerie de Rouen dont le temps m'est incongneu.

En décembre 1521, il fut en la Court des Aides et remonstra qu'il avoit refusé de seeller une rémission pour crime de faux d'une ordonnance de la dite Court. (Registre des Aides.)

Un autre registre de la dicte Court des Aides du 22 d'aoust (al. septembre ou octobre) 1541, faict mention des lettres escrites à M^{rs} de la dite Court par Monsr le chancelier à ce qu'ils communiquassent au dict s^r de Bec de lièvre un procès faict à un falsificateur du Seau.

Il mourut le 21 (ou 26) de febvrier 1544, comme il a esté dict cy-devant B, II, 22, où il est parlé plus amplement de sa famille.

(Voir cette notice ci-dessus, p. 126).

porté à Nostre-Dame et inhumé prez M. le légat d'Amboise et officia M. l'Evesque de Coustances.

« Et le samedy fut fait un service et oraison funèbre où assista la Court. (M. Le Febvre, t. II, p. 185.) » Le Ms. Le Febvre. t. II, p. 185, porte bien : « le s^r de Tollye » ou « Tullye » et non « de Tillières ».

(1) Bigot avait d'abord écrit : *de Bec de lièvre;* ensuite, il a effacé : *de.*

IV

PAYEN LE SUEUR, dict d'ESQUETOT,
evesque de Coustances.

D'argent à 3 fasces de gueulles.
Ms. de M. de la Ch., p. 27 (1).

Monsr Le Febvre, t. II, p. 196^v, remarque qu'il estoit garde des Seaux de la chancellerie de Rouen et qu'il décéda le 14 de décembre 1551.

Sa généalogie est en la page suivante, tirée du ms. A, p. 602.

Après son déceds, M. le mareschal de Brissac disposa de son office de garde des Seaux au profit de Raoul Bretel, s^r de Grémonville. Le dict sg^r de Brissac avoit espousé Charlote d'Esquetot niepce et héritière du dict Payen d'Esquetot.

En la lisie dés évesques de Coustances, employée en la page 147 du ms. A, sont insérés : Philippes de Cossé, 1545 ; Payen d'Esquetot, 1551.

(Suit la généalogie.)

Il était fils de Guillaume Le Sueur, sieur de Riquerville, d'Esquetot, de Buglise, d'Escreteville, et de Boncourt et Launey en France, et de Marie de Normanville, fille du sieur de Foucart. Son grand-père, Richard Le Sueur, avait épousé Isabeau d'Esquetot, dame, et patronne du dit lieu d'Esquetot, de Buglise et Escreteville,

(B.)

V. sur lui : *Histoire ecclésiastique du diocèse de Coutances par René Toustain de Billy......;* Rouen, in-8°, t. III, p. 86-96.

Riquerville est Ricarville (Seine-Inférieure), arrondissement d'Yvetot.

(1) Lire : M. de la Champagne ; voir page 227.

SIXIESME PARTIE DU LIVRE III

CONTENANT LES GREFFIERS CIVILS DE L'ESCHIQUIER ET PARLEMENT
DE ROUEN,

. . . .

. . . .

I

JEAN HÉROUET

Il fut pourvèu du dict office par les lettres de l'érection
de l'Eschiquièr du mois d'avril 1499 et en fit le serment
le 1er d'octobre au dict an.

II

GUILLAUME FRÉMIN

Il a faict le registre de l'Eschiquier commençeant
le 1 d'octobre 1501 et y a mis son nom en teste, et prend
qualité de secrétaire et greffier civil de la Court.

En la mercuriale du 2 de mars 1543 (t. I, p. 33ᵛ), sont

nommés Maignart et Fremin, commis au greffe. Au registre d'audience du 2 de juillet 1500, il est dict que Jean Vauquelin, conseiller en Court laye, commis au greffe de l'Eschiquier tenu en 1497 soubs Me Antoine Charbonnier greffier en iceluy, apporta et mit au greffe du présent Eschiquier tenu au chasteau de Rouen, devers Guillaume Fremin commis à l'exercice d'iceluy, une information ou examen en parchemin la quelle a esté laissée à la partie. Ce qui faict voir qu'il estoit question d'un procès civil.

Abraham Fremin, advocat au bailliage de Caux, Eschiquier 1464, p. 508.

III

ADAM (1) BAILLON

Il a faict le registre d'audience commenceant le 12 de novembre 1512, où il est qualifié secrétaire du Roy, où il est nommé Adam et non Adrian.

Il est employé comme greffier civil en la charte de confirmation du Parlement du 7 de janvier 1514 insérée au livre noir.

Il résigna son office à Me Jean Surreau en febvrier 1514.

(1) Le Président Bigot avait d'abord écrit : *Adrian*.

III

JEAN SURREAU, sʳ de FARCEAUX
et autres terres.

D'argent au sautoir de gueulles cantonné de 4 testes de more de sable liées d'argent.

Il fut receu au dict office le 6 de febvrier 1514, dont il avoit esté pourveu par la résignation d'Adam Baillon par lettres du 26 de janvier 1514, comme on voit par le registre d'audience ; ce qui fait voir que Thomas Surreau son père n'a pas exercé le dict office avant luy.

Par les extraicts des mercuriales faicts par feu mon père du 1ᵉʳ tome p. 153, 154, 155, il est remarqué que, pour éviter à touttes exactions, il donnait 200 l. t. de gages au commis tenant le plumitif de la grande chambre et cinquante livres à celuy des enquestes.

De sa famille, voyez B, III, 16.

Il était frère de Robert Surreau, reçu conseiller en 1522.

Il est qualifié sieur de Farceaux, Boshéroult, Respanville et autres terres. Il épousa Marguerite La Vieille, fille de Guillaume La Vieille, sieur de Montigny, La Haulle et autres terres, grenetier à Rouen. Ils sont inhumés à Rouen aux Carmes. Ils eurent un fils, qui suit, et six filles.

(B, t. II, 1ʳᵉ partie, fᵒˢ 133 vᵒ et 134).

V

THOMAS SURREAU, sʳ de FARCEAUX
et autres terres.

Portoit comme son père.

Il a tenu quelque temps le plumitif de la grande chambre, comme feu mon père l'a remarqué en ses ex-

traicts des mercuriales. Et le 24 de janvier 1536 il fut
receu à l'office de greffier civil pour l'exercer conjoincte-
ment avec son père et à condition de survivance et fit le
serment *flexis genibus*, aux mains de M. le Premier
Président, au lieu que le greffier criminel, commis du
greffe, huissiers, notaires et autres moindres, ainsy que
les juges inférieurs, font le serment *retro scamna* en levant
la main.

En la liste du registre de l'an 1537 sont employés
Mes Jean et Thomas Surreau ensemblement pour un.

Par lettres du 20 de janvier 1536 il fut permis aus dits
Jean et Thomas Surreau de signer tous actes au greffe et
chancellerie encor qu'ils ne fussent point secrétaires du
Roy ; et, pour ce subject, ils firent le serment en la chancellerie. Et par autres lettres du 25 de janvier 1555 registrées le 17 d'avril après Pasques 1556, il leur fut permis
de continuer de signer les dits arrests en considération
de la finance par eux payée, des services par eux rendus
et de la perte qu'ils avoient soufferte par l'érection des
présidiaux (registre d'audience).

D'après la généalogie rappelée à la notice précédente, il exerça
conjointement avec son père jusqu'en 1564, et est mort sans
enfants.

SEPTIESME PARTIE DU LIVRE III

CONTENANT LES GREFFIERS CRIMINELS DE L'ESCHIQUIER ET PARLEMENT DE ROUEN

. . . .

. . . .

I

JACQUES ou JEAN DE LA CROIX

Il fut pourveu du dict office par la charte d'érection de l'Eschiquier du mois d'avril 1499.

En l'Eschiquier 1497 furent leues les lettres d'office du greffe criminel donné par le Roy à Me Jean de la Croix, notaire et secrétaire du Roy, pour jouir[?] entierement [?] du dict office en faisant le serment. Les dites lettres du 8 juin 1593 [*sic*]. Mercier, p. 670.

II

JEAN DORGITE

D'azur au chevron d'or, accompagné de
9 billettes de mesme, 3 en poincte et
3 à chaque coin de l'escu. Ms. de M. de
la Ch. [Champagne], p. 96 v. Ms. A.,
p. 320, épit[aphes].

Il est employé comme greffier criminel en la charte de confirmation du Parlement du 7 de janvier 1514. Il espousa Anne Du Bosc, sœur de Louis, sr d'Ementre-ville, qui estoit vefve lors de l'arrest d'audience du 8 juillet 1520 [ou 1570?].

Jeane Dorgite [*sic* lis. Du Bosc], fille de Louis Du Bosc, sr de Radepont, espousa Jean Dorgite, sr de Fonte-nelles. (B, I, 7.)

A St André de Rouen gist Jean Dorgiste, escuier, sr de Fontenelles, St Pierre et Clinchamp et Marie Le Cheva-lier sa femme; et portoit les armes cy employées. Ms. A, p. 320.

Marie Dorgite, dame de Fontenelles, espousa Pierre Monfault, Président au Parlement. Voyez cy-dessus A, II, 15.

Raoul Dorgite appellant du bailly de Caen contre Jean Du Bosc, sr d'Ementreville, conseiller au Parlement, tuteur de Georges Monfault, filz de Pierre, Président au Parlement, et de Marie Dorgite (arrest d'audience du 23 d'aoust 1552.)

Estienne Dorgite, sr de Clinchamp, fondé au droict par transport de Georges Monfault, sr de Fontenelles (arrest d'audience du 17 de may 1572).

Gilles de Lyvet, sr de Bailleul, et demoiselle Margue-rite de Beauvais, dame de Fontenelles, vefve d'Estienne

de Margues, s' de Montulé, héritiers maternels de Mag-
delene Monfault (arrests d'audience du 4 de mars et
1 d'avril 1588).

En la mercuriale du 14 de décembre 1519, p. 30ᵛ, il
est dict que le greffier criminel, attendu sa minorité, aura
deux clercs et nommera trois personnes à la Court qui en
choisira un pour principal clerc et que le gendre du deffunt greffier demeurera second clerc.

Voir sur lui Guiot, *Les trois siècles palinodiques*, I, p. 246.

III

PIERRE LE CLERC

Il est employé comme greffier criminel en la liste du
registre des enquestes commenceant le 12 de janvier 1523
et est encor employé en la mesme qualité au registre de
l'an 1537.

Il eut pour successeur au dict office Robert de Boislevesque.

Pierre Le Clerc se présenta comme greffier criminel le 17 mai
1519. Il y eut contestation à sa réception parce qu'il était bâtard de
Pierre Le Clerc, sr de Croisset. Le 9 juin il présenta des lettres de
dispense pour sa bâtardise. (M. Le Febvre, Bibliothèque nationale,
ms. français, 5344, fᵒ 72.)

IV

ROBERT DE BOISLEVESQUE, sr de St LÉGER

D'azur au chevron d'argent, accompagné
de 3 trèfles d'or.

Il succéda au dict office à Pierre Le Clerc, en 1537 ou
peu après, comme on voit par la liste du registre com-

mencé en avril après Pasques 1537, auquel est employé le nom du dict Le Clerc et rayé, et ensuite celuy du dict de Boislevesque.

Adrian Toustain, s^r de Frontebosc, luy succéda au dict office en 1541, comme il sera dict ensuite. Le dict de Boislevesque fut aussy viconte baillival de Beaumont-le-Roger, le quel office il résigna, et après la mort de son résignataire il fut, derechef, pourveu du dict office de viconte et furent ses lettres adressées au juge des lieux seulement, et ayant exercé quelque temps à la comparence ordinaire, le 16 de novembre 1561, M. Bigot, advocat général au Parlement, requist que, nonobstant la dicte adresse, le dict de Boislevesque fît de nouveau le serment au Parlement, sans préjudice des actes qu'il avoit exercés, et ce en considération des mérites du dict de Boislevesque congnus à la Court, comme ayant esté longtemps auparavant greffier criminel, ce qui fut ainsy ordonné.

Il avoit longtemps exercé l'office de lieutenant du bailly d'Evreux à Beaumont comme réuny à celuy de viconte du dict Beaumont; et, depuis, le Roy ayant créé séparément le dict office de lieutenant du bailly, le dict de Boislevesque en fut derechef pourveu, par lettres du 9 de febvrier 1569 et en fit le serment au Parlement le 22 de mars au dict an.

Et le 14 d'aoust 1582, Jacques de Boislevesque son filz fut receu aus dicts offices par la résignation de son dict père suivant les lettres de nomination du duc d'Anjou et provision du Roy du 2 et 6 du dict mois. Ce que dessus tiré des registres d'audience.

De sa famille, voyez B, I, 32.

Il était fils de Robert de Boislevesque, conseiller en 1499. — Il épousa Marie Surreau, dame de la Haulle, fille de Jean Surreau, sieur de Farceaux, greffier civil au Parlement en 1514.

Ils eurent quatre fils, au nombre desquels Robert, greffier civil en 1564, Antoine, conseiller en 1575, et une fille.

(B, t. II, 1re partie, fos 64 vo et 65).

V

ADRIAN TOUSTAIN, sr de FRONTEBOSC

Escartelé au 1 et 4 d'or à la bande d'azur chargée de 2 rangs de rustres d'or ; au 2 et 3 de gueulles au lion [sic, lisez : au chef] de sable chargé d'un lion naissant d'argent armé d'azur.

Monsr Le Febvre remarque qu'il fut receu au dict office le 3 d'aoust 1641 [sic, lisez 1541] par la résignation du dict de Boislevesque, à quoy ne répugne point que son nom soit en la liste du registre finissant en 1640 [sic, lisez 1540], car en la mesme liste ont esté adjoustés les conseillers receus jusques en 1542.

Il résigna le dict office en 1557 à Pierre Houel.

De sa famille, voyez B, I, 9.

Il était fils de Guillaume Toustain, sieur de Frontebosc, Neufvecourt et Honguemare, portemanteau de Louis XII, et de..... de Croismare. Il épousa Marie de Civile, fille de Jacques, sieur de Saint-Martin-aux-Buneaux. Il eut pour fils Adrien Toustain, conseiller au Parlement en 1571.

(B, t. II, 1re partie, fo 29).

Après avoir résigné son office, il fut capitaine commandant les gens de guerre au pays de Roumois, sous les rois Henri II, François II, et Charles IX.

Les huguenots ravagèrent ses terres de Honguemare et de Limésy, où ils brûlèrent l'église et le manoir de Frontebosc. (*La commune de Limésy*, Souvenirs recueillis par M. Bourel ; Rouen, 1899, in-8o, p. 63-66.)

HUICTIESME PARTIE DU LIVRE III

CONTENANT LES GREFFIERS DE LA CHAMBRE DES REQUESTES DU PALAIS DE ROUEN

Jean Le Telier	I
1545. Jean Garin	II

. . . .

. . . .

I

JEAN LE TELIER, docteur-ès-droicts.

Il résigna sa charge de greffier aux requestes en 1545 à Jean Garin.

II

JEAN GARIN, advocat au Parlement de Rouen.

De gueulles à deux coquilles d'or en chef et un cœur d'or en poincte.

De sa famille voyez B, IV, 23.

Il fut pourveu du dict office de greffier par lettres du 15 de janvier 1545, par la résignation de M⁰ Jean Le Telier, docteur ès-droicts, et fut receu le 25 de febvrier au dict an.

Robert Harnois son résignataire fut receu en 1552.

Il était fils de Jean Garin, reçu conseiller en 1543 (1). Il est qualifié sieur de Moulineaux, conseiller et secrétaire du roi. Il épousa
Jeanne de Saldaigne, et eut trois filles.

(B, t. II, 1re partie, fos 205 vo et 206).

(1) Voir p. 258.

IX⁰ PARTIE DU LIVRE III

DES NOTAIRES DU PARLEMENT DE ROUEN

Par édict du Roy publié au Parlement de Rouen le
10 de janvier 1543, le Roy y créa deux notaires et secrétaires royaux pour assister, en la dite Court, le greffier,
ad instar de ceux de Paris, comme l'a remarqué M. Le
Febvre, t. I, p. 239 ᵛ.

De sorte que je crois que quand il est parlé en la charte
d'érection de l'Eschiquier du mois d'avril 1499, des
notaires et secrétaires, cela se doibt entendre des secrétaires de la chancellerie.

Le 28 de janvier 1555, lettres à ce que les notaires des
Courts souveraines et monnoyes soient notaires de la
maison et couronne de France (M. Le Febvre, t. I,
p. 253 ᵛ).

1543. Guillaume Boullenc	I
Jacques Boullenc (1)	II
1550. Martial de Lomenie	III

. . . .

. . . .

(1) Bigot avait d'abord oublié d'inscrire le second Boullenc. Il
a, en interligne, mis une ligne de points et le chiffre II, et a dû
recharger les chiffres suivants jusqu'au n⁰ V.

I [et II]

GUILLAUME BOULLENC, sʳ de MARCILLY
et du BROUILLART

De gueulles à la fasce d'argent chargée
de 3 tourteaux d'azur, accompagnée
de 3 pomes de pin d'or.

Il estoit fils de Simon Boullenc, conseiller en l'Eschiquier et Parlament de Rouen, et de Marguerite Henry (B, II, 17). Il fut receu, les Chambres assemblées, le 12 de janvier 1543, à l'un des offices de notaire de la Court de nouvelle création (registre d'audience du dict jour. M. Le Febvre, t. II, p. 85).

Il est nommé sʳ de Marcilly en un arrest d'audience du 2 de juin 1564, par lequel aussy on voit que le fief du Brouillart fut décrété devant le bailly de Danville pour les debtes du dict Boullenc, notaire, et estoit lors greffier en la dicte juridiction Mᵉ Guillaume Boullenc, lequel eut pour fils et héritier Robert Boullenc, garde des bois et bestes en la viconté d'Evreux.

Le dict fief du Brouillart a depuis appartenu à la fille et héritière de Pierre Vales, sʳ d'Esmanville, conseiller en la Court des Aides. Peut-estre que son père ou Colette Boullenc sa mère, sœur du dict Guillaume notaire, l'avoient acquis par clameur ou autrement lors du dict décret. Tant y a qu'il fut donné en don mobil à Monsʳ Mᵉ Robert Le Roux, sʳ de Tilly, conseiller au Parlement, lorsqu'il espousa la fille du dict sʳ d'Esmanville. Et depuis Monsʳ Mᵉ Robert Le Roux, sʳ de Tilly, son fils, conseiller au Parlement, l'a vendu environ 15 mil livres.

Jacques Boullenc, fils du dict Guillaume, fut receu au dict office par la résignation de son père.

Guillaume Boullenc était fils de Simon Boullenc, reçu conseiller en 1507(1), et de sa seconde femme, Marguerite Henry.

Il était mineur au décès de son père (1524). Il épousa Marguerite Du Four. Il est père de Jacques, qui lui succéda, et de deux filles.

« Le dict Guillaume Boullenc estant obéré, ses créanciers plaidèrent contre Claude Boullenc, conseiller au Parlement, lequel prétendoit à droict de préciput, comme héritier de Raoul Boullenc son oncle et frère du dict Guillaume les terres de Grisolles et de la Hautemaison réunies ». Après divers incidents, Claude Boullenc obtint gain de cause.

(B, t. II, 1ʳᵉ part., fᵒˢ 90 vᵒ et 91).

III

MARTIAL DE LOMENIE

Il fut receu au dict office le 25 de septembre 1550 (M. Le Febvre, t. II, p. 246).

Il obtint lettres du Roy contre les huissiers du Parlement le 25 d'octobre 1554, comme il est référé en un arrest d'audience du 22 de décembre au dict an, lors du quel le dict de Lomenie fondoit par Nicolas Le Gay, son procureur.

Il résigna son dict office de notaire au dict Le Gay, et mourut le quarantiesme jour après la dicte résignation (M. Le Febvre, t. II, p. 253 ᵛ ?).

(1) Voir p. 121.

Xe PARTIE DU LIVRE III.

DES RECEVEURS DES AMENDES ET PAYEURS DES GAGES ET ESPICES DE L'ESCHIQUIER ET PARLEMENT

Par l'érection de l'Eschiquier en 1499, l'office de receveur des amendes et celuy de payeur des gages n'estoit qu'un seul et mesme office, le quel a, depuis, esté divisé, ainsi qu'il sera remarqué cy-après.

Receveurs des amendes.

1499.	Jacques Petremol	I
1519.	Jean Grente	II
1529.	Léger Blanchard	III

. . . .

. . . .

Payeurs des gages.

1523.	Guillaume Robelot	XIII (1)

. . . .

. . . .

(1) La notice de Guill ume Robelot porte le n° XIII, parce que Bigot a englobé dans une seule série de chiffres les receveurs des amendes et les payeurs des gages.

I

JACQUES PETREMOL

*D'azur au chevron d'argent, accompagné
de 2 coquilles d'or en chef, et un lion
d'or en pointe.*

Il fut pourveu de l'office de receveur des amendes et payeur des gages de l'Eschiquier par la charte du mois d'avril 1499.

Il est employé en la mesme qualité en la charte de confirmation du Parlement du 7 de janvier 1514.

Il fut père de Louis Petremol, Président, du quel et de sa famille voyez A, II, 18 (1).

Il acheta par décret 50 acres de terre à Pierreval près Rouen. « Je crois que ce fut luy qui fut greffier de l'Echiquier d'Alençon et espousa Anne Hennequin, dame de Saint-Utin. »

Il eut, outre le Président, un autre fils, Antoine, maître des comptes à Paris.

(B, t. I, f° 54).

II

JEAN GRENTE, receveur des amendes.

Monsieur Le Febvre remarque qu'il fut receu receveur des amendes le pénultiesme de may 1519, t. II, p. 224 [ou 229].

Il est employé comme receveur des amendes en la liste du registre des enquestes commenceant le 12 de janvier 1523 où est employé Guillaume Robelot, receveur des gages.

(1) Voir p. 49.

III

LÉGER BLANCHARD

Monsr Le Febvre, t. I, p. 232 ^v, remarque qu'il fut receu receveur des amendes le 16 de novembre 1529.

Il est employé en cette qualité en un arrest d'audience du 13 de mars 1543.

. . . .

. . . .

XIII

G. ROBELOT, receveur des gages du Parlement.

1523. Il est employé en cette qualité en la liste du registre des enquestes commençant le 12 de janvier 1523.

TABLE DES NOMS DE PERSONNES

NOTA. — Les chiffres suivis d'un astérisque indiquent une notice sur un membre du Parlement.

Plusieurs personnes sont parfois comprises sous l'indication du même prénom.

TABLE DES NOMS DE LIEU

www.ingramcontent.com/pod-product-compliance
Lightning Source LLC
Chambersburg PA
CBHW061113220326
41599CB00024B/4020